历史学的
理论和历史

（修订版）

［意］克罗齐 / 著　　田时纲 / 译

TEORIA E STORIA DELLA
STORIOGRAFIA

中国社会科学出版社

图书在版编目（CIP）数据

历史学的理论和历史／（意）克罗齐著；田时纲译 . —修订版 .
—北京：中国社会科学出版社，2018.9（2022.10 重印）
ISBN 978 - 7 - 5203 - 3089 - 3

Ⅰ.①历…　Ⅱ.①克…②田…　Ⅲ.①史学理论—研究　Ⅳ.①K0

中国版本图书馆 CIP 数据核字（2018）第 200314 号

出 版 人　赵剑英
责任编辑　徐沐熙
责任校对　刘　峰
责任印制　戴　宽

出　　　版　中国社会科学出版社
社　　　址　北京鼓楼西大街甲 158 号
邮　　　编　100720
网　　　址　http://www.csspw.cn
发 行 部　010 - 84083685
门 市 部　010 - 84029450
经　　　销　新华书店及其他书店

印刷装订　北京君升印刷有限公司
版　　　次　2018 年 9 月第 1 版
印　　　次　2022 年 10 月第 2 次印刷

开　　　本　710×1000　1/16
印　　　张　17.25
插　　　页　2
字　　　数　266 千字
定　　　价　78.00 元

译　序

一

贝内德托·克罗齐（Benedetto Croce，1866—1952）是 20 世纪意大利著名哲学家、美学家、文学批评家、政治家，更是享誉西方的历史学家和史学理论家。

1866 年 2 月 25 日，克罗齐出生在阿奎拉的佩斯卡塞罗利的名门望族，从祖父那代起家族迁居那不勒斯。早在少年时代，克罗齐就显露出对历史书籍的兴趣。17 岁时，突发的地震夺去其双亲和姐姐的生命，他受了重伤；后移居罗马寄养在堂叔父、著名自由派政治家斯帕文塔家中。到罗马的最初数月，因失去亲人、病痛折磨、前途未卜，常常夜晚蒙头大睡，清晨不起，甚至萌生自杀的念头。但他很快克服精神危机，到罗马大学法律系注册，他并不专注听课，也不参加考试，而是去图书馆博览群书，研究自己喜欢的题目。

20 岁时，克罗齐离开罗马重返那不勒斯并在那里定居，立即开始历史研究。26 岁时已完成《1799 年的那不勒斯革命》《那不勒斯的历史与传说》《巴罗克时代的意大利》等历史学著作。但勇于探索的克罗齐对取得成绩并不满足，他通过对维科《新科学》的研读，眼界开阔、认识深化，对当时学术界盛行的实证主义思潮特别反感，决心粉碎"实证主义坚冰"。27 岁时，他在彭塔亚纳学院宣读《艺术普遍概念下的历史》的论文，这标志其历史理论研究的开始。

从此，克罗齐对历史和史学的研究从未中断。他历史研究的领域十分广泛，既有本国史（那不勒斯王国史、意大利史），又有外国史（西班牙史、欧洲史）；既有当代史，又有近代史（文艺复兴、巴罗克、19 世纪）；既有政治—伦理史，又有史学史、美学史、文学史、戏剧史。他广泛深入地研究了历史和史学的许多重大问题，诸如历史的当代性，历史著作的历史性、真实性、统一性，史学同哲学、文学、政治、道德的关系。克罗齐在史学理论和历史研究的两个领域均作出独特贡献。

正是在法西斯统治时期，随着将哲学思想同政治史、文学史的不断结合，克罗齐极大地丰富了其哲学思想；同时深化了对历史理论问题的认识，他逐渐认清它们就是哲学问题。起初克罗齐把历史学作为其精神哲学的终点，继而把自己的哲学称作历史方法论、绝对历史主义。虽然克罗齐是个书斋学者，但他有着强烈的社会责任感和使命感，在历史的紧要关头从不退缩。1925 年 5 月 1 日，由克罗齐撰写的《反法西斯知识分子宣言》在《世界报》上发表。这令墨索里尼大为恼火，先是对克罗齐进行诬蔑，继而游说拉拢，最后派匪徒捣乱并监视、跟踪，并把克罗齐排除在学术团体和公众活动之外。但在近 20 年里，克罗齐始终未向墨索里尼低头，他成为意大利知识界反法西斯的精神领袖，他用自己的历史著作及哲学著作同法西斯作战。在法西斯倒台后，他积极参与意大利共和国创建和宪法起草等政治活动。1947 年后，克罗齐把主要精力转向学术研究。他先是在那不勒斯创建意大利历史研究所，后辞去自由党主席职务。1950 年 2 月，他右半边身子麻痹。他预感到所剩时日不多，于是加紧整理未发表的文稿，并决定将他的私人图书馆（意大利藏书最丰富的私人图书馆）捐赠给意大利历史研究所。1952 年 11 月 20 日，克罗齐与世长辞，享年 86 岁。

二

在克罗齐的众多历史理论和史学的著作中，以《历史学的理论和历史》《作为思想和行动的历史》《那不勒斯王国史》《1871—1915 年意大利史》和《十九世纪欧洲史》最为著名。

《历史学的理论和历史》是克罗齐历史理论力作。它最早于 1915 年用德文在图宾根出版。之后，1916 年、1919 年、1927 年、1941 年连出四版意大利文版。其中，第四版为最终修订版。第三版除对文字进行修改外，还在"卷末附上涉及书中讨论的理论要点的札记和评论"，共分23个专题。此卷分上、下两编。上编探讨史学理论。首先他严格区分历史和编年史：历史是活历史，编年史是死历史；历史是当代史，编年史是过去史；历史主要是思想行动，编年史主要是意志行动；历史中有紧密联系，编年史中无联系；历史有逻辑顺序，编年史有编年顺序；历史深入事件核心，编年史停留事件表面；历史有活文献和深刻思想，编年史有抽象词语记录和空洞叙述；先有历史（先有活人），后有编年史（后有死尸）。进而他划清真历史同形形色色伪历史（语文性历史、诗性历史、演说性历史、实用性历史、倾向性历史）的界限，提出"一切历史都是当代史"的著名论断。他说："当生活的发展逐渐需要时，死历史就会复活，过去史就变成现在的。罗马人和希腊人躺在墓穴中，直到文艺复兴欧洲精神重新成熟时，才把他们唤醒"；"因此，现在被我们视为编年史的大部分历史，现在对我们沉默不语的文献，将依次被新生活的光辉照耀，将重新开口说话"。这里，克罗齐首先强调历史学家从现实需要出发，应用批判精神从死材料中选择感兴趣的东西；其次，"语文学联合哲学去创造历史"——用具有时代精神的思维去理解和把握过去的文献。因此，克罗齐反对历史学家的所谓"客观性"价值，认为如下思想幼稚可笑：似乎事物在述说，而历史学家在洗耳恭听，并记录下它们的声音。在肯定"一切历史都是当代史"之后，就清除了"历史—哲学同一论"的最大障碍："但当把编年史降低到其实际的记忆功能，把历史提高到对永恒的现在的认识时，历史就凸显出同哲学一体，而哲学不过是永恒的现在的思想。"这样，历史与哲学就不是两种形式，而是一种形式；它们并不互为条件，而是合为一体。既不是历史在哲学之前，也不是哲学在历史之前，而是共生共存。显然，这是超越观念与事实、理性真理与事实真理、"历史本义是知道，哲学本义是理解"的二元论的结果。界说判断与个别判断的同一成为历史—哲学同一论的逻辑根据：历史学将哲学汲于自身，哲学作为历史学方法论融合到历史中去。此外，克罗齐还深入探讨历史的积极性质、人性、分期等问题。下编回顾史学史，从希腊罗马、中世纪、文艺复兴、启蒙运动、浪漫主义、实证主义史学，直至19世纪"新史学"。

1938年1月，《作为思想和行动的历史》在意大利巴里出版，立即引起轰动。第二年再版两次；后被译成十几种文字出版，并重印至今。此书的出版曾受到巴里警察局的阻挠，只因克罗齐强烈抗议，墨索里尼慑于其国际威望，才不得不放行。当克罗齐被问是否应感谢领袖时，他坚决地回答："我有直言不讳、书其所思的权利，谁要阻止我这样做，就不能期待我感谢。"

《作为思想和行动的历史》可视为《历史学的理论和历史》的续篇，克罗齐按内在逻辑联系，将系列论文重新排序编辑，结合20世纪二三十年代特殊历史条件，深化并完善其历史观和史学理论。此书共分八部分：作为思想和作为行动的历史；历史主义及其历史；没有历史问题的历史学；历史的确定性与真实性；历史学与政治；历史学与道德；历史学前景；结论。克罗齐否定历史哲学的超验必然性和因果必然性，但肯定历史学的逻辑必然性。克罗齐对历史著作的特性进行分析。历史著作的历史性可界定为由实际生活需求激起的理解和领悟行动；实际生活需求的多样性（道德、经济、审美等需求）赋予历史性必要前提。历史著作的真实性在于历史叙述的充实，即在其深层存在实际需求，此种需求将历史叙述同实际生活的多样性相联系；在于历史叙述中进行历史判断。历史著作的统一性寓于历史判断形成的并在形成时解决的问题。历史著作的逻辑统一性存在于一个问题中，而不存在于一个事物和一个形象中。克罗齐认为历史不是"牧歌"，历史也不是"恐怖的悲剧"，历史是一部戏剧：所有时代、一切民族、全部成员登台表演，它们集无罪与有罪、善与恶于一身，但历史的主导思想是善，最终恶促使向善。尤其难能可贵的是，在德意日法西斯横行无忌、第二次世界大战即将全面爆发之际，克罗齐大声疾呼：历史是自由的历史！这不啻声讨法西斯的战斗檄文。克罗齐指出，自由既是历史发展的永恒动力，又是一切历史的主题；自由既是历史进程的解释原则，又是人类追求的道德理想。克罗齐还强调实际生活同历史学的关系。他说，全部历史文化，都同维护并拓展人类社会积极的文明生活的普遍需求相联系：当缺乏这种推动力时，历史文化就极渺小；当文明进程突然中断或停滞时，历史学近乎完全沉默。为此，尽管他承认德国历史学家兰克和瑞士文化史家布克哈特的贡献，但批评前者缺乏普遍性观念和历史问题，批评后者割裂生活同思想的联系、用静止的眼光观察历史。应当说，如果在《历史学的理论和历史》中，克罗齐特别强调历史的精神性和当代性，那么在《作为思想和行动的历史》中，尤其强调历史的整体性，他指出当说到思想史和哲学史时，是指全部历史整体，也包括文明史、政治史、经济史和道德史，它们既向思想史与哲学史提供养分，又从思想史与哲学史中汲取养分。

1925 年，克罗齐把在《批判》杂志上发表的有关那不勒斯王国史的论文汇集成册，冠以书名《那不勒斯王国史》出版，它是西方少有的研究那不勒斯王国历史的力作。那不勒斯王国是指从 12 世纪初至 1860 年在意大利南部（包括西西里）建立的国家，这个王国历时 800 多年，先后由诺曼人、日耳曼霍亨斯陶芬家族、西班牙阿拉贡王室、奥地利哈布斯堡王朝、西班牙波旁王朝统治。

作为那不勒斯人，克罗齐对南部意大利有着特殊的感情。作为生活在那不勒斯的历史学家，克罗齐对南部意大利在政治史和文化史上的地位把握准确。他指出，南部意大利和西西里注定成为世界历史中主要冲突地点：在古代是迦太基人和罗马人的，在中世纪是伊斯兰、拜占庭和神圣罗马帝国的。在意大利历史中，如果说佛罗伦萨代表艺术和诗的话，那么那不勒斯则代表思想和哲学：这里产生了托马斯·阿奎那、布鲁诺、康帕内拉和维科。克罗齐尤其高度评价 1799 年那不勒斯革命点燃意大利民族复兴运动的火焰：那不勒斯进步知识分子受法国大革命的影响，把自由理想引入意大利。与此同时，克罗齐对镇压 1799 年那不勒斯革命的反革命恐怖的残酷性进行了无情揭露。正是出于对 1799 年那不勒斯革命的赞颂，在这本著作中对法国大革命和雅各宾党人做了正面评价（而在其他著作中更多的是批评）。可以毫不夸大地说，《那不勒斯王国史》不仅对于研究欧洲中世纪史、近代史，而且对于研究"南方问题"（欧洲的和意大利的）都具有重要参考价值。

三年后，1928 年，克罗齐的《1871—1915 年意大利史》出版，获得巨大成功，当年就印行三版（在墨索里尼统治时期共发行七版）。这绝不是偶然的。克罗齐从意大利民族统一写起，至第一次世界大战为止，对于显赫一时的法西斯运动不屑一顾，以示蔑视与抗议，自然会受到对法西斯暴政不满的广大读者的欢迎。与此同时，也受到法西斯分子的仇视，他们极力主张查禁此书。墨索里尼慑于克罗齐的国际声威，未敢查禁，只命令新闻界对此书不予评论，但法西斯报纸还是怒不可遏地发起攻

击——什么"没有历史的历史","不合时令的果实","一本糟透了的
书"等毒焰向克罗齐袭来。

在这一著作中,克罗齐尖锐地指出英美帝国主义对意大利民族主义
和法西斯主义的影响。但他错误地批评,意大利社会主义者在第一次世
界大战前夕,把理想置于祖国之上,从而在思想上脱离人民。

在克罗齐的史学著作中最著名的当数《十九世纪欧洲史》。

《十九世纪欧洲史》成书于 1931 年,题献给他的德国挚友、著名文
学家托马斯·曼,卷首献词引用但丁《神曲·地狱篇》第 23 歌:"此时
你的思想进入我的思想,带有同样的行动和同样的面貌,使得我把二者
构成同一个决定。"《十九世纪欧洲史》叙述并分析了从 1815 年(拿破仑
滑铁卢战败后)至 1914 年(第一次世界大战爆发前)的欧洲(主要是西
欧)百年历史。全书共分 10 章,前 3 章可视为导言——"自由的宗教"
"对立的宗教信仰""浪漫主义";在后 7 章,克罗齐把百年历史分成 5 个
历史时期——1815—1830 年、1830—1847 年、1848—1851 年、1851—
1870 年、1871—1914 年。

时隔 70 多年,今天的读者仍会饶有兴趣地阅读此书,这不仅因为其
行文流畅、语言生动(克罗齐是继伽利略之后的另一位意大利科学散文
大师),更由于某些精辟见解仍能发人深省。诸如:他把浪漫主义区分为
理论与思辨的浪漫主义和实践领域的浪漫主义——情感与道德的浪漫主
义,前者闪烁真理光芒,后者表现为"世纪病"。他对共产主义的看法同
资产阶级政客相比判若云泥——只要共产主义同私人经济利益作斗争并
有利于公共利益,只要它能使排除在政治之外的社会阶级的任何政治理
想活跃,唤醒它们并用纪律约束它们,还进行共产主义教育,它就仍能
证明自己的优越性,从而摒弃它或希望它在世界上不存在都是愚不可及
的。他对罗马天主教会反动本质认识入木三分——文艺复兴和宗教改革
标志着作为精神力量的罗马天主教的内在衰落,反宗教改革,尤其是 19
世纪自由主义运动加速了这种衰落。即使罗马天主教会肉体得救,灵魂
也未得救,它从事的是政治事业而不再是宗教事业。在支持保守和反动
政权方面政治天主教起着举足轻重的作用。对平民,尤其对乡村平民它
能煽动起暴动。他对自由主义同民主主义的相似性与差异性有独特的分
析——它们共同反对教权主义和专制主义,共同要求个人自由、公民平

等、政治平等和人民主权；但在相似性中隐藏着差异性，自由派和民主派对个人、平等、主权、人民的理解完全不同。他对"自由体制国家"间分歧的看法颇具现实性——它们的分歧是次要的，是策略和方式上的，在根本利益上没有原则分歧。他对建立国家联合体的预见颇具前瞻性——由于更宽泛的民族意识形成，譬如欧洲意识，各个民族国家将建立多民族国家或国家联合体。

作为自由主义思想家，克罗齐对欧洲"自由体制国家"对非洲和亚洲的殖民扩张轻描淡写，一笔带过，因为这是个难以解释的矛盾（以自由标榜的欧洲国家用暴力剥夺非洲和亚洲民族的自由）。但他毕竟承认扩张过程极端残酷，征服者和传教士紧密勾结，征服者惯于用未来福祉进行辩解。而当他称非洲和亚洲被侵略被压迫民族为野蛮或处于低级文明民族时，显现出其阶级局限性。

毋庸讳言，克罗齐的历史观是唯心主义的，他认为归根结底历史是精神的运动、发展过程。他甚至说过"历史是历史判断"，历史的主词是文化、自由、进步等概念。葛兰西正确指出，克罗齐用从具体历史事件中抽象出来的概念代替具体历史事件，就用观念否定了历史，"在恩格斯看来，历史是实践；对于克罗齐来说，历史还只是思辨的概念"（但克罗齐在探讨史学理论时，最终肯定"实际过去"与"认识过去"的区别、理论与实践的区别）。正是从唯心史观出发，克罗齐批评历史唯物主义"经济"范畴是"隐匿的上帝"、新形而上学（用经济解释一切）；历史唯物主义割裂经济基础和上层建筑的关系，是神学二元论。葛兰西一针见血地指出，经济结构本身就是历史过程，不是置于历史之上的抽象、僵死的东西；历史唯物主义强调经济结构在历史发展中的决定作用，但并不排除伦理—政治的历史，它只批判把全部历史归结为伦理—政治史的做法。

然而，作为历史学家，克罗齐毕竟为后人留下浩瀚的社会史、文化史著作。克罗齐以其深刻的思想、渊博的知识、翔实可靠的史料及清新自然的文体，为西方史学的发展做出贡献。作为哲学家和史学理论家，克罗齐对传统史学种种弊端的敏锐洞察，对历史研究中"客观性""文献性""诗性""实用性""倾向性"的有力批判，对历史编纂学自身规律及其历史的关注，在西方史学界产生过深远影响。英国历史学家柯林武德受到克罗齐的明显影响，他的"一切历史都是思想史"可视为对克罗齐的"一切历史都是当代史"的引申。美国历史学家帕尔默和科尔顿将19世纪浪漫主义思潮划分为文学艺术的浪漫主义和政治的浪漫主义显然受到克罗齐的启发；他们对19世纪共产主义的认识与评价也同克罗齐的大同小异。20世纪90年代出版的《新编剑桥世界近代史》一再引述克罗齐的观点，比如"克罗齐把1871年到1914年这个时期称作'自由主义时代'。从这个时期的公众生活以及政治和社会制度充满着自由主义思想这个意义来说，'自由主义时代'一词是适用的……"。

三

它山之石，可以攻玉。中国拥有5000多年悠久的文明史，又有着丰富的历史典籍；但缺乏历史方法论的传统。只是到清代乾嘉年间，微观历史方法论才呈现发展局面。而真正意义的宏观历史方法论，在马克思主义历史唯物论传入中国之前，尚未具有充分发展的理论形态。在20世纪40年代，马克思主义史学在中国已经硕果累累，队伍壮大，成为史坛主流。但毋庸讳言，在随后的年代（尤其在中华人民共和国成立至"文化大革命"结束），中国史学受苏联庸俗决定论和机械唯物论影响，有时偏离历史科学的道路，产生一些伪历史的东西（如"影射史学"）。在历史理论方面，片面强调阶级斗争史，忽视文明史等其他历史形态；片面强调"奴隶"创造历史，忽视所有人类创造历史，诸如此类，不一而足。在20世纪80年代，随着解放思想、实事求是、改革开放的深入人心，史学界就历史的重大理论问题展开热烈讨论，也包括对"一切历史都是当代史"的讨论，从而引起史学界对克罗齐的历史理论的兴趣。1996年何兆武等主编的《当代西方史学理论》辟专章介绍克罗齐的史学理论，1999年关于克罗齐历史理论的第一部专著《精神、自由与历史》问世。

列宁说过，聪明的唯心主义比愚蠢的唯物主义更接近聪明的唯物主义。19世纪中叶，马克思和恩格斯未因黑格尔哲学的客观唯心主义外壳而拒绝其辩证法的合理内核。20世纪30年代，杰出的马克思主义理论家葛兰西，在批判克罗齐对历史唯物主义曲解的同时，发现克罗齐历史主义中的闪光东西可帮助认识苏联官方哲学的庸俗唯物论和机械唯物论的本质。若认真研究，不难发现克罗齐对某些历史问题的精辟分析，像是针对我们所发。请看，形形色色的伪历史：语文性历史——用空洞的传说和死文献观察的历史；诗性历史——"让美者更美，丑者更丑"；演说性历史——因实际目的而被朗诵的诗性历史；实用性历史——激励自己或驱使他人行动的历史；倾向性历史——介于诗性历史和实用性历史之间的直觉形态的历史。克罗齐还对"谁创造历史"这一问题做出自己的回答。一位思想家在文明史上的地位，不仅看他是否揭示真理，而且看他能否在新历史条件下，发现新问题并提出新问题（即使他对问题的回答不够完美）。克罗齐剖析得是否准确，回答得是否正确，姑且不提；即使错误，也能从反面启发我们开阔思路，从而不断求索，使认识更接近真理。

田时纲

2004 年 11 月于那不勒斯

目　　录

旁注(札记和评论)

前　　言

　　构成此部论著的全部文章几乎都刊于 1912 年和 1913 年间意大利各学会学报和杂志。因为它们同属一个计划，故汇集成册毫不费力。此书曾用德文印行，书名为《历史学的理论和历史》（图宾根，摩尔出版社，1915 年）。

　　现意大利文版出版，我仅做些微修改，并添加三篇短文，作为上编的附录。此书被视为我的《精神哲学》① 的第四部分，这需稍加澄清：说实话它并不构成《精神哲学》的新体系部分，而应当看作是对历史学理论的深化和扩展，这一理论在其第二部分——《逻辑学》那几章里已呈雏形。但历史理解问题是这样的：我对精神方式，对这些方式的统一和差异，对它们的真正具体生活（即发展与历史）及历史思想（即这一生活的自我意识）的所有探究都趋向该问题。因此，从某种意义上说，在转了一大圈之后，我执意重谈历史学，并使它超越前次论述② 的局限，这是对于一整部著作③ 所能做出的最自然的结论。"结论"的性质足以解释，为什么最后一卷的文笔较之前几卷更简洁和较少学究气。

1916 年 5 月于那不勒斯

　　1919 年此书印行第二版，我仅对文字做少量修改，并做一点补充。

---

　　① 克罗齐的《精神哲学》体系分为四部分：《美学》《逻辑学》《实践哲学》和《历史学》。——译者注
　　② 指在《逻辑学》中对历史学的论述。——译者注
　　③ 指《精神哲学》。——译者注

1927 年第三版，我在卷末附上涉及书中讨论的理论要点的札记和评论，题名为"旁注"。至于第四版，我需要通告：我的《作为思想和行动的历史》（1938 年）和汇集成册的"历史志"① ——《现代哲学的特征》（1941 年），是对《历史学的理论和历史》的补充。

贝·克②

1941 年 6 月于那不勒斯

---

①　历史志为《旧约》中的历史著作，这里指对以前作品加以补充的续作。——译者注

②　贝内德托·克罗齐的简称。——译者注

上 编

历史学的理论

一

历史与编年史

（一）

被认为最近过去的一段时间的历史，无论是最近五十年、十年、一年、一月、一日的，甚至还是最近一小时和最近一分钟的，习惯称之为"当代史"。但是，若想严密思考和准确叙述，"当代史"只应指紧随以完成的行动产生并作为对此行动的意识的历史。譬如，当我正撰写这一著作时，我为自己写的历史，就是我的写作思想，它必然与写作活动相联系。在此种情况下，称之为"当代"极为恰当，恰因它同任何精神活动一样，是在时间之外（不分先后）、是与其相联系的行动"同时"形成的，并凭借非编年史的而是观念的差异，而与行动相区分。相反，"非当代史""过去史"是面对已成历史，因此是作为对此历史的评论而产生的历史，至于是几千年的古代史，还是刚刚一小时的悠远史，则无关紧要。

但若更仔细考察，即使已形成的历史，人们称作或想称作"非当代史"或"过去史"的历史，若真是历史，即若具有一种意义，并非如回响的空洞无物的演说，则也是当代的，同当代史没有丝毫区别。像当代史一样，它的存在条件是，历史包容的事实引起历史学家精神的震颤，或（用职业历史学家的话说）他们面前都有可理解的文献。对那一事实需要添加或掺和一个或一系列关于事实的陈述，仅使事实显得更丰富，但未丧失其存在的效能：以前的陈述与判断现在也成了事实，它们也是应当解释和判断的"文献"：历史从未由叙述构成，但总是由文献或贬低为文献或按文献对待的叙述构成。若当代史直接从生活中显现，甚至习惯称作的当代史也直接从生活中显现，因为显然只有现在生活的兴趣才能促使我们探究一个过去的事实；由于过去的事实同现在生活的兴趣相联系，因此，它不符合过去的兴趣而适应现在的兴趣。历史学家在其经验主义公式中以形形色色的方式一再重复这一点，这一点即使不构成"历史是生活的导师"这句陈旧格言的深刻内容，也成为它走运的理由。

我援引历史方法的这些公式，是为了改变"一切真历史都是当代史"这一命题的荒谬外观。但在历史著作的实际中，这一命题的正确性很容易被证实，并获得丰富和清晰的例证。若不陷入错误的泥潭：对一切或部分历史学家的著作兼收并蓄，并把它们归于一个抽象的人或涉及被抽象看待的我们，则会问什么样的现在兴趣促使我们撰写或阅读那些历史，譬如，什么样的现在兴趣促使叙述伯罗奔尼撒战争或米特拉达梯战争①、墨西哥艺术或阿拉伯哲学的事件。此刻，我对它们没有丝毫兴趣，因此，此刻，对我来说，那些历史不是历史，至多仅为历史著作的简单书名；但对于曾经思考和将要思考它们的人们来说，它们曾是或将是历史。当我曾思考或将思考它们时，就根据我的精神需要重构它们，对我来说，它们也曾是或将是历史。相反，若我们仅限于实际历史，限于我们思想活动实际思考的历史，那么在思考的行动中很容易发现，这种历史对多数人来说，既是同一的又是当代的。当我所处历史时期的文化进程向我提出（补充说我作为个人，可能多余甚至不确切）有关希腊文明或柏拉图哲学或阿提卡②风俗中独特习惯的问题时，那一问题就同我的存在相联系，正如我要洽谈的生意、正在培养的爱情或面临的危险的历史；在我未能解决此问题之前，我同样焦急地探究它，同样感到痛苦不安。在此种情况下，希腊生活向我呈现，它激励我、吸引我或折磨我，正如我面对对手、心爱的女人或为之提心吊胆的宝贝儿子时那样。米特拉达梯战争、墨西哥艺术和上文提及的其他事例，这样发生，或曾经发生，或将要发生。

---

① 米特拉达梯六世（约公元前132—前163）以解放希腊人为名，与罗马争夺小亚细亚西部和巴尔干半岛，发动三次米特拉达梯战争，最终败于罗马。——译者注

② 阿提卡为古代希腊地区名，雅典为其中心。——译者注

在提出当代性不是某类历史的特性（正如在经验分类中，人们这样认为，或有充分理由这样认为），而是一切历史的内在特性后，就需把历史同生活的关系理解为统一关系，当然其含义不是抽象同一而是综合统一，它包含二词的差异和统一。因此，当说到一种历史，又不拥有该历史的文献，其荒唐可笑不亚于人们谈论某一事物的存在，又一致断言缺乏其存在的一个基本条件。同文献无关的历史是无法证实的历史，因为历史的真实性在于这种可证实性。而历史在其中被具体化地叙述，之所以为历史叙述，仅由于它是对文献的批评性说明（直觉与思考，意识与自我意识等），而那种缺乏意义和真实性的历史，作为历史是不存在的。一个从未看过并欣赏过绘画作品的人，却想批判地说明它们的来龙去脉，他怎能写出一部绘画史？或对于缺乏作者假设的艺术感受的人来说，该绘画史还保留多少可理解性？一部哲学史假若缺乏哲学家的著作，甚至他们的断简残篇，还叫哲学史吗？一部情感史或风俗史，譬如基督教谦恭和骑士荣誉的历史，怎能缺乏再现生活的能力，或不如说，怎能不实际重现这些精神的特殊状态？

另外，在历史中生活同思想的联系确定后，对历史确定性和有用性的怀疑立即完全消逝，甚至都不可想象这些疑云。由我们的精神现在产生的东西怎能不确实？能解决生活中出现的问题的认识怎能无用？

（二）

但是能够割裂文献同叙述、生活同历史的联系吗？已散失文献的历史，或说一种最普遍最基本的情况，即历史的文献已不活在精神中，那么答案就是肯定的。而上述说法已不言明地承认：我们每人依次处于这种条件，面对历史的这方面或那方面。在我们看来，希腊绘画史一般就其大部分而言，是属于缺乏文献的历史。就像我们阅读的一切民族史，我们并不了解他们生活的确切地点、激励他们的思想与情感、他们完成的事业的个别特征；或者一部文学史和哲学史，缺乏其熟悉文本，或者我们有，仅信手拈来，浏览一下，由于我们缺乏完备的知识，或因抵触情绪，或因暂时分心，而未能深刻领会其精神内涵。

在这些情况下，若那种联系中断，那么剩余的东西就不再是历史

（因为历史不是别的，正是那种联系），进而像把人的尸体仍称作"人"一样，称它为历史，不是因为剩余的东西是无（甚至尸体也不是无）。若是无，则值得说联系是不可割裂的，因为无从来不是实在的。但若不是无，而是某种东西，那缺乏文献的叙述又是什么呢？

一部根据流传至今的叙述或由现代学者撰写的古希腊绘画史，假若人们认真考察，将发现它消融在一系列画家姓名（阿波罗斯洛斯、波利格洛托斯、宙克西斯、阿佩莱斯，等等）以及他们的生平逸事中，消融在一系列绘画主题中（特洛伊大火、亚马孙女兵①战斗、马拉松战役②、海伦③、阿喀琉斯④、诽谤⑤等），其中某些画题还被详细描述。画家、逸事、画题，判断大致按年代排序，并且受到一系列程度各异的褒贬。但若缺乏对画家作品的直接认识，他们的姓名只是空洞的名字；还有逸事空洞、描述画题空洞、赞成或反对的判断空洞、年代排序空洞，因为纯粹算术并不表现实际进程，我们缺乏这一进程的构成要素，也就不能在思想上实现该进程。假若那些纪要公式还有些内容，应归功于我们对古代绘画的点滴认识，这是从断简残篇、次要作品、抄本以及其他艺术和诗歌的类似作品中获得的。但脱离那点认识，古希腊绘画史只是空话连篇。

若我们喜欢，可以称作"确定内容的空洞"，因为不可否定，当说到一个画家的名字时，我们就想到那位画家，甚至想到画家是雅典人；当说到"战役"或"海伦"的词汇时，我们想到一场战役，甚至想到重甲步兵厮杀，或想到一位美女，她颇像我们熟悉的古希腊造型艺术中的雕像。但是，在那些名称唤起的无数事实中，我们能够毫无区别地想到这件或那件。因此，它们的内容是不确定的，而这种内容的不确定性就是它们的空洞性。

正如上述例子，一切脱离活文献的历史都是空洞的叙述。为什么空

----

① 希腊神话人物，指居住在黑海边能征善战的女战士。——译者注
② 公元前 490 年 9 月，在马拉松希腊联军大败波斯军队。——译者注
③ 希腊神话人物，宙斯与丽达之女，美貌出众，特洛伊战争的直接起因。——译者注
④ 希腊神话人物，特洛伊战争中的英雄。——译者注
⑤ 阿佩莱斯曾将诽谤、忌妒、阴谋等拟人化作为画题；后代画家波提切利等也曾画过"诽谤"。——译者注

洞，因缺乏真实性。真的有过名叫波利格诺托斯①的画家吗？他真的在波伊启列柱廊画过米太亚德②吗？可以说是真的，因为某人或某些人认识他并看过那幅画，他的存在得以证实。但相反需要说，对那位或那些证人是真的，对我们既不真也不假，或（结论相同）真仅仅基于那些证人的权威性，即由于一个外在原因，而真实性却总需要内在原因。正如那一命题不真（既不真也不假），它也无用，因为在万物皆无的地方，国王也丧失其权力。哪里缺乏问题的要素，哪里同样也缺乏解决此问题的可能性、实际愿望和实际需要。因此，朗诵那些空洞的消息，对实现我们的生活徒劳无益。生活是现在，空洞叙述描绘的历史是过去，过去不可复返，若不是绝对的，在现时肯定如此。

空洞的词句剩下了，而空洞的词句是声音或代表这些声音的书写符号，它们不是靠思考它们的思想行动（在此情况下会使其立即充实），而是靠意志行动结为一体并得以维持。这种意志活动为了自己的某些目的，认为应保留那些有用的话语，而不管它们空洞还是半空洞。因此，单纯的叙述不是别的，仅为由意志行动所肯定的空洞词句或公式的整体。

现在，用这个定义，我们得以确定迄今未找到的历史同编年史的真正差别。以前没有找到，因为通常人们想在事实性质的差别中探寻，每种性质都有自己的对象。譬如，把对个别事实的记载划归编年史，把对一般事实的记载划归历史；把对私人事实的记载划归编年史，把对公共事实的记载划归历史：仿佛一般的总不是个别的，个别的总不是一般的；公共的总不是私人的，私人的总不是公共的。或者把对重要事实（值得纪念）的记载划归历史，把对不重要事实的记载划归编年史：好像事实的重要性与我们所处的形势无关，似乎对于一个被蚊子叮扰的人来说，那小虫的发育不比薛西斯一世③的远征更重要！当然，在这种虚假的区分中会感受到一种正确的情感：即把历史同编年史的差别放在有关与无关

---

① 波利格诺托斯（约公元前500—前440），以古代风格巨幅壁画闻名的希腊画家。——译者注

② 米太亚德（公元前550—前489），雅典政治家、将军，在马拉松战役中指挥希腊联军击败波斯军队。——译者注

③ 薛西斯一世（约公元前519—前465），波斯国王，大流士一世之子，公元前481年为马拉松惨败雪耻，率兵百万远征雅典。——译者注

的概念中（一般有关，个别无关；大事有关，小事无关，等等）。在其他习惯做出的独特区分中，也可感受这一正确情感：比如在历史中存在紧密的联系，而在编年史中则无联系；历史有逻辑顺序，而编年史只有编年顺序；历史深入事件核心，而编年史只停留在事件的表面或外观，诸如此类。但这种差别性与其说是思考得出，还不如说是用隐喻表达，而应用隐喻（当它们不是作为思想的简单表达形式时），人们刚刚获得的东西会在瞬间尽失。真相是：编年史和历史不是作为两种互补或隶属的历史形式，而是作为两种不同的精神态度，得以区分。历史是活的历史，编年史是死的历史；历史是当代史，编年史是过去史；历史主要是思想行动，编年史主要是意志行动。一切历史当它不再被思考，而只是用抽象词语记录，就变成了编年史，尽管那些词语曾经是具体的和富有表现力的。甚至由不懂哲学的人们撰写并由他们阅读的哲学史也是编年史，而我们通常准备作为编年史阅读的卡西诺修道院修士的作品也是历史，譬如，这样的记载："1001 年，有福的多米尼库斯到基督那儿去了。1002 年，今年萨拉森人越过了卡普阿城。1004 年，大地震使此山备受折磨，等等"，他拥有这些当时的事实，为有福的多米尼库斯的去世哀泣，为故土遭受的天灾人祸感到惊恐，在这一连串事件中他看到上帝伸出的手。这并不妨碍对同一个卡西诺修士来说，那历史沦为编年史，当他写下那些历史的残酷的公式，就不再表现它们，就不想它们的内容，一心只想不要遗忘那些记忆，并传给在他之后来到卡西诺山居住的人们。

编年史与历史真正的区别是形式上的区别（即真正实在的区别），这一发现不仅使我们避免徒劳无益地探寻实质区别（即想象的区别），还使我们能够抛弃一种极其普通的偏见——认为编年史先于历史。"先有年代记（编年史），其后才写成历史"，这是一位古人（语法学家马里奥·维托里诺）的格言，它被不断重复，被概括化并普遍化。但从探究两种行动或两种态度的性质即起源的结果看，情形恰恰相反：先有历史，后有编年史。先有活人，后有死尸；想从编年史中诞生历史，就如同想从死尸中诞生活人一样，死尸是生命的残余，正如编年史是历史的残余一样。

（三）

历史脱离活文献并变为编年史后，就不再是一种精神行动，而只是一种物，是声音和其他符号的复合物。但是，文献脱离了生活，也仅是一种物，同编年史类似，也是声音和其他符号的复合物。譬如，那些曾经传达过法律的声音和词语；那些在大理石上雕刻的线条——通过上帝形象表达宗教情感；一堆骨骼曾表现一个人或一个动物。

存在空洞叙述和死文献这类东西吗？在某种意义上不存在，因为精神之外不存在外物。我们已经知道，编年史作为空洞叙述，仅当精神生产它并靠意志行动巩固它（有必要再次强调这种行动总能导致意识和思想的一个新行动），才得以存在：意志行动从思想中抽象出声音，而声音的确实性和具体性则寓于思想之中。同样，那些死文献仅当它们作为一种新生活的表现时才存在，正如实际上死尸也是生命创造的过程，尽管对某一特殊生命形式来说，它像一种解体过程，像一种死东西。已包含一种历史思想的空洞声音，为纪念包含的那些思想，可继续称它们为"叙述"；同样，那些新生活的表现也可继续被视为先在的和实际已消失的生活的痕迹。

凭借一系列演绎，我们终于能够理解某些现代方法论者将史料分为叙述与文献，或如常言所说，分为传统和剩余或遗物。从经验角度看，这种分法不合理，但作为不宜将思辨思想引入经验论的典型例证可能有用。分法极不合理，人们立即遇到困难：不能区分想要区分的东西，被视为东西的空洞"叙述"，适用于任何其他称作"文献"的东西。另外，坚持这样划分，还会遇到困难，即要根据两种不同的史料（一只脚在岸上，另一只脚在江中）构建历史，等于说，由于采用两种平行的要求，其中一种要永远关注另一种。当人们试图确定两种史料的关系以期摆脱不适的平行论时，则这种关系调整为一种高于另一种，于是区分消失了，因为高级形式吸收并消灭低级形式。或者设想第三项，在此项中两种形式既区分又统一：这是以另一种方式宣布它们在那种抽象性中不存在。因此，我认为最重视经验论的方法论者不接受叙述与文献的区分并非无意义，他们未因钻牛角尖而感到困窘，乐于把史料分为书面史料和形象史料两种或其他类似分法。在德国，德罗伊森①（他有个哲学倾向强烈的头脑）在其极有价值的《历史基本原理》中，却应用了前种分法，这种分法也在其他方法论者那里走运，由于那个国家丰富的哲学传统，他们均为"热衷体系"和"富学究气"的方法论者，正像在我们拉丁国家习惯评价的那样。学究气恰恰存在于不适宜的哲学中。啊！那种不适宜及引起的矛盾仿佛在向人们致意，就好像它们唤醒在经验论中沉睡的头脑，以便发现：他们设想有物的地方，相反却存在精神的行动；在那里，他们认为无法调和的二元论的各项是对立的，而实际上既有关系又统一！把资料分为叙述与文献，并让文献高于叙述，肯定叙述的必要性，即使作为从属但不可消除的要素；所有这些构成一种神话或寓言，用想象方式表现生活与思想、文献与批评在历史思想中的关系。

文献与批评、生活与思想，是历史真正的史料，即历史综合的两个要素。作为要素，它们不在历史之前，即不在综合之前，像人们想象那样——泉水在提桶打水的人面前，而是在历史本身中，在综合之中，既是历史的组成部分，又是由历史所构成。拥有自身之外的史料的历史观念，同编年史在先的历史观念一样，是有待批驳的另一种想象。说到底，两种虚假的想象殊途同归。史料，作为物，在经验论者的外在含义上，同编年史（这类物的一种）一样，不在历史之前，而在历史之后。历史若期待着从它之后的东西诞生，或从外在东西诞生，那它就要遭殃！由物产生的是物，不是思想；源于物的历史，也是一种物，即刚才我们提到的那种不存在的物。

但是，无论编年史还是文献，看起来都像在历史之前，像历史的外在资料，这是有缘由的。人类精神保存历史的遗体、空洞的叙述、编年史，人类精神还收集过去生活的痕迹、遗迹与文献，并竭力尽可能不变质地保存它们，或当它们变质时使其复原。在保存空洞和死亡中实现的意志行动的目的何在？莫不是人们想通过修建墓穴和陵寝，让命已归天的凡人在地狱的入口处止步的幻觉和愚蠢？但是，陵寝不是愚蠢和幻觉，而是一种借以肯定个人业绩不朽性的象征性道德行动。死者，仍然活在

---

① 德罗伊森（1808—1884），普鲁士历史学家和历史哲学家，代表作为《普鲁士政治史》。——译者注

我们的记忆中，并将活在未来人们的记忆中。抄写空洞的历史，收集死文献，这是一种替人生服务的生命行动。它们将使我们在我们的精神中再现过去的历史，使其更丰富，还把它变为现在的：这一时刻定会到来。

因为，当生活的发展逐渐需要时，死历史就会复活，过去史就变成现在的。罗马人和希腊人躺在墓穴中，直到文艺复兴欧洲精神重新成熟时，才把它们唤醒。文明的原始形式既粗陋又野蛮，它们静卧着，被忘却了，很少被人关注，或被人误解，直到称作浪漫主义和王朝复辟的欧洲精神的新阶段才获得"同情"，即是说，才承认它们是自己现在的兴趣。因此，现在被我们视为编年史的大部分历史，现在对我们沉默不语的文献，将依次被新生活的光辉所照耀，将重新开口说话。

这些复活都有着完全内在的动因，无论多少文献和叙述都不能使它们再生。相反，它们自身在收集文献和叙述并放置面前，缺少它们，文献和叙述就会分散零落和毫无生气。若不从精神本身即历史这一原则出发，将根本不能理解历史思维的实际进程，实际上，精神每时每刻都是历史的创造者，也是全部以前历史的结果。因此，精神含有其全部历史，历史又同精神一致。忘却精神的一面而记住另一面，那仅是精神生活的节奏本身，精神在自身确定和个性化中活动，并永远把以前的确定性和个性化变为不确定性和非个性化，以便创造出更丰富的确定性和个性化。可以说，精神复活，其历史无须通常所说的叙述和文献那些外物，就可进行生动的内在回想；而那些外物仅是它制造的工具和回想前的准备活动，在其回想进程中，叙述和文献都消融了。为了那一实践，精神肯定并审慎地保存"过去的回忆"。

每时每刻我们每人在记事本上记下日期和其他事项（编年史），或把丝带和干花锁在抽屉里（请允许我求助于这些美妙的形象，以便提供收集"文献"的例证）。一类称作语文学家的劳动者，仿佛受整个社会派遣，进行广泛收集。当他们收集证据和叙述时，被称为博学者；当他们收集文献和文物时，被称为考古学家和档案工作者。而保存那些东西的地方（"死物沉寂的白屋"），称作图书馆、档案馆和博物馆。对于履行这类必要的因而是有益和重要的职能的博学者、档案工作者和考古学家怎能怀有恶感呢？然而，一种嘲笑他们和怜悯他们的恶习盛行。的确，他们有时为嘲笑和微笑提供了口实——他们天真地确信：历史锁在自己手中，他们可随意打开"源泉"，让求知若渴的人类能从中汲取。相反，历史在我们大家身上，它的资料在我们胸中。我们的胸只是一个熔炉，在此熔炉中，确实变为真实，语文学联合哲学以产生历史。

二
伪 历 史

（一）

　　我们已经看到历史、编年史、语文学的起源，它们是一系列精神形式，虽然它们彼此有差别，但都应视为生理的东西，即是说，都是真实的和合理的。但是，逻辑范畴现在把我们从生理学引向病理学，即引向那种形式，它们不是形式而是变形，不是真实的而是错误的，不是合理的而是不合理的。

　　语文学家天真地相信，他们把历史关在他们的图书馆、博物馆和档案馆里（这很像《一千零一夜》中的神怪缩成轻烟关在小瓶里），这种确信不是无所作为的，它引起了一种用物、传说和文献（空洞的传说和死文献）构成历史的想法，这就产生了语文性历史。我说的是想法，而不是实在，因为无论多努力、多勤奋，用外物构成一种历史根本不可能。将编年史去粗取精、分成断简、重新组合、重新安排后，它仍是编年史，即空洞的叙述：把文献复原、重现、加以描述、进行排序，它们仍然是叙述，即沉默物。语文性历史学是由多本书或由各种书的众多部分融合成的一本新书，这种工作在通用语中有个恰当的名词，称作"编纂"。这种编纂经常有用，因为可以省去同时使用多本书的辛劳，但它不包含任何历史思想。现代语文性历史学家怀着优越感审视中世纪编年史家或意大利老历史学家（从马基雅维利①和

---

　　① 马基雅维利（1469—1527），意大利历史学家、政治学家和文学家，代表作有《君主论》《论李维的前十书》《佛罗伦萨史》等。——译者注

圭恰迪尼①直至加诺内②）。他们说，这些历史学家在其著作的叙事部分"抄写"了"资料"。可是连他们自己也未采用和未能采用另一种方式行事，因为用作为"外物"的"资料"撰写历史，只能抄写资料，别无他事可做。抄写时或加以概括或变动词语，有时属高雅趣味问题，有时纯属舞文弄墨；抄写时引述循规蹈矩，有时是要证明忠诚与准确，有时为使他人及自己相信脚踩实地、立足于真理的土地，即基于叙述或引述的文献。在我们时代，尤其自从所谓"语文学方法"被夸大，即片面强调其价值以来，涌现出多少语文性历史啊！这种历史有着尊严和科学外表，但没用，很不幸，它们缺乏精神联系，在其深处，只存在博学的或非常博学的"编年史"：需要时，这些书可供查阅，但缺乏滋养和温暖头脑与心灵的词语。但是，既然已清楚语文性历史实际上提供的是编年史和文献，而不是历史，人们可能要问：我们批评它不合理和错误是建立在什么基础上呢？另外，人们还会提出：不是我们曾认为撰写编年史、收集文献及为此不辞辛劳都非常合理吗？然而，错误从不在事实中，相反仅在伴随事实的"奢望"或"想法"中——这正是上文界定为语文性历史的想法和奢望：凭借叙述和文献撰写历史。奢望也履行合理职责，因为尽管未实现，但仍然提出历史需要超越纯编年史和纯文献。其后，由于实际没有超越，这种历史的矛盾性与荒谬性就一目了然。

由于奢望的荒谬性，语文性历史学没有真实性，它像编年史一样，自身不具有真实性，真实性存在于它依靠的权威性。有人夸口说，语文性历史精心审查权威，并选择最可信赖的。但是却没说，就是编年史，还有最粗俗、最无知、最轻信的编年史家也这样做，也精心审查权威，并选择他最可信赖的；这永远是信赖（即他人和过去的思想）而不是批评（即我们的行动中的思想），是貌似真实而不是确实，即真实性。因此，语文性历史可能正确，但不真实。正由于它没有真实性，它也不具有真正的历史兴趣，即是说，它不把光投射到一类回应实践和道德需要的事实上，却能毫无区别地接受任何材料，不管那些材料距编撰者的实

---

① 奎恰迪尼（1483—1540），意大利历史学家，代表作为《意大利史》。——译者注

② 加诺内（1676—1748），意大利历史学家、哲学家，代表作为《那不勒斯王国文明史》。——译者注

践与伦理思想有多远，以致我作为一个纯语文学者，对能毫无区分地自由行事感到心旷神怡，近半个世纪的意大利史和中国秦朝的历史对我来说价值无异。我研究这一历史或转向另一历史，无疑受某种兴趣驱使，但却是超历史的兴趣，是在语文学的特殊领域形成的那种兴趣。

这种做法既无真实性又无激情，为语文性历史所特有，它揭示出语文性历史学家和真正的历史学家之间愈演愈烈的尖锐冲突的原因所在。真正的历史学家要解决根本问题，发觉要回应语文学那些冷漠的作品就心烦意乱，或听到一再断言那就是历史、执意主张历史应按那些方法和精神撰写，就怒不可遏。在博林布罗克①的《历史研究书信集》（1751）一书中，人们能够欣赏到这种厌烦感和愤怒情绪的强烈爆发。在那些书信中，博学被界定为不折不扣的"奢华的无知"，研究古代和原始历史的渊博的长篇大论至多被看作"怪异的序曲"，这种乐曲只在音乐会前演奏，为给乐器调音，只有耳聋的人才会把它们当成音乐。正如一个缺乏历史感的人，才会把这种博学和真正历史混为一谈。作为它们的反题，他提出以一种"政治地球仪"为理想，以利于知性而非记忆；他指出马基雅维利的《佛罗伦萨史》第一卷和修士保罗②的《论施惠》是接近这一理想的著作。最后，他主张，对于真正的和活的历史来说不应上溯到16世纪初期，不应超过查理五世③和亨利八世④，在那一时代欧洲政治与社会制度初见端倪，直至18世纪初仍未改变。他想描绘那两个世纪历史的图景，不是供好奇者和博学者应用，而是供政治家借鉴。我相信，无人会否定那驱动如此执着要求的正确的历史感。尽管博林布罗克没有提升到一切历史的死亡与再生概念（这是"当前的"和"当代的"历史的严格思辨概念）的高度，鉴于他那时代和他的国家的文化条件，他也不容易再提升。他未想到，原始的和野蛮的历史作为无用的废物被他弃之荒野，但在半世纪后却因其反对唯智主义和雅各宾主义而朝气蓬勃地崛起。他还未想到，他的同胞伯克⑤成了反击战中的先锋，甚至在他那个时

---

① 博林布罗克（1678—1751），英国哲学家、自然神论者。——译者注
② 修士保罗（1694—1775），意大利天主教士，创立受难会。——译者注
③ 查理五世（1500—1558），神圣罗马帝国皇帝。——译者注
④ 亨利八世（1491—1547），英国都铎王朝的第二代国王。——译者注
⑤ 伯克（1729—1797），英国政治家和作家，作品有《法国革命反思》。——译者注

代在意大利一角，这种历史在姜巴蒂斯塔·维科的精神与思想中复活。在举过博林布罗克这个典型事例之后，关于真正历史学家与语文性历史学家之间的冲突，就无须再举其他例子了。因为这是众所周知的事情，这是一场在我们眼前随时都可能爆发的斗争。我只补充，反对"语文学家"的论战演变成反对真正、单纯的语文学者的论战，这肯定应受谴责（尽管这不足为怪，因为在一场斗争中人们从不畏首畏尾）。因为反对可怜的博学者、档案工作者和考古学家，即真正有益无害的小动物，像在激烈论战中有时祈望的那样，他们应被摧毁，那么精神土壤的肥力就不仅会降低而且会消失殆尽，正如大家所说，这颇像近来法国农业在毫无远见地捕杀有益无害的蟾蜍之后所发生的情形。这就需要紧急动员把文化中的协同因素重新导入并扩大。

从反对语文性历史的纯粹历史感中，可产生存在于历史的不确实性和无用性命题里的已辩护或可辩护的东西。正如人们从观察中推理：即使否定派中的激进分子（丰特奈尔①、沃尔内、德尔菲科等人）最终也承认或要求某种形式的历史，好像并非无用和不确定，或并非完全无用和完全不确定。正是他们把箭头都瞄准语文性历史和基于权威的历史，关于这种历史，卢梭（在《爱弥尔》一书中）所下的讽刺性定义最恰当不过——它是"在许多假话中选择那较真实的东西的技巧"。对于所有其他方面，即对于源于感觉论和自然论的偏见的部分，历史怀疑论，像一切怀疑论一样，是自相矛盾的。因为，备受赞誉的自然科学本身，也建立在感觉、观察和试验基础上，也就是建立在历史地确定了的事实上。认识的全部真实性都寄托在感觉上，而感觉若不采用肯定事实的形式，即历史的形式，则感觉本身就不是认识。

的确，像一切其他错误一样，语文性历史没有在对手的打击下倒下，相反因内部解体而衰亡。正是自家学者摧毁了它，他们认为它同生活没有联系，只是一种学术演练（请看，有多少历史成了学生毕业论文，用于训练研究、解释和阐述的技能；还有多少历史因受根深蒂固的影响，在校园外继续走这条老路）。当他们自己显现出不确实性，疑云就笼罩他们的每一句话。由于他们区分了批判和苛刻批判，才阻止了语文性历史

---

① 丰特奈尔（1657—1757），法国科学家、文人，其突出贡献在史学。——译者注

的解体过程。他们赞美并容许批判，他们斥责并禁止苛刻批判；但这种区分是通常的区分，故因缺乏才智而态度温和者就企图（其目的没达到）掩饰自己无法解决的明显矛盾。苛刻批判就是批判的自然延续，即批判本身；把批判分为批判性少的与批判性多的，并承认批评性少的、否定批评性多的，不用说别的，起码是件荒唐可笑的事情。没有"确实"权威和其他"不确实"权威，所有权威都不确实，只是在外在和推测方式上，不确实性的程度有差异。谁能向我们保证，一位勤奋正直的证人不会因分心或一时激动而说出假话？在那不勒斯一条古老的小路上，人们还能读到一句 16 世纪的铭文，它明智地祈求上帝（语文学历史学家应当每天早晨热忱地祈求他），现在以至永远避开"君子的谎言"。因此，当那些历史学家把批判一直推进到所谓的苛刻批判时，就尽了哲学上的教育职责，使他们的全部工作徒劳无益，这可从桑切斯①的一本书取下书名——一无所知。我记起，当我正值年轻并从事学术研究时，我被一位文学知识不多的朋友的话深深打动。我借给他一本批判性很强、甚至苛刻批判的古罗马史让他读，他读完还书时对我说，他自豪地意识到自己是"最最智慧的语文学家"，因为他人得出的结论是——经艰苦努力仍一无所知，而他未作任何努力，仅凭宽宏大量的天性，就知道自己一无所知。②

（二）

语文性历史自发解体的后果应当是：否定奢望用理解为外物的叙述和文献构成的历史，并将它们③降低为在精神进程中确定并再确定的历史认识的纯粹辅助。但是，若厌恶上述结论，尽管屡遭失败，仍坚持要用这种方法构建历史，则进一步的问题产生了：不必改变那些前提，如何能医治语文性历史的严重的冷漠症和其内在不确定性呢？问题荒谬，只能获得荒谬的解决，表现为用情感兴趣代替缺乏的思想兴趣，用描述的

---

① 桑切斯（1875—1910），乌拉圭剧作家。——译者注
② 请参阅附录一。
③ 指叙述和文献。——译者注

审美上的一致代替这里达不到的逻辑的一致。如此获得的新错误形式的历史，就是诗性历史。

这类历史的实例应有尽有：为亲爱者和令人尊敬的人编写充满深情的传记，为憎恶者编造讽刺性传记；对所属或所同情的民族颂扬其光荣、悲悯其不幸的爱国历史，对敌对民族、自己对手怀有恶意的历史；在自由主义或人道主义理想照耀下的、由一位社会主义者叙述的"满面愁容的骑士"（如马克思所说）即资本家的丰功伟绩的普遍史，或由反犹者撰写、指出犹太人到哪儿都会带来人类的灾难和邪恶、驱逐犹太人是幸福与荣耀的普遍史。但诗性历史并未在爱与憎（是爱的憎，是憎的爱）的基本和一般情结中枯竭，而是充溢着情感的所有最复杂形式和最细微层次；于是产生了形形色色的诗性历史，诸如温情的、忧郁的、思乡的、失望的、听天由命的、满怀信心的、快乐的以及其他可以想象出的历史。希罗多德歌颂诸神妒忌的浪漫曲；李维赞颂罗马美德的叙事诗；塔西佗创作的恐怖悲剧；伊丽莎白时代用犀利的拉丁散文写成的戏剧；若转向近代人和现代人，德罗伊森通过叙述希腊的普鲁士——马其顿历史，表达对中央集权强国的抒情般的渴望，格罗特①表示了对雅典所象征的民主制度的向往；蒙森向往恺撒所象征的帝国；巴尔博②倾诉对意大利独立的热情，为此目的他采用所有关于古意大利战役的记载，恰从古意大利人和埃特鲁利亚人对佩拉斯吉人③的战斗开始；梯叶里④在叙述第三等级、善良农民的历史时，赞颂资产阶级；贡古尔兄弟刻画蓬巴杜夫人、杜巴里夫人和安东涅塔王后形象的艳情小说，更关注服饰的面料和样式而不是思想；德·巴朗在其关于勃艮第⑤诸公爵的历史中，观赏女人、骑士、武器和爱情。

这样似乎就真正战胜了语文性历史的冷漠，历史材料就被一种价值原则和标准所制约。这就是我们听到的今天的方法论者和哲学家持之以

---

① 格罗特（1794—1871），英国历史学家，著有《希腊史》。——译者注

② 巴尔博（1789—1853），意大利历史学家和政治家，著有《意大利的希望》。——译者注

③ 古希腊人对公元前 12 世纪前居住在希腊的民族的称呼。——译者注

④ 梯叶里（1795—1856），法国历史学家。——译者注

⑤ 法国中部地区。——译者注

恒地向历史提出的要求。但我一直避开"价值"这个词，因为它潜藏着误解，人们经常在这里失足。因为，历史是精神的历史，而精神就是价值，甚至仅是能设想的价值，显而易见，历史就总是价值的历史。由于在历史学家的意识中，精神显现为思想，于是支撑历史学的价值就是思想价值。但恰因这一原因，它的决定性原则就不能是称为"情感"的价值；情感是生活，而不是思想，当生活尚未表达和表现时，还未被思想制约，它是诗歌，不是历史。为了把诗性传记变为真正的历史性传记，就必须抑制我们的爱情、我们的泪水、我们的怒火（正像通常灌输给传记作者那样），必须探寻传主在社会与文明的活动中发挥什么作用。对民族史和人类史，对任何一组或多或少的事实，对任何一种事件，也应这样做：需要超越情感价值，或将情感价值变为思想价值。若我们尚未提高到思想的"主体性"高度，我们只会生产诗歌，而不会生产历史。历史问题尚未触及，或不如说，还没有产生，但应当产生时则产生。在那种情况下，驱使我们的兴趣，不是变为思想的生活的兴趣，而是变为直觉和想象的生活的兴趣。

由于我们已进入诗歌的王国，而历史问题远在异国。我们作为起点的博学或语文学似乎就在此地，即它们完全被超越。不管如何矫饰，在语文性历史中，编年史和文献始终处于常绿、生鲜和未消化状态，这很自然。但在诗性历史中，编年史和文献都严重变质，或更确切地说，它们无疑消融了。我们不用管历史学家的这种情况（说实话不是少数），他为获得艺术效果，蓄意将自己的虚构和想象同取自编年史和文献的资料混合起来，竭力让人们相信虚构和想象就是历史，即是说，他使自己犯了撒谎和欺诈的罪过。但是，在那种历史学中持续和内在的变质，反映在细节的选择和联系上；这些细节不是根据思想动因而是根据情感动因从"史料"中选择。若认真考察，就会发现：从本质上看，这是虚构或想象的事实；在新的想象的事实中，新的联系具体化了。由于从"史料"中摘取的材料并不总顺从需要的联系，人们便认为"温柔地引诱文本"（若我未记错，正如一位诗性历史学家勒南所说）无可指责；若不以断言形式，至少以问题形式，即以推测形式，将想象的细节添加于事实的材料无可非议。福西厄斯①指责那些希腊和其他民族的历史学家，在叙述寓言时，"为了避免空洞，认为只要郑重地添加'据说''据传'或类似词语就足以了"。但即使到今天，假若那些被视为最严肃的历史学家，为了导入自己个人的想象，列举"也许""似乎""据说""乐于思考""设想有益""可能""显然"及诸如此类的暗示形式，仍然令人赏心悦目、使人受益匪浅。若注意到他们有时为了完成图画，不知不觉地遗忘上述谨慎，叙述起自己设想出的东西时，就仿佛亲眼看见。若有一位像缠人男孩那样的冒失鬼问他们："你们如何知道的？谁对你们讲的？"为此，他们将会狼狈不堪。人们为了要给予历史学家（不是所有人，至少也是些勇敢者）权力，这种权力应建立在"历史学家若不想成为纯粹的编年史家，想象不可或缺"这一方法论理论之上，这是一种重构和补充的想象的理论；或还如人们所说，这是"用我们个人的心理或心理知识补充史料的必要性"的理论。这一理论同历史中的价值理论一样，潜藏着误解。因为，对历史学家来说，无疑想象不可或缺：空洞的批评、空洞的叙述、缺乏直觉或想象的概念，都是不结果实的；在此书中一再提及这点，我们要求对准备叙述的历史事件应有生动的体验，这导致事件精心加工后作为直觉或想象出现；若缺乏这种想象重构或想象补充，既不能撰写历史，也不能阅读并理解历史。但是，历史学家真正不可或缺的，是同历史综合不可分离的想象，是寓于思想并为了思想的想象，是思想的具体化，它从不是一个抽象概念而总是关系与判断，它绝不是非确定性而是确定性。然而应当根本区分这种想象和某些历史学家珍视的自由诗性想象，那些历史学家仿佛在太巴列湖上看见了耶稣的面容、听见了耶稣的声音，或者日常跟随赫拉克利特②在爱菲索山间漫步，或者复述阿西西的方济各③同翁布里亚④美妙山村的神秘对话。

在这里，人们仍然会问：若诗性历史是诗歌（诗歌是精神的必要形式，并且还是人心最喜爱的形式之一）而不是历史，则能指控它犯了什

---

① 福西厄斯（1577—1649），荷兰人文主义神学家。——译者注
② 赫拉克利特（约公元前540—前470），古希腊唯物主义哲学家、杰出的辩证法大师。——译者注
③ 方济各（1182—1226），圣徒，创办方济各修士团。——译者注
④ 意大利中部地区，因多森林和绿地，享有意大利"绿色心脏"之美称。——译者注

么过错呢？这里，仍可回答（像回答语文性历史那样），错误不在于做而在于奢望做；不在于创造诗歌，而在于肯定本为诗歌的历史、诗性历史，这是词语上的矛盾。我决不反对根据史料尝试创作诗歌；甚至，我断言一切时代的大部分纯粹与伟大的诗篇都能在被称为历史的著作中找到，尤其近代更是如此。譬如，叙事诗并不像人们所认为的那样，在19世纪的意大利就消亡了，即使它不见于博塔、巴尼奥利、贝利尼或班德蒂尼的"史诗"中，而短视的文学分类学家偏到那里去探寻；它见于民族复兴运动的历史叙述中，在那里叙事诗、诗剧、抒情诗、讽刺诗、牧歌、哀歌以及人们希望的其他"诗种"倾诉而出。民族复兴运动的历史学，大部分是富于传奇的诗性历史学，它期待着历史学家，或有时偶然同历史学家相遇。这正恰如古代和中世纪史诗，若它内在地为诗歌，则听众，也许往往作者本人都视其为历史。我要求他人和我自己有权按个人情感启示梦想历史，如把意大利想象成美丽似心仪的女人，或可亲似慈爱的母亲，或威严如令人尊敬的女先祖；我侦查她在数百年中的活动，甚至预言她的未来；我替自己创造历史上的爱憎偶像；为使自己心满意足，我让美者更美，丑者更丑；我要探寻所有记忆和各个细节：面貌、举止、服饰、住所，一切无意义的细节（对他人或在其他方面无意义，但对我不无意义），为了几乎亲身靠近我的朋友和我的情人，他们和她们在历史中都拥有自己的圈子或后宫。但确定无疑：当我或他人要撰写历史，真历史而不是诗性历史时，将摆脱神话和偶像、朋友和情人、好感和恶感，只关注历史的唯一问题，即精神或价值（若用较少哲学味、更通用的词语说，即文化、文明、进步），我们用双眼和思想的唯一目光审视它，当有人在那个领域或那个高度，仍向我们谈及不久前在我们胸中激荡的情感，我们仿佛听人讲述悠远、死亡的事物，我们不会再陷入情感，因为我们心灵充溢的唯一情感，是真理的情感、探索真理的情感。

（三）

由于诗性历史，即由于历史坠入观念上居先的领域——诗歌的领域，历史的错误形式（或理论的错误形式）都穷尽了。但我若对一种所谓历史形式保持沉默，则我的议论就不完整。它在古代形成自己的理论时具有重要意义，在当代仍然具有某些重要性，尽管现在它想掩盖自己的真相，并更换伪装与面具。这是古代被称作演讲术或修辞学的历史。根据演说家的不同目的，它有时想用例证讲述哲学，有时计划激励美德，有时准备教导人们什么是政治与军事制度，有时单纯为了娱乐。直至今天，不仅小学（好像人们认为，在那儿少年畅饮智慧的开胃苦酒，也应吃点寓言的甜点），而且在成人中间也要求并提供这类历史。若谈政治，它就同政治紧密联系；若谈宗教、哲学、道德等，它就同后者紧密联系；若在逸事、奇闻、丑闻、恐怖的作品中出现，它就同娱乐紧密相连。但是，我不说它是否为历史，它能视为历史的错误（理论的）形式吗？演说性历史结构是以一种完美形成的历史作为前提，至少以诗性历史作为前提；而诗性历史因实际目的被朗诵。目的可为产生行善前的激动以及内疚、羞怯或热忱的情绪；或者像在游戏中变换花样使灵魂得到休息；或者将一种历史的、哲学的或自然主义的真理（感人、悦人、诲人或区分开的其他目的）引入头脑；但终究是目的，即一种利用朗诵历史作为手段或手段之一的实际行动。因此，演说性历史（更确切地应称作实用性历史）是由两种要素构成的，即历史和实际目的，二者熔于一炉，即实际行动。因此，我们不能攻击它，只能反对它的理论，反对已提及的在古代相当著名的理论：把历史视为演说家的作品、典范的哲学、指证，或看成胜利之争（若是军事性的）、灵魂的教育（若是政治性的）、要求娱乐，等等。这种学说同当时居主导地位的关于诗歌的享乐主义和教育功能的学说完全相似。人们确信能将目的赋予诗歌，相反当赋予它一个外在目的时，就从诗歌旁边擦过，而没有接触到它。作为实际行动，实用性历史（但它不是历史）无须审查：我们每个人都不渴望探究历史，而渴望行动，在行动中可充分利用对历史的追忆或那种想象，以激励自己行动或（同样）驱使他人行动。总之，可以一再阅读渐渐于己有益的全部书籍，正如小加图①为准备自杀去读《斐多篇》，而其他人准备自杀则读《少年维特的烦恼》《奥蒂斯》或莱奥帕尔

---

① 小加图（公元前95—前46），古罗马政治家。——译者注

迪①的诗篇。从文艺复兴到 18 世纪，许多人为了准备谋反和诛戮暴君而读普鲁塔克②；以致这些人中间有位名叫博斯克利的年轻人，因密谋反对梅迪奇家族被判死刑，在其最后时刻，他对路加·德拉·罗比亚说："请把布鲁图③从我头脑中挖走！"布鲁图，不是他曾读过和想过的那段历史，而是使他受迷惑、促他犯罪的那类历史。真正的历史不是孕育手持匕首的现代布鲁图的那位布鲁图，而是在思想世界里扎根并被思考的那位布鲁图。

上述特征可让我们为现在称作倾向性历史的历史确定一个独特地位。因为，一方面，显然它有一个有待达到的目的，这就不单纯是情感和诗性历史；另一方面，那一目的不是外加的，而是同历史观本身一致的，因此，至少应把它视为介于诗性和实用性历史之间的直觉形态的历史——二者熔为一炉的历史。但是中间形态和杂交产物只存在于经验论者的虚构分类中，而从未存在于精神实在中。倾向性历史，若认真考察，实际上或为诗性历史，或为实用性历史。毫无疑义，我们从未关注有时将两个环节实际靠近的著作，正像人们通常从中所见——真正的历史和编年史与文献，语文性历史和诗性历史。产生一种混杂历史或特殊形式历史的幻觉是如下事实：许多人受诗歌启示行动（爱祖国、对党忠诚、对一位大人物热忱等），后在实际权衡中结束；他们始于诗歌，终于律师般的引证；有时（但较罕见）也走相反的路。从世界成为世界后所形成的大量党派史中可见这种双重情况；不难发现哪儿有诗歌表现，哪儿就有权衡表现；好趣味和批评不断对历史进行这种区分，正像对诗歌和一般艺术所做的那样。

确实，好趣味喜爱并接受诗歌，而不考虑诗人和史学家诗人的实际意图；但只要意图好，因而行为也好，那些实际意图也被道德良心接受并赞许。尽管人们一般有爱说律师坏话的毛病，但在社会生活中确实不能缺少正直的律师和谨慎的演说家。同样从未缺少实用性历史：在希腊

---

①　莱奥帕尔迪（1798—1837），意大利著名诗人。——译者注
②　普鲁塔克（约45—125），古希腊作家。——译者注
③　布鲁图（公元前85—前42），古罗马政治家，公元前 44 年与卡西乌等密谋刺杀恺撒。——译者注

罗马的实践中，把国务活动家、统帅、女杰的肖像奉为心灵的典范；在中世纪实践中，通过朗诵沙漠中的圣徒、隐士和力大无穷并忠贞不渝的骑士的生平来教诲众生；在现代实践中，鼓励人们阅读发明家、企业家、探险家和百万富翁的传记和"传奇"以使其受到教育和鼓舞。为推动实施一定实际部署或道德方案而形成的教育性历史确实存在。每个意大利人都知道科莱塔①、巴尔博等人的史学著作在民族复兴运动中产生了多大作用，每个人都记得"启示"或"灌输"爱自己国家、爱自己城市或教堂钟楼的书籍。

人们已把这种属于道德而不属于历史的道德效能铭记在心，以致在教育领域让历史（还有诗歌）担负起道德职责的偏见流传至今，甚至连拉布里奥拉②的教育论文《历史教学》也受此偏见影响。但是，人们若对"历史"这个词既理解为历史是思想，相反又理解为历史是诗歌、语文学或道德意志的话，那么，显然历史不是以一种形式而是以上述所有形式进入教育进程。虽然，作为所说的真正历史，只以一种形式参与教育进程，那不是孤立或抽象地考察的道德教育形式，而是思想的教育或进程的形式。

（四）

现在人们比过去更多地谈论"历史改革"的必要性，而我觉得在这方面没有一点儿要改革的。一点儿不改是针对要求塑造一种历史的新形式或首次创造真正的历史而讲的。历史，即我们所称的（观念上的）活历史、当代史，现在、过去、将来总是同样的；而编年史、语文性历史、诗性历史和实用性历史（我们姑且也称它为历史），现在、过去、将来也是同样的。肩负创造新历史重任的人们，总能一再用语文性历史去反对诗性历史，或用诗性历史反对语文性历史，或用当代史反对前两种历史，如此等等。尽管他们还不像巴克尔和最近几十年间众多令人生厌的社会

①　科莱塔（1775—1831），意大利政治家和历史学家。——译者注
②　拉布里奥拉（1843—1904），意大利马克思主义哲学家，著有《纪念〈共产党宣言〉》《论历史唯物主义》等著作。——译者注

学家和实证主义者那样。巴克尔之流傲慢自大、愚昧无知——不知历史
为何物，却抱怨历史缺乏观察和实验的品格（即观察和实验的自然主义
抽象），自我吹嘘"让历史成为自然科学"，即将滑稽可笑的循环论证用
于其苍白衍生物——一种思想形式。

在另一种意义上，在历史中一切都应当变革，历史在每一瞬间都为
自身完善、为使自己更丰富更深刻而忧心忡忡。没有一部历史令我们完
全满意，因为我们的任何建构都会产生新事实和新问题，并催促新解
决。于是，罗马史、希腊史、基督教史、宗教改革史、法国大革命史、
哲学史、文学史和任何其他学科史，都总要重新叙述并加以不同的说
明。但历史变革自身时，仍为自身。它发展的活力恰恰在于这种不
变性。

要求彻底地或抽象地改革也不能得到另一种意义：改革历史"观
念"，应当去发现或最终发现历史的真正概念。一切时代都以某种方式思
考真正的历史与仅是想象的历史或编年史之间的差异；正如各个时代的
历史学家和方法论者的忠告所示，甚至从其中思想最混乱者的无意表白
也可见出；此外，尽管表达这些差异的词语没有写下或保存下，仍有把
握从人类精神的本性中推论出来。这一概念和这些差异同历史本身，在
每一瞬间都在革新，它们变得更丰富更深刻。这应看作确定无疑，且由
史学史所表明，从阿利卡纳索的第欧根尼[①]或西塞罗，到黑格尔和洪堡业
已取得一些进步。在我们时代形成了许多新问题，我想在本书中回答一
些。我十分清楚只能回答一些问题，尤其明白拒不回答（因为不可能）
那些尚未形成但在将来必然形成的问题。

另外，人们将认为：历史意识对自己活动性质的清晰认识有益于摧
毁历史的各种错误形式。人们还将想到：业已表明语文性历史是编年史
或文献，而不再是历史；或诗性历史是诗歌，而不再是历史；同它们相
适应的"事实"应当消失，或逐渐缩小范围，直至到近期或遥远将来
全部消失，正如石弓在步枪面前消失，我们亲眼看到马车在汽车面前
消失。

[①] 阿利卡纳索的第欧根尼（约公元前60—约7），古希腊历史学家和修辞学家。——译者
注

　　那些错误的形式若具体化为"事实"，若它们不是我在上文提到的纯粹"奢望"，则一切确实可能发生。若错误、恶是一个事实，人类早就该把它摧毁，即早就该超越它，如同超越奴隶制、农奴制和简单以物易物经济，以及许多其他是"事实"的东西，因为它们都是人类的过渡形式。但是，错误（以及和它一体的恶）不是一个事实，不具有经验存在，只是精神的否定的或辩证的环节，是精神的肯定环节的具体性和精神的实在性所必需的环节。然而，它又是不可摧毁和永恒的，用抽象（由于用思想不可能）摧毁它，就等于想象精神的死亡，正如格言所说抽象即死亡。

　　我不会扩展到阐明一种离题过远的学说，我要指出，看一眼史学史就可证明错误的有益效能，错误不是凯列班①，而是爱丽儿②，它到处刮风，并呼唤人、刺激人，但不能如实物被抓住。仅限于从我探究过的一般形式中摘取例证，论战性和倾向性史学肯定要被称作错误的。这种史学在启蒙运动时期盛行，使历史沦为反对神父和暴君的道德故事。但谁又意愿从这种史学简单地回到本笃会修士和其他有学问的对开本作者的博学、冷漠的历史呢？论战与倾向表示需要一种活历史，尽管该需要不能令人十分满意；紧随这一需要而来的是，在浪漫主义时期创造了一种新史学。无疑，1820 年后在德国兴起，后又传遍全世界的纯语文性历史类型是个错误；但它又是一种摆脱哲学家即兴创作的或多或少幻想、随意的历史的工具；然而，有谁想从这些历史简单地回到"历史哲学"呢？

　　我们已多次提及的在意大利民族运动中产生，时而是倾向性、时而更是诗性历史的类型，也是错误，因为它使我们丧失历史的平静。但那种在提出历史真理要求时超越自身的诗歌意识，或早或迟应当产生（正如 18 世纪更广泛地发生）一种同生活兴趣一致、又不受它们奴役或被它们所启示的爱憎幻象迷失方向的历史。这样的例子可举不胜举，但最好的例子是我们自己：当我们精心建构历史学科时，在工作进程中，我们会看到依次出现的好感和恶感（我们的诗性历史）、我们实践家的意图

---

① 凯列班，莎士比亚《暴风雨》一剧中一个野性而丑怪的奴隶。——译者注
② 爱丽儿，莎士比亚《暴风雨》一剧中一个缥缈的精灵。——译者注

（我们的演说性历史）和我们的编年性记忆（我们的语文性历史）；我们在思想上依次地超越所有这些形式；在超越它们时，我们日益发现拥有一种新的更深刻的历史真理。这样，历史就得以肯定，就同非历史区分开，并战胜从非历史中产生的辩证环节。但是，我曾说过：抽象的，丝毫无须改革；具体的，一切都要改革。

三

作为普遍历史的历史

——对"普遍史"的批判

（一）

在辩证方面转了一圈后回到作为"当代史"的历史概念，我们又遭到新的疑惑袭击和骚扰。若我们所作的证明已使那一概念摆脱历史怀疑论的一种最顽固形式（因"证据"不确实而产生的怀疑论），似乎它未摆脱另一种形式的怀疑论；后种怀疑论恰恰称作"不可知论"，它不绝对否定历史的真实性，但它否定历史具有完全的真实性。但是，归根结底，它否定历史具有真实知识，因为有弊病的知识、半途而废的知识削弱人们断言已认识的一半历史的力量。然而，普遍认为我们已知的历史只是一部分、极小一部分：仿佛微弱的烛光，使环绕我们知识的一片黑暗变得更易感觉。

事实上，尽管学者们孜孜不倦地探索，使我们拥有关于罗马和希腊诸国的起源、希腊和罗马文明之前各国的民族的所有知识，但我们究竟知道些什么呢？假若那些民族生活的一鳞半爪留给我们，我们对它的解释多么不确实！若某些传说流传至今，它又是多么贫乏、混乱和矛盾！而关于那些民族之前的民族，关于从亚洲和非洲向欧洲的迁徙或反向的迁徙，关于我们和大洋彼岸，甚至和神话中的亚特兰蒂斯岛①的关系，我们知之甚少。关于人类的一元起源说或多元起源说也令人烦恼失望，可以引起种种推测。在地球上出现人类，它同各种动物的相似和亲缘关系也可引起徒劳的推测。地球、太阳系和整个宇宙的历史，其起源正如所说的一团漆黑。但黑暗不仅限于"起源"，全部历史，甚至离我们最近的欧洲近代史也是黑暗。谁又能说清决定丹东、罗伯斯庇尔、拿破仑或俄国的亚历山大的行动的动因是什么？关于行动本身，即关于行动的外在性，又有多少疑点和空白！关于九月的日子、雾月十八日、莫斯科大火，人们写的书籍浩如烟海，但谁能确切知道那些事实是怎样发生的呢？即使那些亲历者也不会再说什么，留给我们的说法五花八门、矛盾百出。让我们撇开大历史，我们至少能够完全认识小历史，我们不再提及祖国史、我们的城市史、我们的家庭史，只提及我们每人自身的小小历史：当一个人（多年前或昨天）沉浸于这种或那种情欲冲动，说出这句或那句话，他到底想要什么呢？如何得出确定的思想结论或特殊的实际决定？驱使他采取这一或那一行动的动机，是崇高还是低下，是道德还是自私，是责任心还是虚荣心，是纯洁还是不纯洁？谨慎小心者都知道，这足以使人如堕云雾，他们越想要完善对自己意识的考察，就会越感到头晕目眩，对他们只能提出一个补救办法：建议他们考察自己，但不要过分；要往前看，不要往后看，或往后看只限往前看所必需。当然，我们认识我们自己和我们周围世界的历史，若和我们对知识无限的渴望相比，我们的知识多么少、多么贫乏啊！

为摆脱这样的困扰，我已经走过捷径，即把困扰推到极致，然后在瞬间想象：一切已提出的疑问和可能提出的其他无限疑问都能达到满意，像正在无穷无尽地产生的疑问达到满意一样。就是说准备一个接一个地回答它们，让精神走上一条无穷无尽地达到满意的令人眩晕的道路。现在，若所有那些疑问都达到满意，若我们拥有所有相应的答案，我们又将做什么呢？若我们已享受到丰富知识的便利和财富，我们还适合干什么？通向无限的道路就像通向地狱的道路一样宽阔，若它不引导入地狱，

---

① 根据柏拉图叙述的传说，该岛位于大西洋，土地肥沃富饶，由海神波赛冬父子统治，在大灾变后沉入海底。——译者注

也肯定引导入疯人院。鉴于我们是世界的贵宾，不是疯人院的客人，对刚一接触便永远扩张的无限，不会感到有益，只会感到恐惧。只有可怜的有限、确定、具体才对我们有益；用我们的思想可以把握它们，它们成为我们存在的基础、我们行动的起点。因此，即使无限历史的所有无限特殊得以满足我们的渴望，我们也只能从头脑中清除并忘却它们；我们只关注那种特殊，它能回答一个问题，并构成积极的活历史——当代史。

这恰恰是精神在其进程中所实施的，因为没有一件事实在尚未结束时，不是凭借在精神整体中持续萌发的对行动的意识所认识的。没有一件事实或先或后、或早或迟不被忘却的，除非它又被唤起；正如人们所说，死历史通过生活活动而复苏，过去的通过当代的而成为当代的。托尔斯泰坚持这一想法：任何人，即使拿破仑也不能预先决定一个战役的进程，任何人也不能明了此战役实际如何进行，因为就在战役结束的当天晚上，一种不自然的传奇式历史诞生并传播开来。只有轻信的头脑才会误认其为实际历史；而职业历史学家却以它为基础，用幻想来补充并调节想象。但战役是在进行中被逐渐认识的；其后，伴随战役骚动的消失，意识的骚动也消逝了，引入了事实的新形势和产生的精神的新倾向，这种倾向在诗性传说中表现，或靠不自然的虚构帮助。我们每个人在每一瞬间认识并忘却其大部分思想和行动（若不这样，就太遭殃，因为他活着就要艰难地算计其每一细微变动），但不会忘却反而铭记（时间或长或短）一些思想和情感，它们体现难忘的危机和关系其将来的问题。有时，我们参与在自己身上重现的曾被认为一去不复返的思想和情感，不会不感到惊愕。因此，应当说，在每一瞬间我们认识必须认识的全部历史；其余的对我们无关紧要，我们也不拥有认识它的条件，或我们将拥有这样的条件，仅当它变得对我们重要。即"余下的"历史是物自体的永恒幽灵，它既不是"物"，也不"自体"，它只是我们的活动和认识的无限性的幻影。

物自体的幻影和由其产生的不可知论，是自然科学在哲学中的产物，自然科学提供一个外在的、物质的、因而是不可理喻的实在。历史不可知论也以类似方式由历史的自然主义环节、编年体造成。编年体提供了不可理喻的死历史，谁要被这种游戏迷惑，迷失通向具体真理之路，就会立即感到心灵充溢着无限、空洞和无望的问题。同样，迷失正路者和尚未踏上勤奋生活的富饶之路的人，就会感到心灵充溢着无限的欲望、无法实现的行动、无法获得的享乐，因而遭受坦塔洛斯①的痛苦。但是，生活的智慧警告我们不要在荒谬的欲望中迷失，正如思想的智慧警示我们不要纠缠于无用的问题一样。

（二）

但是，若我们只能认识有限和特殊，甚至永远如此，就需放弃（痛苦地放弃）认识普遍的历史吗？毫无疑问。然而需要补充两点：放弃不能拥有之物，因为不可能拥有，因此这种放弃一点也不痛苦。

"普遍的历史"也不是具体行动和事实，而是"奢望"；是由编年体及其"物自体"产生，也是由用无限进程结束开始糟糕的无限进程的奇异意图产生的"奢望"。普遍史的确肩负起将人类的一切事实简化为一幅图画的重任，从它在地球上的起源直至此时此刻；然而这样仍不是真正的普遍，于是要从万物的起源或创世直至世界末日。由此可见，它倾向于用神学的或自然主义的传奇故事填满史前史和起源的深渊；还倾向于用各种方式描绘未来，如在基督教普遍历史中用启示和预言（甚至说到基督之敌和最后审判），或在实证主义的、民主主义的、社会主义的普遍历史中用预见。

这就是奢望，但事与愿违，只得其能得：即总能得到一部或多或少杂乱无章的编年史；或一部表达人心渴望的诗性历史；或一部真正的历史，它不是普遍的而是个别的，尽管也囊括众多民族和各个时代的历史；往往在同一部文集中，人们辨别出的这些不同因素并列存在。我们把多少宽泛的编年史（虽然总是狭隘的）、诗性历史和形形色色的混合史搁置不谈，我们不仅靠逻辑必然性，就是单纯瞥上一眼，就可立即发现任何一部"普遍史"，作为真正的历史或限于为真正历史的部分，结果都是

---

① 据希腊神话，坦塔洛斯为宙斯之子，因得罪众神被打入地狱，拘留在湖中央。他口干想喝水，水就向四周退去；他伸手想摘满树的水果，树枝就升高。寓意为"可望而不可即"。——译者注

"特殊史"；即是说它们由特殊兴趣引起并集中于一个特殊问题，仅当人们对事实感兴趣并回答那一问题时，事实才被理解。在古代，指出波利比奥斯①的作品为例足矣，因为他强烈坚持需要一部"普遍史"（普世史，综合全部共同实践）；在基督教时代有奥古斯丁的《上帝之城》；在近代有黑格尔的《历史哲学》（普遍史，或如他所说的《哲学的世界史》）。既然波利比奥斯乞求和实现的普遍史是更宽泛、更复杂、更富政治性和更严肃的历史，这是罗马霸权和形成罗马世界所要求的那种历史，因此它只包括那些同罗马发生关系和冲突的民族，并同作者的精神倾向一致，几乎是完全限于政治制度和军事体制的历史。而奥古斯丁试图让基督教进入世俗史可以理解，为此需要，他使用了两个敌对城市——地上城市和天上城市的概念，前者时而同后者敌对，时而又是后者的准备。黑格尔最终在其普遍史中处理哲学的特殊史的相同问题：即精神如何从被自然或超验上帝奴役的哲学中提高到自由意识。他从历史哲学中删除了史前史，正如从哲学史中删除一样，他对东方史的考察相当简约，因为他认为它对目的的实现意义不大。

自然主义或宇宙学的故事总由对其有灵感的人们撰写，并且总能找到求知若渴和热烈欢迎的读者，尤其是那些懒人，他们对用几句话或几页书就可把握"世界的秘密"乐不可支。总有人撰写内容或宽或窄的东方史、西方史、美洲史、非洲史和大洋洲史。仅就这些著作的编辑工作来说，一个人的力量显然不够，于是成群的学者和编辑致力于这些著作的撰写（几乎为了公开证明没有任何亲密联系）。甚至最近还能看到有人企图用地理体例撰写普遍史，将欧洲史、亚洲史、非洲史及诸如此类历史一一排列，这样它们就不知不觉地接近历史词典的形式。把这一和那一特殊史称为"普遍史"永远有用，这是在波利比奥斯的旧含义上的"普遍史"，即它作为欠现实、欠严肃、不尽如人意的书籍的对立物和"特殊事物的作家"（按作家方法写作者）的作品的对立物。他们把小事看作大事（小题大做），并对不值得记忆（无恰当回忆的东西）的逸事发表长篇大论，这都是标准（借助分析）缺失所致。在这种意义上，建议那些其政治的和社会的事变使历史范围缩小的时代与民族，最好同细枝

---

① 波利比奥斯（约公元前202—前120），古希腊著名历史学家。——译者注

末节一刀两断，越过特殊史，关注"普遍史"，即一种更宽泛的历史。这一建议尤其适用于我们意大利，在文艺复兴时代，它起过普救论者的作用，因而有着普遍的眼光，按自己的方式叙述一切民族的历史；其后限制在地区史，随后又提高到民族史，现在再不要像以前那样，应当驰骋在所有时代和国家的历史的广阔田野。但"普遍"这个对上述建议有用的词，从不在其他意义上说明"普遍史"的进程。这种"历史"同类似的乌托邦一起消逝在幻想的世界里。这些在幻想之中的乌托邦，成了所有时代的典范艺术和适用于所有时代的普遍法律。

（三）

但是，同样普遍艺术和普遍法律的幻想的消失并未消除特殊艺术和特殊法律（《伊利亚特》或罗马家庭法）的内在普遍性，否定普遍史不意味着否定历史中的普遍的知识。在这里，需要再次重复，人们在有限的无限系列中东奔西跑，徒劳无益地寻找上帝，后来发现他就在此系列的任何一点：他就在我眼前！那一特殊和那一有限是由思想确定其特殊性和有限性的，因此同普遍、即特殊形式中的普遍一起被认识。纯粹的有限和特殊只存在于抽象之中：诗歌和艺术是个别的王国，它们本身并无抽象的有限。但存在纯朴的有限，它是无限和有限尚未区分的统一，而这种统一在思想领域将被区分，并以这种方式达到统一的更高形式。而历史是思想，作为历史，它是普遍的思想，是在具体中的普遍的思想，因此总是被特殊地确定。没有一件事实，即使通常所说的小事实，能不被理解（实现和形容）为普遍的。在其简单的形式中，也意味着在其本质的形式中，历史通过判断、个别与普遍不可分割的综合来表达。按照陈旧的学校术语传统，个别被称作判断的主词，普遍被称作判断的谓词。但是，对于任何用思想支配词语的人来说，历史的真正主词恰恰是谓词，其真正谓词是主词。即是说，普遍在判断中通过将其个别化才得以确定。这颇像哲学家的玄思妙想，但完全可使其清晰易懂，仿佛不属哲学家专有，只需简单观察：每个人面对"什么是诗歌史的主词"的问题，在思考之后，肯定不会回答是但丁或莎士比亚，是意大利诗歌、英国诗歌或我们熟悉的诗歌，而就是诗歌，即一种普遍；面对"什么是社会政治史的主词"的问题，既不会回答是希腊、罗马，也不会说是法国或德国，甚至不会说这些国家和其他国家的整体，而是文明、进步、自由或类似的其他词，即一种普遍。

这里有待搬开一块巨石，是它阻碍承认哲学与历史的同一性，在我另一卷著作①中用多元分析和多种论证试图革新、修改和确立这一学说。但这往往十分艰难，它不是充分说服和认同的对象，而是无懈可击的推理论证的对象。我曾探寻这艰难的种种原因，并找到一种似乎还是主要和根本的原因：恰恰在于未将历史理解为活历史和当代史，而是理解为死历史和过去史、编年史（或语文性历史，正如我们所知，它能变为编年史）。不容置疑的是，当把历史看作编年史，哲学与历史的同一性就不会存在，因为缺乏根据。但当把编年史降低到其实际和记忆功能，而把历史提高到对永恒的现在的认识时，历史就凸显出同哲学一体，而哲学不过是永恒的现在的思想。

毫无疑问，这永远需要超越观念与事实的二元论、理性真理和事实真理的二元论，超越哲学是对观念或理性真理的沉思的看法，超越历史是对原初事实及未加工事实的真理的收集的观点：最近我们发现顽强的二元论面貌一新，它装扮成"历史的本义是知道，哲学的本义是理解"的公理，即以一种十分荒谬的区分——没有理解的知道和没有知道的理解的面目出现，这将是人类的令人加倍沮丧的理论命运。但这种二元论及其衍生理论，不是真正的哲学，而是人们有缺陷地尝试哲学思维的取之不尽的源泉。这类尝试若囿于宗教的神秘领域，则称作宗教；若在上述领域外，则称作神话。那么，和超验论战并要求实在与哲学具有内在性还有益吗？当然有益，但我感到无此需要，至少此时这里没有必要。

正如被正确理解的历史废除了普遍史的观念，与历史同一的内在哲学也废除了普遍哲学观念，即封闭体系的观念。这两个否定相辅相成，说到底是共同行动（因为像普遍史一样，封闭体系也是宇宙学故事），二者都在一种倾向中获得经验确证：当代的杰出天才都远离"普遍史"和"最终体系"，而把它们让给编辑者、信徒和形形色色的轻信者。在最近的伟大哲学——黑格尔哲学中，包含着这种倾向；但其自身中的这种倾

---

① 在《逻辑学》一书中，尤其是第 2 部分第 4 章。

向遭到陈腐观念的反对，并且在实施时被彻底背叛了；以致那种哲学也转化为宇宙学的故事。因此可以说，在 19 世纪初它只是一种单纯预感，在 20 世纪初它才变为坚定的意识。它激励胆小者克服这样会危害普遍认识的恐惧，并主张只有这样才能真正地、连续不断地获取普遍认识，因为是以动态的方式获取的。于是，正在变成现实历史的历史和正在变成历史哲学的哲学都得到了解放：前者摆脱不能认识那些未知的、仅因过去被认识或未来能认识的事物的忧虑；后者摆脱永远不能达到"终极真理"的绝望，二者都从"物自体"的幽灵中解放出来。

四
"历史哲学"的思想起源和观念解体

（一）

所谓"历史哲学"这一概念不断受到历史决定论的抵抗和反对。这不仅从事实中见出，而且从清晰逻辑看更明显，因为"历史哲学"代表实在的超验概念，而决定论代表内在概念。但在考察事实时，并非不确实的是，历史决定论不断产生"历史哲学"；且这一事实并不比前一事实明显缺乏逻辑性，因为决定论是自然主义，因此是内在性，但又是不充分的伪内在性。故更应该说它想成为内在性，但不是内在的，无论它怎样朝反方向努力，总要转向超验性。对于头脑中内在性与超验性概念清楚，了解历史哲学作为超验性，自然主义决定论历史观作为伪内在性的人来说，这一切都不会遇到困难。但特别考察这种一致与冲突的过程涉及历史问题时是怎样发展和解决的，将受益匪浅。

"先收集事实，再按因果关系把它们联系起来"，这就是决定论描绘的历史工作的方式。"收集事实之后，再探寻原因"，让我们用此学派最富于想象、最善于辩论的理论家泰纳的原话重复最普通的公式。事实是粗糙的、模糊不清的，又是实在的，因未受到科学之光的照耀尚未理智化；这种可理解的性质需借助探寻原因才能赋予它们。但是，当把一事实作为原因同另一事实相连，形成一个因果链条的后果众所周知：即人们进入无限地倒退过程，并永远不能找到一个或诸多原因，让人们不辞辛劳才构成的链条最终可悬挂其上。

　　某些或许多历史决定论者确实相当简单地克服了上述困难：他们让链条在任何一点断裂并脱落，而此链条已在另一端另一点断裂过（考察所得的效果），然后用那段链条工作，好像它是某种完整和自我封闭的东西，仿佛一条在两点上分割的直线应包含空间并构成图形。因此，我们在历史方法论者那里还遇到如下理论：历史只应探寻"近因"；此理论想给前述过程提供一个逻辑根据。但谁能说清什么是"近因"？思想因其不幸不得不追踪原因链条进行思考，它不想知道"真正"原因之外的任何东西，不管它们在时间和空间中是近还是远（空间如同时间，同此问题无关）。实际上，那一理论是片无花果叶，用来遮盖作为思想家和批评家的历史学家感到耻辱的行为：意志，一种恰因其随意才非常惬意的意志。这片无花果叶还是羞怯的标志，为此自有其长处。因为，假若那种羞怯心丧生了，就会产生这一情况：最终声明武断地确定的"原因"是"最终"原因和"真正"原因。这样就把自己个人的意志抬高到创造世界的行动，并把它装扮成上帝、某些神学家的上帝，这种意志也就成了真理。在说这之后，我本不想再引述泰纳（他是一位令人尊敬的作家，不是因其思想状态，而是因其笃信科学），然而现在我却认为应当引述他。泰纳在探寻原因时，发现一个原因，他有时称作"种族"，有时称作"时代"。譬如，在其英国文学史中，他发现"北方人"和"日耳曼人"的概念就特指那些具有感觉淡漠、钟爱抽象观念、趣味粗放、蔑视秩序和规则的性格与天赋的人们，他郑重地断言："研究的结果是：人们确信有某种原始的意向，有某种为一个时代或一个种族、一切感觉、一切观念所固有的特征，有某种与人的精神和心理活动分不开的特点。这就是重大的原因、普遍的和永久的原因。"泰纳在想象中知道，这里存在什么原始的和不可逾越的东西，但他不知道批判；因为批判要求给出被称作"时代"和"种族"的那种事实或成组事实的起源，但在要求给出这种起源时，则声明它们既不"普遍"也不"持久"；因为人们所知的"普遍和持久的事实"不存在；"北方人"和"日耳曼人"更不是那样的，我说木乃伊也不是永恒的，它们持续几千年，在缓慢变质，但毕竟在变质。

　　这样，无论谁根据决定论历史观进行思考，只要想避免用意志和想象中断已开始的研究，就必须承认他所采用的方法达不到预期目的。因为，另一方面，尽管他以不充分的方法开始思考历史，就无其他选择：或是从头开始、另辟蹊径，或是改变方向、勇往直前。自然主义的前提仍很牢固（"先收集事实，后探寻原因"——还有什么比这更明显不可抗拒呢？），它必然驱使他选择第二种。但一经这样选择，就超越了决定论，超越了自然及其原因，就提出一种与前种对立的方法，即放弃原因范畴而接受另一范畴，另一范畴只能是目的范畴；这是一种外在的和超验的目的，是与原因相对应的相似对立面。现在，探究超验的目的就是"历史哲学"。

彻底的自然主义者（我称那些"持续思考"者，或如常言所说获得结果者），无论他怎样理解自己的新探索，都不能逃脱也从未逃脱这种探索。甚至当他声明目的或"最终目的"不可知，即尝试逃脱时，也未能逃脱。因为（此外，正如众所周知），肯定的不可知物就是以某种方式认识的不可知物。自然主义总要戴上历史哲学的桂冠，而不管其构建的形式：无论它用聚集的原子解释宇宙，说原子的不同聚集、碰撞及跳跃产生历史进程，而当原子恢复原始分散状态就中断该进程；还是称隐蔽的上帝是物质或无意识或别的什么；或最终把上帝理解为一种利用原因链条以实现其建议的智慧。相反，每一历史哲学家都是自然主义者，因为他们是二元论者，设想有一个上帝和一个世界、一个观念和在其外或之下的一个事实、一个目的王国和一个原因属地、一座天上都市和另一座或多或少恶魔似的地上都市。随便拿起一本历史决定论的著作阅读，就会找到或发现其中的明言的或省略的超验（譬如，在泰纳著作中采用"种族"或"时代"的名称，它们是不折不扣的神）；随便拿起一部"历史哲学"的著作阅读，就能发现其中的二元论和自然主义（譬如，在黑格尔的著作中，他承认那些反抗无力的事实抗拒观念制约或不配受其制约）。我们会越看越清楚，"历史哲学"怎样从自然主义内核中不可遏制地涌现出来。

（二）

但"历史哲学"同从中涌现出并与之对立的决定论一样，也是矛盾的。因为它既已接受把粗糙的事实联系起来的方法，它就不会发现面前还有有待联系的事实（因为它们已借助原因范畴再好不过地联系起来）。由于事实粗糙，它应给予它们的不再是联系而是"意义"，并应把它们描述成超验进程、神的显现的景象。现在那些事实因其粗糙而无言，但进程的超验性为使它们被理解和表现则要求一个器官，它不是思考、产生事实的器官，而是一个超逻辑的器官（譬如，费希特：抽象地先天地进行的思想），它除了作为否定环节、实际逻辑思维的空白外，在精神中是找不到的。精神逻辑空白立即被实践或常言所说的情感填满，而那些情感通过理论的折射，以诗歌面貌出现。一切"历史哲学"都存在着明显的诗性：古代历史哲学把历史事件描述为各民族的或各氏族的诸神之间的斗争，或个人各自保护者之间的斗争，或光明、真理之神和黑暗、谎言之神之间的斗争；这样就表达了民族、团体或个人对霸权的向往，或人们对善和真的渴望；近代和现代的历史哲学从形形色色的民族主义和种族主义（意大利的、日耳曼的、斯拉夫的等）中受到启示，或把历史进程描绘成走向自由王国，或把历史进程描绘成从原始共产主义的伊甸园，经过奴隶制、农奴制和被雇佣者的中世纪，走向重建的共产主义，这种共产主义不再是不自觉的而是自觉的，不再是伊甸园式的而是人类的。在诗歌中，事实不再是事实而是话语，不再是实在而是想象；若这里仍停滞于诗歌中，则未有待审查的地方。若未停滞于纯诗歌中，因为现在那些想象和话语作为观念和事实出现，即作为神话出现：进步、自由、经济、技术、科学等神话，并总将它们理解为事实的外部原动力；这种神话决不亚于上帝和魔鬼、马泰①和维纳斯、朱庇特和巴力②或其他更为粗糙的神性形象。这就是决定论在产生与其对立的"历史哲学"之后，又被迫反对其女儿的原因；它从求助于目的王国到求助于因果联系王国，它从想象到观察，从神话到事实。

历史决定论和历史哲学的相互批驳，造成两败俱伤——全成了空白和无，唯一空白和无；相反在折中主义者眼中，这种相互批驳通常就像两个实体的相互完成，它们靠近或应当靠近以结成相互支持的联盟。由于折中主义——变换名称，在当代哲学中蔓延，通常它发现除派给历史

---

① 马泰，古罗马神话中的战神。——译者注
② 巴力，迦南人和腓尼基人所信奉的主神。——译者注

探究原因的任务，还对应当赋予历史进程"意义"和"总蓝图"的职责不感到惊奇（请看拉布里奥拉、席美尔、李凯尔特等人论"历史哲学"的著作）。由于方法论作家通常是经验论者，因此是折中主义者，他们盛行将历史划分为靠聚集、批判文献及重构事件形成的历史和"历史哲学"（请大家参看伯恩海姆的教科书）。最终，由于正常思想是折中主义的，再没有比获得对如下观点的认同更容易的了：仅提供一系列事件的简单历史是不够的，还需要思想回归已构成的事实链条，以便发现其中隐秘的企图，并回答我们来自何方和奔向何方的问题；即在历史旁边，应当放置"历史哲学"。这种折中主义将两种相反的空洞实体化，让它们相互帮助，有时甚至试图超越自身，把那两种伪科学或部分科学熔为一炉。于是我们听到有人喊出保卫"历史哲学"的呼声，但他们却谨慎小心地说"历史哲学"应当借助探究原因，用"科学的"和"实证的"方法引导，并应这样揭示理性或神意的行为。[①] 通俗思想立即赞同这一纲领，但随后却无法将它实施。[②] 对于当事人来说，这里毫无新意："历史哲学"有待用"实证的方法"建构，即超验性有待用伪内在性去证明，在历史研究领域恰恰等于新批判派（策勒等人）嘱咐的"用实验方法建构形而上学"，它[③]也奢望：不仅要超越两种相互批驳的空洞，而且还要使它们协调一致，让它们熔为一炉——唯一实体。为了表明这些奢望的不可能性，我不称它们为炼金术士的奇迹（我觉得这个比喻太高雅），而说它们更像劣等厨子烹制的杂烩汤。

---

① 作为典型例证，可参阅弗林特的著作；但由于黑格尔和黑格尔主义者不似弗林特那样激进，他们最终也承认两种对立方法的融合，在他们的"历史哲学"中可发现这种缺陷的痕迹。这里有待注意，黑格尔为发现像数学与自然现象的关系一样，先天与历史事实的相同关系所作的假类比："我们必须先天地了解属于整个领域的各个原则，正如天文学家开普勒必然先天地熟悉椭圆形、立方形、正方形以及它们相互关系的各种观念，进而才能从经验的资料库中发现他那些不朽的'规律'，那些规律正是从那些观念的推论中得出的。"（参阅《历史哲学讲义》，布龙斯塔得出版社，第107—108页）。

② 甚至上文提及的弗林特也未能实施，因为他刚刚从事涉及所谓"历史哲学"著作的历史评论工作，就迷失了方向，再也不能转向许诺的建构工作。

③ 指形而上学。——译者注

（三）

这决不是纠正历史决定论和"历史哲学"的矛盾的有效方法；要达此目的，需接受相互批驳的结果，即是说使二者无用，并拒绝"历史哲学"的"蓝图"和决定论的因果链条，因为它们缺乏思想。这两个幻影消逝后，我们又返回出发点：我们重新面对着粗糙和无联系的事实、查明但未理解的事实，决定论曾力图对它们使用因果黏合剂，"历史哲学"曾对它们挥舞目的魔杖。我们对这样的事实怎么办呢？怎样使它们从昏暗变透明，从无机变有机，从不可理解变为可理解？要对它们有所为，尤其要使它们发生期待的变化确实困难。精神对精神之外的或设想为精神之外的东西无能为力。当事实被这样理解后，人们就试图恢复哲学家对历史的蔑视态度，这种态度从古代（亚里士多德认为历史比诗歌更"缺乏哲学味"和"更不庄重"，塞斯托·恩彼利柯认为历史是"杂乱无章的材料"）直至18世纪末（康德未理解也未感觉到历史）持续不变：把观念给哲学家，把粗糙的事实给历史学家——让我们为严肃的东西感到心满意足，请把玩具留给孩子们吧！

但是，在屈服于上述诱惑之前，为谨慎行事应从对方法的怀疑受到启示（这总是有用的），并将注意力集中在那些粗糙的和无联系的事实上，那些事实被探究原因视为起点，又是我们被这种方法及其补充——历史哲学抛弃后现在面对着的。对方法的怀疑首先启示我们如下思想：那些事实是未经证明的前提；因此引导我们考察是否可进行证明；在这些事实经历证明的考验后，我们最终得出结论：实际上这些事实并不存在。事实上，谁又确认它们的存在呢？恰恰是准备探究原因的精神。但精神在那种活动中不是先拥有粗糙的事实（首先，收集事实），然后再探究它们的原因（之后，探究原因）；它通过那种活动使事实变得粗糙，因为这样对它有益。在历史中探究原因同我们多次说明的自然主义表现毫无二致，它抽象地分析实在并加以分类。抽象地分析和分类，同时导致在分类时抽象地做出判断，即未把事实看作思考事实的思想所意识到的精神活动，而是看作外在的和粗糙的事实。《神曲》是我们在自己的想象中重构其所有细节的史诗，我们批判地理解为精神的一种特殊确定，因此，我们在头脑中确定它及其一切景况和一切关系的历史地位。但当我们的幻想和思想的现实性已经被超越，即那一思想进程已经完成，我们就能用一种精神活动去抽象地发现各种要素。譬如，我们就构建了"佛罗伦萨文明"和"政治诗歌"等分类性概念，我们将说《神曲》是佛罗伦萨文明的结果，而佛罗伦萨文明又是城市国家间政治斗争的结果，等等。与此同时，我们为那些曾困扰德·桑克蒂斯①的有关但丁作品的荒谬问题开辟了道路。他精彩地发现了这些问题，说仅当生动的审美印象减弱后，诗歌作品落入沉迷于文字游戏的愚钝的头脑，它们才会出现。若我们及时止步，未踏上通向荒谬的道路，若我们以完全实用的方式遵循纯粹的简单的自然主义环节、分类和分类性判断（这同因果联系一体），并不引出结论，那我们就未干任何不合法之事，相反却行使我们的权利，当自然化有益或在一定限度内有益时，我们会屈服于合理的需要，即自然化的需要。以致事实的物质化及其外在的或因果的联系，作为纯自然主义是完全正当的。甚至那种仅限于探究"近"因，也就是不强行分类以致丧失一切实际效用的格言也可成立。将《神曲》同"佛罗伦萨文明"的分类概念联系起来可能有益，但把它同"印欧文明"或"白人文明"的分类概念联系起来，将无一点益处或益处无限地小。

（四）

让我们满怀信心返回起点，回到真正的起点，不是回到已被打乱的、自然化的事实的起点，而是回到思考和构建事实的头脑的起点。我们托起遭诽谤的"粗糙的事实"的沮丧的脸，将看到额头上闪烁的思想之光。这一真正起点向我们表明它不单是个起点，而既是起点又是终点；它不是构建历史的第一步，而是构建中亦即自我建构中的全部历史。历史决定论，更有理由说是历史哲学，把历史的实在抛在身后，尽管起初朝向它前进，结果却是偏离正路而乱兜圈子。

我们将让天真的泰纳承认我们所说的是真理，当我们问他"收集事

---

① 德·桑克蒂斯（1817—1883），意大利著名文学史家、批评家，代表作为《意大利文学史》。——译者注

实"怎样理解，他回答说这种收集分成两个阶段或环节。在第一个阶段，使文献复活，以便出现，"经过很长时间，一个生动活泼、讲究实效、天赐激情，具有个人习惯、声容笑貌、举止衣着的人，正如我们刚刚在路上辞行的人一样清晰和完整"；在第二个阶段，探寻并发现"在外观人下面的内在人""隐身人""核心""产生其他的各种才能和情感""内心的戏剧""心理"。因此，这同"收集事实"迥然不同！若我们的作者所说的事情真正应验，若个人和事件在幻想中复活，若能思考它们的内在性，即能实施直觉与概念的综合——具体化的思想，则历史就圆满实现。人们还想做什么呢？再没有要探寻的了。泰纳补充说："要探寻原因！"即是说要扼杀思想所思的活"事实"，要将它同抽象要素分开，无疑这是有用之事，但只对记忆和实践有用；或者还要（如泰纳所为）误解和高估抽象分析的作用，使自己迷失在种族和民族的神话中，或其他貌似不同实则相似的神话中。若我们想作为历史学家思考，注意不要扼杀可怜的事实。由于我们是历史学家，由于我们实际地思考，我们没有感到需要求助于原因的外在联系（历史决定论）和超验的目的的外在联系（历史哲学）。被具体思考的事实没有自身之外的原因和目的，它只存在于自身之中，并同它的实在的量或质一致。因为（顺便指出是适时的）确定的事实是实在的，但具未知的性质；它们被肯定，但未被理解；故确定的事实也是自然主义的幻觉（这预示另一幻觉——"历史哲学"的幻觉）：在思想中，实在与质、存在与本质合为一体；不能断言一个事实是实在的，而不同时知道它是哪件事实，即不对它做出限定。

当我们返回并滞留，即在具体事实中活动时，或更确切地说，当我们成为具体地思考事实的思想时，我们就体验到我们的历史思想的不断形成和持续进步，我们也就使史学史变清晰了，它也按相同方式进步。我们看到（我仅举一例免得目不暇接）从希腊人直至我们，对历史的理解越来越丰富、深刻，不是因为我们找到人类事物的抽象原因和超验目的，而是因为逐渐获得对人类事物的日益丰富的意识。政治、道德、宗教、哲学、艺术、科学、文化、经济变为更加复杂的概念，同时它们与自身、与整体更好地确定和统一。与此相关，各种活动形式的历史越来越复杂、越来越牢固地结为一体。我们同希腊人一样对文明的原因了解甚少，我们对于掌握人类命运的上帝和众神的认识之少也如希腊人。但我们对文明的理论的认识好于希腊人，另外我们知道（正如他们不知道或不似我们那样清晰并肯定地知道）：诗歌是理论精神的永恒形式；倒退或衰落是相对的概念；世界并未分为观念和观念幻影，或分为潜力和活动；奴隶制不是经济的实在的范畴，而是经济的历史形式；诸如此类，不一而足。因此，我们不会再（除了我们之中的遗老遗少或老顽固）让诗歌接受教育目的的检查（这是诗人们提议的），相反我们想要确定诗歌的情感表达形式：我们面对所谓"衰落"不会感到困惑不解，而要通过它们的辩证法去探究什么新生、高级的东西在不断构建。我们不会认为人类活动既可悲又虚幻，只能欣赏并模仿：仰天长叹、虔诚苦修和厌恶尘世。我们在活动中确认力量的实在性，在幻影中确认观念的坚定性，在地上确认天国。最终，我们没有感到因奴隶经济的消失，社会生活就不能发展。若在实在中奴隶天生就是奴隶，则奴隶经济的消失就成了实在的大灾难，如此等等。

这种历史概念和对历史学工作本身的考察使我们能对历史决定论和"历史哲学"采取公正态度，它们的不断出现已不断指出我们的历史知识和哲学知识的缺陷，它们富于想象的解决成了不断涌现的新问题的辩证的与历史的解决的前导。我们也没有说过从今以后它们就不起这种作用了（各种乌托邦的有益作用）。尽管作为纯粹抽象和否定的东西，历史决定论和历史哲学不拥有历史，因为它们并不发展，但它们却从其同历史的关系中接受发展着的内容，即历史在它们之中发展，虽然它们的外观外在于内容，它们还迫使打算只进行图示化和想象而不思考的人思考。因为，实际上在笛卡尔、维科、康德、黑格尔之后，现在出现的决定论同亚里士多德之后出现的决定论的差别很大，黑格尔或马克思的历史哲学同诺斯替教①或基督教的历史哲学的差别也很大。超验性和伪内在性各自折磨着所有这些观念，但在较为成熟的思想时代产生的形式和神话，具有这种新的成熟性。让我们认真考察"历史哲学"的这种情况（把形形色色的自然主义搁置一旁），人们已经注意到从统治荷马世界的历史哲学到希罗多德的历史哲学有着巨大差别：对希罗多德来说，诸神的忌妒

①　一种融合多种信仰，把神学和哲学结合在一起的秘传宗教，强调只有领悟神秘的"诺斯"即真知，才能使灵魂得救，1世纪至3世纪流行于地中海东部各地。——译者注

几乎成了道德规律的观念，宽容卑贱者，践踏高贵者；希罗多德之后有斯多葛派的关于命运的法则，连诸神都必须服从这些法则；这之后有天命观，它在古代晚期出现，它是统治世界的智慧；然后由这种世俗的天命观到基督教天命观，这是神圣正义、福音派新教会的准备和对人类的教育关怀；之后逐渐到神学家们的精致的天命观，它通常摒弃神奇的干预并由于次要原因活动；这之后有维科的天命观，它作为精神的辩证法起作用；接着有黑格尔的观念，这是逐步取得的成果，即通过历史把自我意识变为自由；或者最终到至今还存在的进步与文明的神话，它旨在最终摆脱偏见与迷信，并将依靠实证科学不断增长的力量及其传播得以实现。

这样，"历史哲学"和历史决定论有时就成了透明的薄纱，它既遮蔽又揭示思想中实在物的具体性，机械的"原因"显得观念化了，超验的"神性"人性化了，大部分事实失去粗糙的外观。尽管纱巾很薄，但仍然是纱巾；不管真理显得多么朴实，实际上并不完全朴实。因为说到底仍存在着虚假的信念：历史用粗糙事实的"材料"、因果的"黏合剂"、目的的"魔法"所建构，如同用三种连续的或相互竞争的方法建构。宗教也有类似情况，在高超的头脑中，它几乎完全摆脱庸俗的信仰，正如在高尚的心灵中，它的伦理学从受神的支配的他治状态下和奖惩的功利主义中解放出来。几乎是全部，但并非全部。因此，宗教从来不是哲学，除非它否定自身。同样，历史哲学和历史决定论，只有否定自身才能成为历史。它们总是以某种程度固执己见，同时也就坚持了二元论和随之发生的令人痛苦的怀疑论及不可知论。

在具体的被理解的历史中，对历史哲学的否定就是其观念的解体。由于那所谓"哲学"只是抽象的和否定的环节，我们因而断言历史哲学已经死亡：在它的积极方面死亡了，作为学说的主体死亡了；它死亡了，连同其他超验的一切观念和形式都这样死亡了。我本不想对我就这一题目所作简短（但我认为是充分的）论述再添加解释，这种说明在某些人看来（正如在我看来）很少有哲学味，甚至相当粗俗，但我宁愿被视为半粗俗也不愿冒模棱两可的危险，故我还要再补充：正如对超验的原因和目的的"概念"的批判并不禁止使用这些"语词"——当它们只是单纯的语词时（譬如，用想象的方式把自由说成女神，或准备研究但丁时，说想要"探究原因"或他的一言一行、一部作品的"诸多原因")。这样，决未禁止继续述说"历史哲学"或"对历史的哲学思考"，这意味着需要精心建构这一或那一历史问题。当然也不禁止我们将历史认识论研究称作"历史哲学"，尽管在此种情况下建构哲学，尚不是严格意义上的哲学，而是历史学的哲学：在意大利语中，正如在其他语种中，通常用一个词语指示这两种东西。最终，我们也无意阻止断言（正如多年前一位德国教授所为）"历史哲学"应当按"社会学"探讨，即授予它所谓社会学的旧称号——关于国家、社会和文化的经验科学。

哲学名称都是容许使用的，因为它们有冒险家卡萨诺瓦①所要求的同样权利，即他在法官面前为自己改名换姓辩护时说的"每个人都有权使用字母"。但以上讨论的问题不是使用字母的问题；我们概括地说明其起源及解体的"历史哲学"不再是个具有不同用法的名词，而是一种最为确定的历史观、超验的历史观。

---

① 卡萨诺瓦（1725—1798），威尼斯冒险家，做过教士、外交官、间谍，还是游历欧洲的花花公子。——译者注

五
历史的积极性质

弗斯特尔·德·库兰茨有句名言：当然有"历史和哲学，但没有历史哲学"；现在我们提出与之对立的另一格言：既没有哲学，也没有历史，还没有历史哲学，只有本身是哲学的历史和本身是历史并为历史所固有的哲学。因此，哲学家、历史方法论者和社会学家认为属于自己特殊领域并在其论著首尾充满激情的全部争论，首先是关于进步的全部争论，是我们复归到简单的哲学问题，即同哲学所处理的所有其他问题有联系的、历史动因问题。

在关于进步的争论中，人们提问：人类活动是有结果还是无结果，是保持还是消逝？历史是否有目的，如有，是什么？这一目的能在现世实现，还是只能在无限中达到？历史是进步还是倒退，或者是进步与倒退、伟大与衰落的交替？在历史中是恶还是善占优势？诸如此类。只要稍许用心考察这些问题，就会发现它们实质上围绕三点：发展概念、目的概念、价值概念，即围绕涉及整个实在和恰因其为整个实在的历史的概念，但它们不属于设想的特殊科学，不属于历史哲学，不属于经验主义的历史方法论或社会学，而是属于哲学和作为哲学的历史。

将通俗或流行说法译成哲学术语后，它们立即呼唤正题、反题、合题，以便那些问题能在哲学史的进程中被思考和解决，渴望获得教诲的读者必须参阅哲学史。仅靠提及人们就能记起：作为发展的实在概念只是两个对立的片面性的合题，是无变化的永恒和无永恒的变化，是无差异的同一和无同一的差异，因为发展是一种永恒的超越，同时又是一种永恒的保持。由于这一特点，历史著作最流行的概念之一，即历史循环论，被发现是一种想摆脱双重片面性的模棱两可的尝试，但因其模棱两可又重陷其中。因为系列循环或被理解为同一物的循环，故只有永恒；或被理解为差异物的循环，故只有变化。相反，若将循环性理解为永远同一、同时永远差异的循环性，在此种意义上，循环性则同发展概念本身一致。

被确信的对立观点——历史中可实现目的和不可实现目的，同样发现其共同的缺陷：提出外在于历史的目的；这样理解的目的可在现世实现（向有限前进），或根本不能实现，只能无限地接近（向无限前进）。但目的若被正确理解为内在目的，则与发展本身合一，就应得出结论：在每一瞬间目的既达到又未达到，因为每次达到都形成新的前景，因而在每一瞬间满足于拥有，又从拥有中产生不满足，驱使探寻新的拥有。①

最终，从恶向善（进步）或从善向恶（衰落、倒退）的历史观，就源于将善与恶、欢乐与痛苦（它们是实在本身的辩证结构）本体化和外在化的相同错误；这两种历史观糟糕地统一于折中主义的历史观，它在善恶交替、进步与倒退交替的形式中结合两种观点。正确的解决是：进步历史观不应理解为从恶向善的过渡，仿佛从一种状态向另一种状态过渡；而是从善向更善的过渡，在这一过程中，从更善看来，恶就是善本身。

所有这些都是哲学的解决，它们不同于争论者浮浅的论点（它们受情感动因或想象组合启示，说到底是神话式的或已成神话），它们同样和构成其伦理表现的人类深刻的信念、孜孜不倦、信任和勇敢相一致。

另外在历史学的实践和批判方面，可以说从进步的辩证概念中推出结论就能得到更加有效的东西。因为在那一概念中存在一句历史学格言的根据，人人把这句格言挂在嘴边，但往往将它误解、将它违反：即历史不应判断而应解释，历史不应为主观的而应为客观的。

格言被误解了，因为人们所说的判断，往往去除了逻辑判断的含义，即恰是思想本身的判断，这样被去除的主体性就是思想的主体性。由于

①　关于这些概念的深入展开，请参阅我的论文《生成的概念》，见《论黑格尔及其他哲学史论著》（巴里，第 5 版，1967 年），第 143—170 页。

这一误解，人们常听到对历史学家的劝说：要净化理论，要让这方面的争论沉默，要遵循事实，去收集事实，将事实排序并提取其中的要旨（甚至用统计方法）。显而易见，历史学家不可能听从这种劝告，因为"防范思想"实际上具体化为防范"思想的严肃性"，就会偷偷摸摸地把价值赋予一切既庸俗又矛盾的思想，那些思想是通过传统流传的，它们在怠惰的头脑中游荡，或因暂时任性而凸显。这样被理解或误解的格言就完全虚假了，需要用相反的格言代替：历史应永远并严格地判断，应永远并坚定地为主体性的，不为思想陷入的纷争和所冒的危险所困惑，因为思想本身（只是本身）才能克服自己的困难和危险，即便在这里也未陷入折中主义，折中主义认为在我们的判断和他人的判断之间可找到一个中项，并提出各式各样的中立和乏味的判断形式。

但是，这种判决的原始动因，它所谴责的"判断"和"主体性"的真正、合法的含义是：历史不应把善恶评价运用于作为史料的事实与人物，否则仿佛世上真实存在好事和坏事、善人和恶人。当然，不能否认无数历史学家和自以为是的历史学家确实为这自命不凡的工作奔波忙碌，徒劳无益地奖励善惩罚恶，将历史活动定性为进步或衰退，总之分为善恶两部分，仿佛从化合物中把一种化学元素同另一种分开，把氢和氧分开。

谁要想实质地遵循那一格言，并进而遵循进步的辩证概念，就应把在历史学家的著作中遇到的关于恶、倒退或衰落是实际事实的肯定命题的痕迹和残余视为缺陷的标志。简言之，对任何消极判断的痕迹和残余持批判态度。历史进程若不是从恶向善过渡或善恶交替，而是从善向更善的过渡；若历史应解释而不应谴责，它就只会作出积极判断，锻造出善的链条，这种链条环环相扣坚固无比，就连恶的一环或空隙都不能插入，而这空隙既然是空的，就不代表善只代表恶。一件看来是恶的事实，一个像是纯然衰落的时代，只能是一件非历史的事实，等于说在历史上尚未建构，尚未被思想渗透，仍为情感和想象的猎物。

实际上，若不在行动者的意识中，若不在殚精竭虑地创造新的生活形式的活动中，关于恶与善、犯罪与改邪归正、衰落与复兴的现象学又从哪儿诞生呢?① 在那种活动中,我们面对的对手就错了,我们想要逃脱并正在逃脱的状况是不幸福的,我们希望达到新状况被象征成梦寐以求的幸福或有待恢复的过去状况,因此这种回忆(这里不是回忆而是幻想)就十分美好。众所周知,这些表面的东西过去与现在是如何出现在历史的进程中,如何表现在诗歌、乌托邦、带倾向性的故事、诽谤、辩护词、爱与憎的神话等之中。在中世纪异教徒和福音派宗教改革者看来,早期基督徒的状况非常美好、十分神圣,而罗马教廷的基督徒的状况既拙劣又邪恶;在雅各宾党人看来,利库尔戈斯②的斯巴达、辛辛纳图斯③和布鲁图的罗马令人赞美,而加洛林王朝④和卡佩王朝⑤时期的法国令人恐惧;人文主义者视古代贤哲和诗人的生活一片光明,视中世纪一片黑暗;甚至在最接近我们的时代,人们也参与对伦巴第诸城市国家的赞美和对神圣罗马帝国的贬斥,但相同的历史事件反映在渴望意大利独立的意大利人或支持普鲁士称霸的神圣德意志帝国的德国人的意识中,赞美和贬斥的对象就要颠倒。这种情况总会发生,因为这是实际意识的现象学。在历史学家的著作中,这类实际估价总会出现:作为著作,它们不是也不能是纯粹的历史、精粹的历史,若不以其他形式,它们也会以其遣词造句和隐喻手法接受现在实际需要和为未来所作努力的影响。但历史意识是逻辑意识而不是实际意识,甚至把实际意识作为自己的对象:存在过的历史在历史意识中被思考,曾在意志或情感上相抵触的对立面在思想中再无位置。对它来说,当事实在其实质性与具体性上被理解,就不存在好事实与坏事实,而永远都是好事实;就没有对立状态,而更广阔的状态包括对立状态,很幸运它恰恰是历史性考察。因此历史性考察承认

---

① 关于这部分,可参阅我的论文《论价值判断》,见《黑格尔及其他哲学史论著》,第391—405页。

② 利库尔戈斯,斯巴达大法官,传说他在公元前8—前7世纪制定了斯巴达国家的社会与司法制度。——译者注

③ 辛辛纳图斯(公元前5世纪),罗马执政官,后被任命为独裁者,击败敌军后告老还乡。——译者注

④ 8—10世纪的法兰克王朝,在法国的统治直至987年。——译者注

⑤ 987—1328年的法国封建王朝。——译者注

地下墓穴时期①的教会和格列高利七世②的教会权利相等，罗马人民的护民官和封建贵族权利相等，伦巴第联盟和巴巴罗萨皇帝权利相等。历史从不是行刑者，永远只是辩护者；它若做行刑者，执法必不公正，即它将思想同生活混淆，把情感的爱怜与厌恶当作思想的判断。

　　诗歌满足于情感的表达，值得指出的是，一位杰出历史家施洛塞尔③想要保持用康德式严谨及抽象进行判断的权力与义务，就凝视着《神曲》这部诗歌作品，仿佛这就是他研究方法的典范。由于诗歌的要素就在所有神话中，我们就不难理解为什么被称作历史二元论（即历史由两条支流汇合而成，但河水——善与恶、真理与谬误、理性与非理性从未混合）的观念，既构成基督教的显著部分，又构成人文主义和启蒙运动神话与神学（它们确乎如此）的显著部分。但注意到价值的二元论这一问题并在发展概念的高级统一中得以解决，则是19世纪的工作。由于这一成果和其他成果（当然不是语文学和考古学的成果，那是同前4世纪相对共有的），19世纪已被正确地称作"历史性"的世纪。因此，历史不仅不能区分好事实和坏事实，进步时代和倒退时代，而且当这些对立面使之成为可能的心理条件尚未被精神活动所超越和代替时，历史就不开始。那种精神活动要探究以前遭诽谤的事实和时代在发展中起什么作用，即在那一进程中它带来什么，故产生了什么。由于一切事实和一切时代都以自己的方式在生产，因此在历史看来，它们不仅不应遭诽谤，而且理应受到赞誉与尊敬。一件遭诽谤的事实、一件令人厌恶的事实不是一个历史命题，甚至很难说是有待形成的历史问题的前提。否定性历史是非历史，因为它总以其否定进程代替肯定的思想，并且从不囿于实际的和道德的界限，从不限于诗性表达和经验性的表现方式。对于这一切，当然只能述说（述说，不是思考），正如我们随时说到坏人和衰落、倒退的时代一样。

　　若否定性历史的缺陷源于对善恶这一辩证对立面的分离、凝固、对

---

　　① 指基督教早期教会，早期基督教徒为逃避罗马皇帝的迫害，到地下墓穴生活并从事宗教活动。——译者注
　　② 格列高利七世（1020—1085），罗马教皇，他宣扬教皇权力来自上帝，高于帝王。——译者注
　　③ 施洛塞尔（1866—1938），奥地利历史学家。——译者注

立，源于把发展的观念环节变为实体，则可称作哀歌式历史，即对历史的另一偏离，就源于这一概念的另一要求——永恒不变，永远保持即得成果——的误解。哀歌式历史从定义上看就是虚假的。因此，在历史进程中保持和丰富的只是历史本身、精神性。过去只在现在中活着，作为现在的力量在现在中融解并变形。每一特定形式、个人、行为、制度、活动、思想都注定要死亡，甚至被称作永恒的艺术（在某种意义上如此）也要死亡，因为它若不在后人的精神中被再生产，从而被变形并被新光芒笼罩，就不能生存。真理、确定的特殊的真理也要死亡，因为它若未包容在更宽泛真理的体系中并与此同时被变形，就不能被再思考。但那些未达到纯历史性考察高度的人们，那些把自己全部精神黏附在一个个人、一部作品、一种信仰、一种制度的人们，黏附得如此牢固以致不能分开，不能将自己面前的对象客体化并加以思考，极易将属于普遍精神的永恒性移至精神的一种确定和特殊的形式。不管他们如何努力，那种形式定要死亡，死在他们的怀抱里。在他们看来，宇宙一片黑暗，他们会述说的唯一历史是关于美好事物的痛苦和死亡的历史。这也是诗，是极其高妙的诗。当亲爱的人辞世、爱物失去时，谁又能忍住眼泪呢？谁能不似但丁那样，当听到"美貌非凡"的女人辞世时，就看到太阳熄灭、大地颤动、飞鸟停滞坠地呢？但历史不是死亡的历史，而是生活的历史。人人皆知对死者的必要纪念是了解他们的生前所为、作出的贡献和对我们的影响。这是他们生活的历史，不是他们死亡的历史。后种历史被君子掩盖，使粗俗并心烦意乱之人以可怕的本色对待并用病态的执着审视。因此，一切叙述民族、国家、制度、风俗、文学及艺术理想、宗教观的死亡而不是生活的历史，都应视为伪历史（我再重复一遍，或达到诗的水平，就应视为单纯的诗）。人们因往昔不再而悲伤、痛苦、抱怨。其后，若未忽视承认过去的并未死亡，即过去不是过去而是现在，是过去的永恒生命；再说过去不再存在，就化作纯粹的同语反复（因为假若它过去在，显然现在就不在）。此类历史的虚假性就存在于这类忽视及由此产生的错误的展望。

有时历史学家想用忧郁的文笔描述那些痛苦的场面和他们乐于称作历史的葬礼的盛况。若从他们不断翻寻的文献那里听到一声笑声、一声欢呼、一声赞叹，或感到满腔热忱，则会既惊愕又生气。他们问，当东方和西方都吹响宣告世界末日的号角，人们怎么还能生活、做爱、生儿育女、唱歌、作画、论述呢？但他们未发现那一世界末日仅存在于其想象中，他们的想象富有哀歌动因却缺乏智慧。他们未看到在现实中那些不合时宜的喧嚣并不存在（正如已证明那样）。另外，那些喧嚣非常及时，以提醒那些人们，他们忘记了历史永远在不懈地工作，其表面痛苦只是产前的阵痛，那被认为临终的叹息是需洗耳恭听的新生儿的哭泣，那哭声宣告新世界的诞生。历史同必死的个人不同，因为（正如克罗托内的阿尔克迈翁①所说）个人不能将其开端和结尾相接，而历史永不死亡，因为它总将结尾同开端相接。

---

①　克罗托内的阿尔克迈翁（公元前6世纪），希腊哲学家和科学家。他发现视神经，指出是头脑而不是心脏思考。克罗托内古代属大希腊，现为意大利南部城市。——译者注

六

历史的人性

当思想从超世俗的奇思妙想和盲目的自然必要性的奴役中挣脱，从超验性和伪内在性（它也是一种超验性）的统治下解放出来，思想就把历史理解为人类的作品，看作人类智慧和意志的产物。这样，它就进入我们称作人文主义的历史形式。

起初这种人文主义以自然和超世俗力量的简单对立物出现，并提出二元论。一方面是人类及其力量、智慧、理性、精明及向善的意志；另一方面是某种抵制、反对、阻碍人类的东西，从而它破坏其精美的构图，撕毁其织的花布并迫使其从头织起。从这种观念可见，历史却完全按前一方面发展，因为后一方面不提供能不断地被前一方面接受并超越，从而引起内部合作的辩证因素，它只代表绝对外在的东西、任性的东西、偶然的东西、蠢材笨货、搅和精。只在前一方面，因有人类活动，才有理性，因此才可能对历史作出合理解释。而源于后一方面的东西只宣布不解释，它们不是历史的材料，至多只是编年史的材料。

人文主义历史的最初形式是以各种不同的名称为人所知：理性论历史、唯智论历史、抽象主义历史、个人主义历史、心理历史，尤其是实用主义历史（我们任其采用那些比喻与借代）。冠以这些名称，尤其是理性论和实用主义名称的这种形式，受到我们时代意识的谴责；当代意识逐渐确认它是一种特别欠缺和低劣的历史学，指出对制度和事件的最典型的实用主义解释家喻户晓，成了歪曲的典型，谁若想严肃地思考历史，就必须提防深陷其中。正如在文化与科学的进步中所发生的那样，若大家一致接受这种谴责，也不怀疑从中得出实际结论，从而使谴责在事实领域有效，但人们并未清晰地意识到进行谴责的理由及走到此处的思想进程。这种进程我们可以概括地描述如下。

习俗在人身上找到历史事实的原因，但人是沦为抽象的个人，因而如此的人不仅同宇宙对立，而且和同样沦为抽象的他人对立。在这种情况下，历史似乎成了自身封闭的实体的机械作用及反作用。现在，由于这一模式，任何历史过程都不可理解。在算术中，和总高于加数，以致当人们不会抓住加数以恢复运算时，就不得不构想产生"大效果"的"小原因"学说。这一学说是荒谬的，因为显然大效果若无大原因就不会产生（这里若想遵循小与大、因与果的不合理概念）。因此，那一公式并未肯定历史事实的规律，却无意中显现出学说的缺陷，它无力完成自己的任务。由于它曾探求的理性解释缺失，大量想象涌现并占据前者的地盘。所有想象都根据抽象个人的基本动因来编织。实用主义对宗教的解释既典型又著名：教士利用群众的无知与轻信，玩弄经济欺诈手段，才使宗教在世上产生并延续。但实用主义历史在其想象中并不总呈现这种自私色彩和悲观倾向，指责它内在自私和功利主义是不公正的，真正要指责的（我们已说过）是抽象的个人主义。这种抽象的个人主义有时能被设想为，甚至真被设想为非常道德。说真的，在实践中涌现众多圣明的立法者、贤明的君主和伟人，他们用科学、发明和精心设计的制度造福于人类。若贪婪的僧侣实施宗教的欺骗，若暴君压迫弱小无辜的人民，若错误蔓延酿成最奇怪愚蠢的习俗，那么圣明的君主和立法者的德行也创造了幸福的时代，促使艺术繁荣，保护了诗人，推动了发明，支持了工业。至今人们还保留的口语习惯，如"伯里克利世纪""奥古斯都世纪""列奥十世纪""路易十四世纪"都源于习俗观念。由于想象的解释不仅限于使用肉体存在的个人，而且使用事实和细枝末节，这些事实和细枝末节也变为抽象的和自我封闭的，从而变为如维科所说的"幻想的一般概念"。一切习惯称作"灾变性"的解释方式都源于习俗，于是，把社会剧变——变好或变坏——的原因归结为单一事实。这类例子家喻户晓，因为它们涉及当代历史学家坚持不懈批判的概念：如罗马帝国的崩溃被解释成蛮族入侵的结果，12—13世纪的欧洲文明被解释成十字军远征的结果，古典文学的复兴被解释成土耳其占领君士坦丁堡和拜占庭学者移居意大利的结果，诸如此类。但单个个人的概念未提供充分解释时，就要求助于众多个人及其合作或冲突的行为，当轻易证明了引证的唯一原因太狭隘时，人们就试图探寻并列举众多历史原因来弥补方法的不足。这种列举可无限地进行下去，但无论是无限还是有限，都未解释有待解释的过程，原因众所周知：不连续（无论怎样扩大或缩小）绝不会产生连续。所谓历史原因或历史因素的理论，和其他实用的思想习惯都残存在现代意识中，尽管它一般倾向于改变方向；原方向还不是一种学说，只是声明用个别原因或被个别地理解的原因主宰历史的重要性；它不是问题的解决，而是问题的重提。

因此，在习俗紧抓不放的人类方面，即在它想保持并同自然和超自然方面对立的人类方面，人们可发现，它未能保持为人类的，即它未能作为理性发展。由于个人变为抽象的，因而也就变为非理性的和非人性的，它就逐渐求助于其他历史因素，最终求助于自然原因，这些自然原因就其抽象性来看，同个人原因毫无区别。这意味着起初作为人文主义肯定的习俗重陷过去决然与之分离的自然主义。正如上文指出，由于每个个人变为抽象的不仅限于彼此之间，而且对于宇宙来说也是抽象的，宇宙像敌人一样面对他们，这样，习俗更深地陷入自然主义。在这种观念中，谁真正统治历史呢？是人类还是超人类力量，无论它是自然力还是神力？奢望历史只在个人方面是不成立的。在实用主义观念中总设想有历史的另一主角——超人类的主角，在不同时代，在不同思想家那里，它被称作天命、机遇、运气、自然、上帝或其他称谓。恰在实用主义历史学的鼎盛时期，人们大谈理性和智慧，国王或国王的朋友的谈吐颇有君主制和宫廷的色彩，即向命运陛下致敬！在这方面，表现出妥协和折中解决的企图；为了摆脱困境，习俗乐于断言：人类事物成败一半靠精明，一半靠运气，智慧占一半，运气占一半，诸如此类。但谁把公平的份额分配给竞争的双方呢？分配者是否就是历史的真正和唯一的创造者呢？由于分配者不可能是人类，人们再次看到，习俗通过其自然主义如何直接导致超验性和非理性，随之带来系列弊病和所有其他二元论，那些二元论为自身固有并为其特殊性质：不能发展、倒退、恶的胜利。个人无论和如何理解的外力作战，若有时他获胜，则其他时候必败；他的胜利是不稳固的，而敌人却永奏凯歌，敌人使他失败或使其胜利不稳固。

个人是被巨石压住的蚂蚁；若有些蚂蚁从压在身子上的巨石下逃脱，得以繁衍后代，后代又重新开始劳作，巨石又将落下并总能落在新一代身上，可压坏整个新一代，因而巨石成了蚁群生命的主宰者，巨石对蚁群危害极大而无丝毫好处。若非其他，这也是悲观主义的看法。

实用主义历史学因这些困难和徒劳无益的尝试使它备受指责并被更好的思想代替，那一思想拯救了最初的人文主义动因并去除了原子化个体的抽象性，保障它不重陷自然主义、超验的不可知论和悲观主义，从而避免大失所望。这种观念完成对习俗的批判并拯救人文主义，它在思想的历史进程中作为构建历史的智力或理性，作为智力的"天意"或理性的"精明"以不同方式或多或少地得以表述。

这一观念的巨大价值在于它将人文主义从抽象变为具体，从单子论的或原子论的变为唯心论的，从狭隘的人的变为宇宙的，从非人的人文主义（比如自我封闭的和与人对立的人文主义）变为真正的人的人文主义。真正人的人文主义是人类共有的，甚至宇宙共有的人性，它在其最隐蔽处都是人性，即精神性。根据这一观念，历史不再是自然或超世俗的上帝的作品，也不是经验的、非实在的个人的软弱无能、随时中断的作品，而是真正实在的个人，即永恒地个性化的精神的作品。因此，它没有与之对立的敌手，同时每个敌手又是它的臣民，也就是说构成其内在存在的辩证论的一个方面。从而它不在思想或意志的特殊活动中探寻其解释原则，也不在单个个人或众多个人中，或在置于其他事件之上的作为原因的一个事件中，或在成为单一事件的原因的系列事件中去探寻，而是在产生于思想又回归思想的进程本身中去探寻并定位其解释原则，它通过思想的自我理解性可以理解，思想从不需要求助外在于自己的东西来理解自身。对历史的解释确实变成这样，因为它同它的展开一致；而用抽象原因解释就中断了进程、扼杀了生灵，后又费尽心力要重新安上砍下的头并让它起死回生。

当代的历史学家和许多其他不以哲学为业的具有良知的人们一再说：世界历史不由每个个人的意志决定，不由克娄巴特拉鼻子的长度等偶然因素决定，也不由奇闻逸事决定。因为没有一件历史事件是错觉和误解的结果，一切事件都是信念和必然性的结果；有些东西，如世界，比任何有灵气的个人更有灵气，有待到整个机体中而不在脱离其他部分的某一部分中去探寻对事实的解释；历史不能以有别于已发展的方式发展，历史服从自己特有的铁的逻辑；每一事实都有自己的理由，没有一个人会完全错；以及我杂乱无章地记起的无数类似命题。他们大概不知道，用此类十分明确的看法，是在重申对实用主义历史的批判（不言明地对自然主义的和神学的历史的批判），是对唯心主义历史的真理性的肯定。若他们知道这些，就不会将那些命题同其他与之直接矛盾的论及原因、偶发事件、衰落、气候、种族及诸如此类的命题混合起来（正如他们平时所为），其他命题代表被超越的观念的残渣。此外，将大量陈旧、死亡的概念的残渣掺杂在新概念中，甚至成了被称作普通的或通俗的意识的天数；但这一点并未减少承认它①被迫创造新概念的重要性，实质上它按新概念进行判断。

上文已指出，一切历史学哲学问题都化解为一般哲学问题，因此若想展开说明 19 世纪反对实用主义概念从而弘扬的历史新概念，若不对各种哲学学说做冗长的阐述就不可能。这种阐述除了这里特有的缺陷外，还会重复以前澄清的东西。若考虑到那一概念已被接受（即接受历史不是抽象个人的作品，而是理性或天命的作品），我想再纠正一个弊病，我觉得它使那一学说停滞在形式——维科和黑格尔的形式上，根据这种形式，天命和理性利用人们的特殊目的和激情，以引导他们不知不觉地进入更高的精神境界，为了达到这一目的，还使用某种善意的诡计。

若这种方式是正确的，或应按字面来接受它（绝不是简单地作为真的想象的和暂时的表达），我惧怕在唯心主义的概念内部会重现二元论和超验性的阴影。鉴于他们对观念和天命的这种立场，每个个人应视为若不再失望（甚至满意程度超过其意图和希望），则肯定有了幻觉，尽管是获益的幻觉。个人与天命，或个人与理性，它们不合为一，而分为二，个人可以是低级的，观念可以是高级的，即二元论和上帝与世界的相互超验性仍然存在。另外，从历史的观点看，这同我们多次指出的在黑格尔，尤其在维科的思想深处的神学残余毫无区别。唯心主义概念现在需要的是个人和观念合为一，而不是分为二，即二者的完美吻合和同一。但不应说什么（除非打比方）观念的智慧和个人的糊涂或幻觉。

---

① 指普通的或通俗的意识。——译者注

　　然而如下事实的真实性似乎不容置疑：个人通过无限的幻觉活动，提出他不能达到的目的，但他达到未曾提出的目的。叔本华（模仿黑格尔）使爱情幻觉论家喻户晓，通过爱情幻觉，意志引导个人延续后代，其后人人都知道，这种幻觉并不仅由男女相互施加（相互欺骗），而是进入我们的任何活动，而每一活动都伴随着未成为现实的希望和幻想。最大的幻觉仿佛是：个人为生存和强化自己的生活而奔波忙碌，而实际上在为死亡而操劳；他想看到自己的活动完成，以作为对其生活的肯定，但活动的完成就是活动的消逝；他为求得生活的平静而备受折磨，但平静却是死亡，死亡是唯一平静。因此，我们如何否定个人幻觉和活动现实、个人和观念之间的二元论呢？如何拒绝这似乎以某种方式调解意见分歧的唯一解释？这种解释致使观念把个人的幻觉传向自己的目的，尽管这一学说会不可避免地引导承认某种观念的超验性。

　　事实上，上述观察和批驳的结果不是那个在恋爱、想完成活动、渴望平静的个人的幻觉，而是认为个人在幻觉的那个人的幻觉：迷惑人的东西就是幻觉本身。众所周知，在抽象过程中产生的这种幻觉，在思想现象学中任意地破坏统一，这样就把结果和过程分开；或把现实和行动分开，在这里只有前者实在；或把伴随者同被伴随者分开，而伴随者同被伴随者是一体（因为没有精神和精神的行列，只有在发展中的唯一精神）；或把过程的各个时刻同连续性分开，而连续性是它们的灵魂；诸如此类，不一而足。当个人思考自己时，在思考开始阶段，那人就产生了幻觉，但思考本身又是辩证的过程。在具体的思考中，或更确切地说，在具体意识中，人们发现没有一个目的不是尽其可能在过程中实现，在过程中它绝不是绝对的目的，即抽象的目的，而既是目的又是手段。为了回归叔本华的流行理论，只有把人类同动物等量齐观甚至认为低于动物的人，才会相信爱情导致物种的纯生物性繁衍。因为人人都知道，结婚前首先要使自己的精神在爱情中丰富，在生儿育女前或生儿育女外，要创造想象、思想、意图和行动。当然，在一个行动的过程中，我们认识行动的各个时刻，即行动的流逝，而不认识在新的精神状态下审视的行动的整体性，还不是人们所说的，当我们远离喧闹、准备书写自己的历史时，力争达到的那种精神状态。但无论彼时还是此时都没有幻觉；无论此时还是彼时，都没有面对天命的抽象个人，而天命为了善的目的千方百计地、成功地欺骗了他，它的行为不像一位悲天悯人的医生，更像一个严肃的教育者，它看待人类如同有待驯化和驱赶的动物，而不是有待教育的人，即让其发展的人。

当我们对维科和黑格尔的观念沉思默想之后，还能考察向当代历史学家和历史方法论者的争论提供材料的其他人吗？这些争论是关于个人与观念、实用主义历史与唯心主义历史关系问题的通俗形式，由于用自然主义术语表达，因此是不能解释的。或许这种降低身份的耐心是值得赞扬和义不容辞的，或许通过对普通争论的考察可获取某些有用的东西，但我很抱歉不能参与这场争论，我仅限于提及：若"群众"被理解为个人的集合体（正如词语本身表达那样），则一段时间以来争论不休的历史是"群众"的历史还是"个人"的历史的问题表述就可笑了。由于将可笑观念归于对手不是好方法，那么这里应认为"群众"的含义不同。譬如，指推动个人群体的精神；在这种情况下，人人都可看出，问题同迄今考察的问题相同。只要某些人把观念和制度的创造能力给予集体性，另一些人把它给予天才个人，"集体主义"历史学和"个人主义"历史学的对立就永远不会调和。因为两种断言在其包容的方面是真实的；在其排除的方面是虚假的，不仅对对立论述的明确排除是虚假的，而且对作为观念的整体性的不言明的排除也是虚假的。

最好及时通告一种历史学倾向，从表面看同我捍卫的那种倾向十分相似，以致极易同它混为一谈。这种倾向被依次称作社会学的、制度的、价值的倾向，尽管其内容不同，其支持者的智慧不同，但都保持普遍、持久的特征，即把社会史、制度史、人类价值史，而不再把个人史视为真正的历史。根据这种看法，个人的历史作为一种平行的或低级的历史被排除，由于它很少引起兴趣、很难被理解才低级。在这种情况下（这恰为实用主义历史的蔑视态度的转向），它被交给编年史或传奇故事了。但在这样的二元论及因二元论而持续的歧见中，有着关于价值、制度、社会的经验主义、自然主义的观念同唯心主义观念之间的深刻差异。对于唯心主义观念来说，主要不是在抽象的个人主义和实用主义历史之旁或之外建构一种精神的、抽象普遍的历史，而是认为被割裂考察的个人和观念，就是两个相等的抽象，二者都不适宜向历史提供主体，而真正的历史是作为普遍的个别的、作为个别的普遍的历史。这不是为政治利益而废除伯里克利，或为哲学利益废除柏拉图，为悲剧利益废除索福克勒斯，而是像伯里克利、柏拉图和索福克勒斯那样思考并表现政治、哲学和悲剧，他们就是某一特殊时刻的政治、哲学和悲剧。因为，若个人在同精神的关系之外只是梦想的影子，则在其个性化之外的精神也是梦想的影子；在历史观中获得普遍性就是同时获得个体性，并通过二者相互给予稳固性而使它们都稳固。若伯里克利、索福克勒斯和柏拉图的存在无关紧要，难道就不会因此宣布观念的存在也无关紧要吗？谁若想从历史中删除个人，请认真观察，就会发现他或者一个未删除，或者连历史本身也一并删除了。

七
选择与分期

由于一件事实仅当被思考时才是历史事实，由于思想之外什么都不存在，那么问题"什么是历史事实和什么是非历史事实"就毫无意义。

非历史事实等于未被思考的事实，因此是不存在的；但大家知道无人遇到不存在的事实。一个历史思想同另一个历史思想相联系，并紧随另一个历史思想，接着又是一个历史思想，其后还有一个历史思想；不管我们在"存在"的海洋里航行多远，永远走不出精确确定的思想海洋。

但有待解释造成历史的和非历史的两种不同事实的幻觉是怎样形成的。若记起已提到过的历史在编年史化后就死亡，只留下其生命的沉默痕迹，记起也曾提到的博学或语文学的作用在于为了文化目的保存这些痕迹，并将分散的消息、文件、重要作品汇集起来，再进行解释就轻而易举了。消息、文件和重要作品不可胜数，收集全部不仅不可能，而且同文化目的本身相左，虽然文化受适量的或大量的这类东西的促进，但会被过量的这类东西（更不用说无限的这类东西了）阻碍和窒息。因此我们看到消息的注释者改写部分消息，抛弃部分消息；报纸收藏者把一小部分报纸排序、打捆，把大部分报纸或撕毁或烧掉或卖废品。古董收藏家把某些古物放在玻璃展柜内，某些放在临时储藏室，其余的坚决销毁或扔掉：他若不这样做，就不是一个聪明的收藏家，而是一个为小说和喜剧提供（已经提供了）古董收集狂的极好的滑稽典型。因此在公共档案馆内，人们不仅小心翼翼地收集和保存报纸、编目造册，而且要费力地把其余报纸扔掉。因此，在语文学家的评论中总能听到对"适度得体"的博学者的赞誉之词，对相反把过量无用的东西塞入年鉴、档案集录或文献汇编的人的微词责言。总之，一切博学者和语文学家都在选择并劝告他人选择。根据什么逻辑标准进行选择呢？没有任何逻辑标准能用来确定哪些消息或文献有用或重要，恰恰因为我们在实际领域活动，而不是在科学领域活动。这种逻辑标准的缺失成了困扰收集狂的诡辩基础，他们合理地断言一切都可能有用，因此他们不合理地要保存一切，他们奔波忙碌，收集一堆废物和破烂，他们含情脉脉地凝视它们并加以保护。其实，标准就是选择本身，像一切经济活动一样，取决于对我们置身的形势的认识，在此种情况下取决于某一特定时刻或时代的实际或科学需要：这种选择当然靠智慧进行，但不再采用一种哲学标准，其正当性仅在自身并靠自身证实。因此人们就谈论起收藏家和博学者的老练、敏感和直觉。这种选择工作可很好地依靠表面逻辑区分的帮助：诸如公共事实和私人事实，主要文献和次要文献，美或丑、有意义或无意义的重要作品。但归根结底，选择的决定总由实际动因做出，并集中反映在保存或忽视里。正是在其中实施我们行动的保存和忽视，后来变成事实的客观性质，以致再谈论"有价值"事实和"无历史价值"事实，"历史"事实和"非历史"事实，就成了想象、词汇和修辞的问题，它丝毫改变不了事物的实质。

当历史同博学混为一谈而将博学所用方法不适当地移用于历史时，当刚才提到的隐喻性差别按本义理解时，人们就会向我们提问：在无限的事实中应怎样做才不迷失方向？用什么标准将"历史事实"同"无历史价值事实"区分开？但是，在历史中从不怕迷失方向，因为正如大家所见，历史问题一次次地被生活制定，又一次次地被思想解决，从生活的混浊过渡到意识的区分。确定的问题有确定的解决，这是个产生其他问题的问题，但绝不是在两种或多种事实中选择的问题，而是一次次地由唯一事实、思考过的事实所创造。在创造中没有选择的位置，正如在艺术中没有一样。艺术是从暧昧的情感过渡到清晰的表现，从未在选择形象方面感到困惑，因为艺术创造形象，创造形象的统一。

这种混淆不仅形成了一个无法解决的问题，而且使被忽视的事实和未忽视的事实之间的区分改变性质并失去意义，这种区分本来充斥博学的意义。被忽视的事实虽然也是事实，即是消息、文件和重要作品等事实的痕迹，但能理解为何把它们看成一类，并和另一类未被忽视的事实并列。而非历史事实，即未被思考过的事实，可能是无。若把它们同历史事实并列，即作为被思考的事实一类中的一种，非历史事实就会把虚无性传导给历史事实，并且消除历史概念以及它们之间的区分。

在这之后，似乎不是考察据以把事实分为历史的和非历史的两类的特性的时机：既然论题虚假，同对区分的根本批判相比，论述其细节的方式就无关紧要和无足轻重了。可能（通常如此）被宣布的特性和差别具有真实性，或至少提出某些研究问题：譬如，只要把历史事实理解为一般事实，非历史事实理解为个别事实，这样就提出了关于普遍与个别的关系问题。或历史事实理解为历史本身论述的事实，非历史事实理解为编年史的无联系的消息，这样又提出一个历史和编年史的关系问题。但把这种区分视为在逻辑上尝试辨别哪些事实应建构历史，哪些事实应被忽视，并确定它们各自的特性，这种区分就同样完全错误了。

历史分期也成了交上同样好运的主题。思考历史当然要把它分期，因为思想是机体、辩证法、戏剧，作为戏剧，它有自己的分期，自己的开头、中间、结尾，还有戏剧固有并要求的其他一切观念的停顿。由于那些停顿是观念的，因此同思想密不可分，就像影子与身体、寂静与喧闹是一体一样，它们同思想同一，又同思想一起变化。基督教思想家把历史分为基督救赎前历史和基督救赎后历史。这种分期不是基督教思想的附庸，而就是基督教思想。我们，近代欧洲人，把历史分为古代、中世纪和近代，这种分期受到批评家们吹毛求疵的批判，说什么不知道如何得出的，是抄袭来的，没有大人物的权威性，也没有征求哲学家和方法论者的意见。但是，它维持住了，只要我们的意识仍停留在现在阶段，它仍然会维持住。难以觉察地形成这一分期与其说是一个缺点，不如说是一个优点，因为这意味着它不是由个人随心所欲构想出的，而是伴随着近代意识自身发展出现的。当以后古代对我们不再有用（但现在我们仍感到需要学习希腊文和拉丁文、希腊哲学和罗马法）；当中世纪将要完全消逝（现在还未消逝）；当一种新的社会形态，有别于从中世纪废墟中产生的社会形态，代替我们的社会形态；则问题本身和随后的历史前景也将变化，或许古代、中世纪和近代将在唯一时代聚拢，休止的分布也将不同。对这些大时期所发表的看法也适用于其他所有时期，但它们因使用的史料和理解史料的方式不同而不同。人们有时被告知：任何分期只有"相对"价值，但需要加以补充：像一切思想一样，"它是相对的、同时又是绝对的"，鉴于分期对思想是内在的，它由思想的确定来确定。

然而，在这方面编年史体和博学的实际需要进行了干预。就像在格律学论文中，一首诗的内在格律变为外在格律，分为音节与音步、长元音与短元音、重读重音与节律重音、诗节与系列诗节，等等。同样历史思想的内在时间（那时间即思想本身）被编年史体变为外在时间、时间序列，它们的要素在空间中相互脱节。模式和事实不再是一体，而是一分为二，事实被置于模式之中，根据模式划分为大周期和小周期（譬如，按时、日、月、年、世纪和千年，这里计算的基础是地球的自转和公转）。这就是年代学，由于它我们知道，斯巴达、雅典、罗马的历史发生在公元前第一个千年，伦巴第人、西哥特人、法兰克人的历史发生在公元第一个千年，而我们正在第二个千年度日。这种方法逐渐细节化，如西罗马帝国亡于公元476年（虽然那时并未真灭亡，或之前已灭亡），800年法兰克的查理大帝在罗马由教皇列奥三世加冕称帝，1492年发现美洲，1648年三十年战争结束。知道这些事情对我们非常有用（由于实际上我们对此一无所知），即获得为事实消息做标志的能力，以便当需要时能够容易、快捷地找到它们。无人想说年代学、年代史、年表、历史概图的坏话，虽然在它们之中存在一种危险（但人们所做的哪件事又无危险呢），能让善良的人们想象到用数字创造事件，正如钟表的指针指到表盘上的整点数字时它就报时；或（正如我的一位老教授所说）幕布于476年在古代史演出时落下，以便其后迅速拉开，宣布中世纪史的演出开始。

但是，这些想象不仅在天真者和心不在焉者的头脑中闪现，而且构成一种错误的基础，使人渴望并探寻时期的区分，正如常言所说的客观的、自然的区分。基督教年代史家早已在年代学中引进这种本体论含义，使世界历史的千年纪符合创世的日子或生命的年龄，甚至在19世纪的费拉里和德国的洛伦兹（他不知道他的意大利前辈）设想出以世代划分历史时期的理论。每一世代以31年加零头或33年加零头，构成四代一期的125年或三代一期的1世纪。然而，就是不依靠数字和年代史的模式，所有把各民族历史描述成按个人发展阶段、或心理发展阶段、或精神各范畴发展阶段、或其他事物的发展阶段进化的学说，都源于把分期外在化和自然化的相同错误。所有学说，正如自然主义学说一样，都是神话性的；除非那些名称被经验地使用，即除非由于它们将年代学重新合理应用于编年史体和博学；除非谨慎（这里还需重复）对待有时通过错误的研究被提出或引起的问题（它们具有其重要性）和这样发现或隐约看到的真理。这还免除（正如上文提到的选择的标准）考察那些学说的各种确定的特性，因为，在这方面，若它们的论断明显地是幻想的，它们的价值就是无，正如伪艺术批评方法的价值是无一样。那些方法从抽象中得出，因此为了实际目的，就把完整的艺术作品弄得支离破碎，奢望这样可以解释艺术的性质，还奢望能对人类想象的创造做出判断并写出其历史。

八
区分（专门史）与划分

　　我们已达到的历史观是，历史文献在历史之内而不在之外，历史原因与目的的解释在历史之内而不在之外，历史在自身之外无哲学而是同哲学吻合，历史的确定形态及其节奏的原因在自身之内而不在之外，历史同思想活动同一，思想活动永远既是哲学又是历史。靠这种历史观，历史就摆脱了器械与膏药之苦，那些器械和膏药好像因病人需要外界帮助才使用的，因反复想象和医治一种并不存在的疾病，似乎就真正患了病。

　　无疑，这样获得的自主有很大益处；但它也未能幸免于难，刚一出现就遭到强烈反对。当人们通常相信的一切错误区别被一笔勾销时，作为思想活动的历史似乎就一无所有，只剩下对于个别与普遍的直接意识了，在这种意识中，一切区别皆被吞没，全都消逝了。这是神秘主义，它让人感到同上帝一致再好不过，但不适用于思考世界和在世界中活动。

　　说同上帝一致并不排除差异、变化，生成的意识，这种补充似乎徒劳无益。因为，可以反驳说，那种差异的意识或源于个人的和直觉的因素，在这种情况下，难以理解这种因素靠其直觉形式存在于不断普遍化的思想中，或作为思想活动的产物出现，在这种情况下，人们认为已废除的差异又被肯定，而思想的无差异的单纯性就会动摇。一种弘扬特殊性与差异性的神秘主义，即历史神秘主义，在词义上是矛盾的，因为神秘主义的本性是非历史的和反历史的。恰当思想活动被神秘地理解，即不是作为思想活动，而是作为某种消极的东西、否定的简单产物来理解，这类反驳才继续有效。这是理性对经验区分的否定，否定宁让思想空虚不让它有幻觉，尽管否定本身并不真正充实。总之，神秘主义是对自然主义和超验性的强烈反抗，虽然它保留着被它否定的东西的痕迹，因为没有什么可代替它，它就存在下来了，尽管它的存在是消极的。但对经验论和超验性的真正有效的否定，即积极否定，不是在神秘主义中，而是在唯心主义中进行的；不是在直接意识中，而是在间接意识中完成的；不是在无差异的统一中，而是在差异的统一中，因而是在真正的思想中完成的。

思想活动是对本身即意识的精神的意识，因此那一活动是自我意识。而自我意识内含统一中的差异，主体与客体、理论与实践、思想与意志、普遍与特殊、想象与知性、效用与道德的差异，或其他在统一中表述的统一的差异，无论差异的永恒体系（永恒哲学）具有什么样的历史形态与名称。思想即判断，而判断即在统一时区分，在判断中区分不比统一不实在，统一也不比区分不实在，即二者都实在，不是作为两种不同的实在，而是作为唯一实在，即辩证实在（可以称统一或实在）。

从这一精神和思想的概念可得出第一个结论：当经验论的差异被根除后，历史就不再陷入无差异；当鬼火熄灭后，并未一片黑暗，因为历史自身带有差异之光。历史是通过对它的判断才被思考的，这种判断不是情感反应（正如人们所见），而是对事实的内在认识。这里，历史同哲学的同一以越来越具体的方式呈现，因为哲学越深入研究其差异并精确化，就越深入研究特殊性并精确化；而它就越能紧紧把握特殊性，它就越能牢固地拥有自己的概念。哲学同历史齐头并进，它们不可分割地联合。

可以得出并显得更接近历史学实际的另一结论是，拒绝普遍史的错误观念，这种观念认为普遍史高于专门史。这种历史被称为关于诸种历史的历史，譬如，一种可视为真正的历史，其下则有政治史、经济史、制度史、道德史、情感史、伦理理想史、诗歌及艺术史、思想及哲学史。但若真是如此，则出现二元论，并伴随二元论通常的结果，两个区分不清的词语看起来空洞。在这种情况下，要么一般史显得空洞，专门史完成自己任务后，一般史已无事可做；要么专门史显得空洞，当盛宴被一般史狼吞虎咽、一扫而光，专门史连面包屑都捞不着。或采用一种暂时的权宜之计，把某一专门史的内容赋予一般史，而其余专门史被一般史放置一旁：这种分类至多只能说是纯粹字面上的，而没有表明一种逻辑的区别与对立；所能发生的最坏情况在于把一种实在价值赋予它，因为在这种情况下，建立起凭空臆造的等级，这种等级使事实的真正发展不可理解。几乎没有一门专门史未被提高为一般史，有时确定为政治和社会史，而把文学艺术、哲学、宗教、生活的其他次要方面的历史作为一种附录；有时确定为观念史或思想发展史，把社会史和所有其他历史降低到从属地位；有时确定为经济史，所有其他历史以"上层建筑"史或编年史出现，说到底成了经济发展的外观和幻象。然而，经济史不知以什么方式、靠什么力量，本身没有思想和意志，却产生思想和意志，或主要产生想象和空想，就像浮在其进程表面的气泡。反对一般史，需要坚持除专门史外不存在其他实在的东西，因为思想思考事实时，就要识别出其特殊面貌，并总是构成观念的、想象的、政治活动的、使徒使命的及类似的历史。

但维护相反的命题同样正确并有益：只存在一般史，这样就反对关于专门史的特性的错误观念，认为它们是特性的并列。所有批判这类历史的批评家都有充分权利指出这种错误：这类历史依次展示事实的不同种类，就像许多层次和（按批判时的话说）隔开的房间或小匣子一样，政治史、工商业史、风俗史、宗教史、哲学史、文学与艺术史，等等，在各个部分各个章节里彼此割裂地陈述。这种划分纯粹是字面上的，这样的划分自然也有用，但在我们考察的情况下，它们只履行文字性职能，从未履行历史理解力职能，从而暴露出它们之间缺乏逻辑联系的缺陷。这样的划分是非辩证的，只是聚集的。在如此割裂的历史写成后，显而易见，历史还有待重写。抽象的差异和抽象的统一，同样都不承认具体的差异和具体的统一，因为具体的统一就是关系。

当关系未被破坏、人们能具体地思考历史时，就可见出思考其一方面，就是思考其他所有方面。于是，不可能充分理解一位哲学家的学说，若不在一定程度上提及他的人格，不把哲学家同其人区分开，因此同时限定了哲学家和人，这两种区分的特征统一就构成生活和哲学的关系。作为哲学家的哲学家和作为雄辩家与艺术家的哲学家的区分，屈从其私人情欲或升华到履行职责的区分，对诸如此类的区分也可以这样说。这意味着我们若不同时思考社会史、政治史、文学史、宗教史、伦理史等，就不能思考哲学史。这就解释了出现幻觉的原因：任何一门专门史都是一切，即某一门经验地成为动因并适应作者的爱好与能力的历史，是其他一切历史的基础。同时也解释了为什么有时人们会有"哲学史"就是"历史哲学"，或"社会史"是真正的"哲学史"及类似说法。说实话，深入思考的哲学史就是全部历史（同样是一种文学史和精神的任何其他方面的历史），不是因为在自身中消除了其他历史，而是由于所有历史都在哲学史中呈现。要求历史学家具有普遍的头脑和某种程度的普遍学说，厌恶专门的历史学家和纯粹的哲学家、政治家及经济学家，也源于这一点；他们恰恰由于自己的片面性，甚至不理解自己确信认识其纯洁性的专业，只会在其抽象性中掌握僵硬性。

现在，我们对区分的认识清晰了，在思考历史时不可能缺少它：即形式与内容的区分。譬如，由于这种区分，我们通过艺术家形成的内容（激动、情感、激情等）理解艺术，通过引起思想家提出和解决问题的事实来理解哲学，通过政治家面对的渴望和观念来理解政治家的行动。这些渴望和观念就是政治家作为实际生活的艺术家天才地建构的内容，即是说，我们总是通过区分外在历史和内在历史或一种变成内在历史的外在历史来理解这些事物。区分为内容与形式、外在与内在，若在其真正概念中缺乏内在的和辩证的含义，则会再次产生更坏的二元论，又会使我们回忆起同敌人——自然——斗争的人的实用主义想象。因为从以上论述不难推论出外在与内在不是两种实在或实在的两种形式，而是外在与内在、内容与形式依次呈现为形式。双方为使自己在对方中观念化而进行的这种物质化是作为关系与循环的精神的永恒运动，而循环即进步，恰恰因为这些形式都不拥有只作为形式起作用的特权，也没有只作为内容起作用而受到判决。什么是哲学史和艺术史的内容呢？什么称作社会史和道德史呢？这种历史的内容又是什么呢？就是艺术史和道德史。清晰的内容与形式的关系揭示一种历史模式的虚假，这种历史模式把事实放一边，观念放另一边。仿佛两个敌对的要素一样，因此永远不能还清债务，不能指明观念如何从事实中产生和事实如何从观念中产生，因为那种产生应实际上被理解为一要素在另一要素的统一中不断地消融。

若历史基于区分（统一）并同哲学吻合，则不难理解对这一或那一专门史的自主性的研究在历史学发展中的高度重要性。但这只是哲学家研究的反映，往往是模糊的和不准确的。众所周知，想象和艺术的新概念对历史观、对神话与宗教产生过多大的促进与革新作用。起初它在18世纪缓慢而艰难地逐渐形成，后在19世纪初凯歌高奏。人们通常归功于维科著作中关于诗歌和神话的创造，其后是赫尔德①和其他人的类似著作，还有温克尔曼②等人关于造型艺术史的著作。由于产生哲学、法律、风俗和语言的更清晰的概念，使历史学的各个领域面貌一新，并让黑格尔、萨维尼③、洪堡及其他专门史的创造者与完善者备受赞誉。同样可以理解为什么人们总在争论：历史应当写成国家史还是文化史？文化史是否表现国家史以外或比国家史更宽泛的独特面貌？历史叙述的进步只是智力的或还是实际的和道德的？诸如此类。这些争论都归结为对精神形式的区分与关系的基本哲学研究，即对每种形式同他种形式的关系的精确方式的基本哲学研究④。

虽然历史学家进行区分和统一，但是不进行划分，即从不分割。已经做出和正在做出的历史划分只起源于实际与抽象的相同进程，我们曾看到它粉碎活历史的现实性，看到它收集活历史的死材料并置于外在化的时间模式中。这样，已产生的历史，正因为如此才成为过去的，它们接受一个名称（任何历史思想在其现实中都无名称，或以自己为名称），每部历史同它部历史分割，这样分割的所有历史，依靠各种不同交叉的分类法，按或多或少一般经验论概念分类。在方法论者的著作中可以欣赏到大量此类分类法的图表，这些图表总是根据（仿佛不可避免）如下两个一般标准之一建构：对象的性质标准（宗教史、风俗史、观念史、制度史等）和空间与时间排序标准（欧洲史、亚洲史、美洲史、古代史、中世纪史、近代史、古希腊史、古罗马史、近代希腊史、中世纪罗马史等）。这符合抽象进程，抽象进程在划分概念时，一方面设想精神（对象）的抽象形式，另一方面设想抽象的直觉（空间和时间）。我不仅不说

---

① 赫尔德（1744—1803），德国批评家、哲学家和神学家。——译者注
② 温克尔曼（1717—1768），德国艺术史家和艺术理论家。——译者注
③ 萨维尼（1779—1861），德国法学家。——译者注
④ 参阅附录二，见最后一个注释。

那些划分和那些名称是无用的，也不说那些图表无用，我仅限于强调哲学史、艺术史和观念上区分的任何另一历史，被理解为一本书或确定的演说时，就变成了经验的东西。原因如上述，即真正的区分是观念的，一次演说或一本书在其具体性中不仅包含区分，还包含统一性和整体性，因此把演说和书看作似乎只吸收实在方面就是随意的。我还将指出若存在经验意义上的哲学史或艺术史，则不能禁止在相同意义上谈论划分为专门史的一般史，甚至谈论进步史和衰落史、善与恶、真理与谬误。

　　划分与区分的混淆，即把历史瓦解为专门史的经验考察，混同于总在统一并只在统一中区分的哲学考察，是产生我们已看到的由这种混乱造成的类似错误的原因。大量关于按经验构建的这一或那一历史或一组专门史的"问题"和"界限"的论著就源于此：这里并不存在问题，界限也无法在逻辑上确定，因为它们是约定俗成的，仿佛经长期激烈争论后人们最终承认，若不从边缘而从中心操作，即从认识论分析开始，似乎靠最少的周折就能见出。最严重的错误是创造无限的想象实体，把它们视为形而上学实体及精神的形式，并因此奢望发展抽象史，似乎抽象成了精神的众多部分，各个部分仿佛自身具有生命，但精神是唯一的。因此我们在历史学家的著作中遇到无数无用的问题和想象的解决，现在无需回忆。目前，每人都能自己得出明确的结论并及时对它们进行考察。同样显而易见的是，那些想象的实体同事实的"选择"、事实的年代学的图示或事实的日期化一样，成为历史思想的任何一次具体陈述的辅助因素，因为思考与抽象的区分是观念的区分，它只在精神的统一中起作用。

九
"自然史"与历史

假若人们想理解真正是历史的历史和在所谓自然科学领域出现的通常称作历史（但只是名义上）的历史——"自然史"之间差别的最终原因，则需求助于已提及的分类过程，需求助于连带的自然主义的幻觉，从而抽象的想象实体成了历史事实，分类的模式成了历史。

几年前，人们合理提出对混淆智力劳作的这两种形式的强烈抗议，[①]其中一种形式尽力提供真正的历史，譬如，伯罗奔尼撒战争史、汉尼拔战争史、古埃及文明史；另一种形式提供一种伪造的历史，譬如，所谓的动物机体史、地球结构史或地质学史、太阳系形成史或宇宙进化论史。还合理指出在不少论著中通常将一种历史同另一种历史错误地拼凑起来，即把文明史同自然史拼凑起来，似乎从历史上看文明史在自然史之后。二者之间不可逾越的鸿沟被指出了，但大家感觉含混不清，气质纯朴的历史学家远胜过他人，他们因本能的厌恶而谨慎小心地远离自然史。人们有理由记得，历史学家的历史总以个别的确定的东西为其对象，并通过内在重构展开；而博物学家的历史依靠类型和抽象，并通过类比展开。最终，这种自称的历史或准历史被正确地界定为对在空间上区分的东西进行表面的年代学整理，因此建议给它起个新的恰当的名称，即形而上学历史。

---

① 这是经济学家戈特尔教授在海德堡举行的第七次德国历史学家代表大会上提出的。他的报告可在欠清晰、准确的题名为《历史领域》的出版物中读到（莱比锡，邓肯·洪堡出版社，1904 年）

这类结构实质上只由从简单到复杂的分类图式构成，它们的术语是从抽象分析和归纳中得出，其后在想象中它们的系列似乎呈现为从简单到复杂的连续发展的历史。作为分类图式而存在的权利毋庸置疑，即它们的效用无可争议，因为它们得益于想象以利学习和帮助记忆。

仅当它们疏远自己，改变性质而窃取不合法的职能，并严肃看待它们想象的历史性时，它们的存在权利和效用才变得可以质疑。在自然主义的形而上学中，尤其在其最近形式——进化论中，发生过这种情况。发生这种情况，主要不是科学家的责任（他们通常很谨慎，或多或少清晰地意识到那些模式的局限），而是那些业余科学家和业余哲学家的责任，他们写了大量书籍，要述说世界的起源，由于作者缺乏批判精神，于是未遇任何困难，就从细胞甚至星云开始，直至法国大革命甚至 19 世纪社会主义运动侃侃而谈。"普遍史"，即宇宙学传奇（正如在论及普遍史时已指出的那样），不是由纯粹的思想构成，因为那是批判；而是由掺杂想象的思想构成，因为那是在神话中得以传播的东西。今日的进化论者是神话的创造者，他们以现代风格殚精竭虑地重写《创世记》的头几章（他们的描述更精细，但他们用不亚于巴比伦或以色列的僧侣的简单性将描述同历史混为一谈）。这里不值得展示其细节，因为它们属于那种自我暴露的东西，一旦使它们到位，其逻辑根源立即原形毕露。

但不用管这些科学怪物，它们已经受到谴责，所有具有真正科学头脑的人都对它们一直持遏制和怀疑态度。由于它们被迫在平民或"大众"那里寻求运气并交了好运，它们已堕落为普及宣传的工具，也受到了谴责。为获取进一步的结论，这里必须更精确地确定具有史学外观的分类图式如何形成并起作用。为完成此任务，如下观察有益：分类图式和貌似的历史不仅在所谓自然科学或低于人类世界的领域中出现，而且在道德科学或人类世界科学的领域中出现。为列举简单明确的例子，人们抽象地分析语言并展示引语的各种类型：名词、动词、形容词、代词等，或把词分析成音节与声音，再把风格分析成本意词、寓意词及各种比喻，就会建构一些从简单到复杂的系列。其后，这就产生了语言史的幻觉，把语言史视为对词类的不断掌握，或从单音到音节（单音节语言）、从音节到多音（多音节语言）、从词语到命题、韵律和节奏的过渡。这种想象的历史只发生在科学家的书房里。与此相似，抽象地区分并按复杂性的增加排成系列文体（譬如抒情诗、史诗、诗剧），曾经并正在让人们思考诗歌简史，譬如在第一时代作为抒情诗出现，在第二时代作为史诗出现，在第三时代作为诗剧出现。在政治、经济、哲学等抽象形式的分类时也发生同样情况，所有这类抽象形式同想象的历史如影随形。历史学家对把自己的叙述同自然主义神话序诗重新连接，即让活人同死人结婚，感到厌恶，他们同样厌恶试图把抽象的历史的片段引入具体的历史，因为仅从它们的外表就可见出彼此不同。德·桑克蒂斯不止一次地处处受人指责，说他的《意大利文学史》未从意大利语的起源及其同拉丁语的关系写起，甚至说他未从它同印欧语系关系或意大利各地种族写起。甚至有人缺乏历史感和科学精神，却要修改那一古典名著的结构，引入牵强附会的补充。但德·桑克蒂斯为探寻叙述意大利文学史的最佳起点而苦思冥想，最终决定以概述施瓦本王朝①的文化和西西里诗派②开头，他毫不犹豫地把一切语言与种族的抽象放置一旁，凭借其正确的历史本能，立即发现这些东西同丘洛的争辩诗③、修士雅柯波内的节奏、卡瓦康蒂④的三节联韵诗格格不入，因为后者是非常具体的东西。

我们还必须记住各种分类图式和与其相类似的伪历史条例，不仅根据目前能再现和再思考的活历史形成，而且根据死历史，即消息、文件和重要作品形成。这一观察利于将源于自然科学的伪历史同源于道德科学的伪历史视同一律。因此，二者的基础往往不是历史智慧，相反却是历史的无知。它们的目的不仅有直接的，即帮助活历史永生，而且还有间接的，即帮助迅速处理死亡世界的残渣和灰烬、历史的呆滞残余。

对抽象的、类比的或自然化的历史概念拓展到经验地称作"精神"领域（这样同经验地称作"自然"领域相区分）的功效，那些认识并记住哲学因实在论"自然"概念在唯心论"构建"概念中消除所获巨大成果的人不会怀疑。正是人类精神把实在变为构建，同时把实在视为"自

---

① 施瓦本为德国南部地区，施瓦本王朝指霍哥斯陶芬王朝（1079—1268）。其中腓特烈二世（1194—1250）任德国国王和西西里国王。——译者注

② 西西里诗派形成于1230年至1240年，该诗派以爱情诗为主，在题材、形式、格律上受普罗旺斯抒情诗影响。——译者注

③ 为中世纪一种诗体，内容多为两人或三人就一件事或一个问题展开辩论。——译者注

④ 卡瓦康蒂（约1250—1300），意大利"温柔的新体"派诗人。——译者注

然"，为了这种消除康德曾坚持不懈、细致入微地工作，他开辟了道路，直至今天人们仍走此路。从我们所论及的问题得出的结论是：当人们合理要求区分抽象历史和具体历史、自然化历史和思想的历史、伪历史和真历史时，就犯了错误，就最终导致某种不可知论，把历史局限于人类领域，说人类领域是可知的，声明其余一切都是形而上学历史的对象，是人类认识的极限：这一结论势必再次产生某种二元论，虽然是在更高领域内产生的。但是，若形而上学历史也在人类领域出现，正如大家所见，则我们已表述的区分显然应当修改。以区分为基础的不可知论，现在动摇了、不成立了。在思想面前，不存在双重对象——人和自然；不能认为前者用一种方法探讨，后者用另一种方法探讨；前者可知，后者不可知并只能抽象地构建。相反，思想永远思考历史、唯一实在历史，思想之外一切皆无，因为当自然作为客体得以肯定时，自然对象就变成了神话。在其真正实在中，它只表明自己是人类精神本身，人类精神把被生活过和思考过的历史或这样的历史材料加以概括。"自然没有历史"这句格言应当理解为：作为抽象理性和凝思的本体，它没有历史。因为它不是，或说它完全不是实在的东西。相反的格言"自然也是历史构成和历史生活"，应在另一意义上把握：实在、唯一实在（自身包括人与自然，它们只是经验地、抽象地被分开）都是发展和生活。

在地层或动植物遗骸和所谓人类历史遗迹之间到底能发现什么实质差别呢？对于前者，我们可以进行全方位甚至成系统的整理，但不能在其起源的活辩证法中再思考。另外，后者不仅有被称作史前的遗迹，还有我们昨天历史的历史文件，昨天的历史我们已忘记了、不再理解了，但能分类并排成系列，对它苦思冥想和想入非非，若我们喜欢如此，但为何目前不能再思考它呢？被随意区分的两种情况，在逻辑上可以融合为一种情况。就在所谓"人类史"中也有"自然史"，而所谓"自然史"也曾是"人类史"，即精神史，虽然现在我们离它太远，我们用外国人的目光外在地瞥上一眼，觉得它像木乃伊般干瘪和机械。你们想理解新石器时代的利古里亚①人或西西里人的真正历史吗？若可能的话，首先竭力使自己在精神上成为新石器时代的利古里亚人和西西里人；若无可能，

_____

① 意大利北部地区，现首府为热那亚。——译者注

或你们掉以轻心,你们就应乐于把那些属于新石器时代人的头骨、用具、石刻加以描述、分类并排成系列。你们理解一根草的真正历史吗?你们首先竭力使自己成为一根草,若办不到,就应乐于分析其各个部分,甚至乐于把它置于一种观念的想象的历史中。这就导致了一个概念,而我关于历史是当代史、编年史是过去史的这些历史逻辑考察都源于这一概念。人们得益于这一概念的真理性,并且凭借它解决了真正是"历史"的历史同"自然史"之间的对立,同时再次肯定了它的真理性。"自然史"虽然也是历史,但它奇怪地遵循一种法则,它和唯一历史法则截然不同。正是通过使自然史降为伪历史才解决了这种对立。

附 录 一
确凿消息

假若真历史是一种能从内部确证的历史，则在理性上是当代的和当前的历史；若基于证据的历史缺乏真实性，又不是假的，而是既不假也不真（不是现在是，而是过去是），则会提出一个问题：从批判地考察的证据中选取的无数命题，"被认为是真的"，虽然尚未被证实，或许永远不能被证实。那它们如何起源并起何作用呢？

当我们撰写名为"对立的一致"那一学说的历史或名为《坟墓》的颂诗的历史时，红衣主教库萨的尼古拉①的拉丁文和福斯科洛②的韵文，就像自己的东西那样清晰，就像我们的思想和语言，实际上是自说自听。但《博学的无知》可能写于 1439 年年底和 1440 年年初之间，而福斯科洛的颂诗是诗人在法国长期服兵役回到意大利后写成的，这些都是有据可查的消息，对这些证据我们只能看作真实的，因为是以某种方式证实的；但我们不能肯定就是真实的，因为无论对它们进行多么精深的探究，也不能阻止新的文件或对旧文件的更好诠释来摧毁它们。但人们在研究库萨的尼古拉和福斯科洛的作品时，不能不使用保存下来的有关作者的传记材料。

当今一位颇受赞誉的方法论者曾试图把这类证据的可信性最终建立在对过去的心灵感应和近乎精神的复活能力上。但这种可信性的来源极其神秘，以致需要大胆和充满想象的解释为其辩护，而这样的解释就连

---

① 库萨的尼古拉（1401—1464），德国哲学家和神学家。——译者注
② 福斯科洛（1778—1827），意大利著名诗人。——译者注

贺拉斯①笔下的犹太人也不会相信。相反，它们是在我们日常私人生活中
能观察如何形成的事物。我们把自己完成的某些活动记在日记簿上，或
在账簿上记下信贷和债务。我们着重指出，过一段时间后，那些事实，
部分或全部，从我们的记忆中消逝，而唯一能使自己确信发生过并视为
真实的根据是我们记录的证据：白纸黑字不容置疑，文献让人确信不疑。
我们以类似态度对待他人在日记本和账簿上所做的断言。我们假设，所
记载的东西符合事实。无疑，这一假设正如所有假设一样，可能在事实
上是虚假的，因为可能是在心不在焉或产生错觉的时刻记录下的，或因
记录得太晚，那时对事实的记忆已不确切、不可靠，甚至随意、信手记
下以欺骗世人。正因如此，人们通常不盲目接受书面证据，而要考查其
真伪，并同其他书面材料对照比较，调查作者或证人的诚实和可靠程度。
正因如此，刑法才惩罚篡改和伪造证据者。虽然这种种周密和严厉的预
防措施在个别情况下并未制止舞弊、欺诈和错误（同样，为罪犯判罪的
法庭常让犯人逍遥法外，有时又将无辜者判刑）。但从整体看，文件和证
据的实际符合真相，因为它们可能带来的损害远低于益处，所以被视为
有用，并受到保存和促进。

　　人类可以说在大规模地做着人们在日常生活中所做的私事，人类为
使自己免受记忆无数消息之苦，就把它们固定在身外，那里它们仅作为
资料性消息，而不再是可证实的消息，从而被弱化。但从整体看，把它
们视为真实的并按真实的对待，既合理又有用。历史可信性不是心灵感
应或唯灵论的产物，而是精神不断实施的智慧的经济活动的产物。人们
这样理解历史批判工作：反对伪造和篡改；断言证据可靠——"在科学
状态下应视为真实的"；而把其余证据视为不确切、可能的和极有可能
的，期待着进一步研究成果以便有时采用；最终，还解释了对"苛刻批
判"的不满情绪，"苛刻批判"不希望批判越来越精细，就反对所有更单
纯更权威的证据。因为，在这种情况下，可以说它破坏了按规则名义玩
的游戏规则，或者至多（正如常言所说）有益于提醒那些健忘者：基于
证据的历史说到底是完全外在的历史，而不是基本的真正的历史、当代
的和当前的历史。

----

① 　贺拉斯（公元前65—前8），古罗马著名诗人。——译者注

　　"已证实的"证据的来源与性质已包括关于其作用的另一问题的答案：显而易见，它不能提供并代替真历史，只能给真历史提供一些次要细节，没必要努力让这些细节完全活在头脑中，因为这种努力有损于更令人关切的东西。最后，《博学的无知》写得早些或晚些，只能影响对库萨的尼古拉思想的这一或那一细节的不同诠释，而未能触及其对立的一致学说在逻辑学形成中所起的作用。《坟墓》是否在福斯科洛去法国前构思并草拟，无疑会部分改变我们对诗人思想与天才发展阶段的描述，但对那篇光辉颂诗的诠释很少改变或根本未改变。有些人因这类细节缺乏可证实的确实性，或因它们还有不确实和可疑的地方，就对历史真实性大失所望。他们就像一个人忘记自己生活的这年或那年的编年史，就认为不认识现在的自我，现在的自我是他过去的概述，并包括他现在真正想认识的过去的一切。但另外，那些证实的或认为真实的消息，促使我们更好地搜寻自己，它们是对我们通过完整分析和沉思所发现东西的充实，是对我们思想的不可忽视的对照和确证，尤其当真实消息同证实消息自发地相互一致时，由于害怕某些证实的消息可能不真或因它们具有外在性和一点儿一般模糊性，就拒绝证实的消息的便利和帮助，这也就是拒绝（重犯笛卡尔和马勒伯朗士①的罪行）人类的权威。这种果敢拒绝对正确理解历史既无关又无益。然而，对理解历史至关重要并有益的是：权威——即使人类权威——不要代替人类思想，在任何情况下，人类思想都占首位。

---

　　①　马勒伯朗士（1638—1715），法国哲学家。——译者注

附 录 二
专门史的相似与相异

在前述理论阐释的过程中，我们否定了普遍史（在时间和空间方面）的观念①，我们也否定了一般史（精神的不加区分的一般性与统一性的历史）的观念②，而用双重对立的看法代替，即历史永远是特殊的和专门的；这两个确定恰恰构成有效、具体的普遍性和有效、具体的统一性。因此，声称不可能的东西不表示损失。因为，一方面，它是虚假的普遍性或想象的普遍性；另一方面，它是抽象的普遍性，或更乐于说，是混乱的普遍性。所谓的普遍历史，或者表明自己是特殊史，它们采用普遍史的名称是为了学术的张扬；或者作为个别史的丛书、概览或编年文集；或者处于第三种状态，即传奇故事。同样，包罗万象的一般的历史或有名无实，或是不同历史的外在并列，或是形而上学和隐喻性的小把戏。

因这种双重但汇聚的否定，我们认为还应当拒绝一种相当普遍、根深蒂固的偏见（过去我们也曾部分地屈从于此种偏见）③，即不知不觉地要求重新引入想象的普遍性，就是说在专门史中，根据不同的精神形式（仅当每种精神形式为在该形式下的全部精神，它们才是一般的和统一的）构建不同的历史，某些历史进行普遍性研究，其他历史进行专题性研究。通常所举的典型例子当属哲学史同诗歌史或艺术史的差别。前者的主题是人类关注的、伟大的、唯一的哲学问题，后者的主题是个别时

---

① 见本书第31—33页。
② 见本书第68—71页。
③ 见《美学》第1编第17章（第11版，第149页）。

刻，或至多是艺术家的情感—想象问题。因而前者是连续的，后者是不连续的；前者具有完整、普遍的眼光，后者只有一系列特殊的眼光。但一个更"实在论"的哲学概念剥夺了哲学史对于诗歌史、艺术史或其他专门史的这种特权。因为，无论表面现象如何，说人类被唯一哲学问题所困扰一点也不对，对这一问题越来越充分的不断解决，构成进步的唯一轨迹，即人类精神的普遍史，它是其他所有历史的支柱和统一。相反观点是正确的：人们处理和将要处理的哲学问题是无限的，每个问题总是特殊地、个别地被确定。唯一问题的幻觉因逻辑混乱所致，又由历史偶然性推波助澜，因而一个因宗教动因而显得至高无上的问题被视为唯一的和基本的，为实际目的而进行的聚集和概括被看作实际的同一性或统一性①。即使哲学的"普遍"史，同其他一切历史一样，若认真考察，则发现它们或是个别哲学家、史学家关注的问题的特殊史，或是以哲学史教科书和百科全书形式呈现的勉强或随意凑成的东西，或是多种多样历史的概览或汇编。当然，无须禁止甚至要求撰写哲学史概览，将个别问题分类并介绍各个民族各个时代的主要思想家对这种或那种问题的关注，因为这些都是非常有用的东西。但这些仍是哲学史的编年史体的或自然主义的论述，只有当一位新思想家把自己关注的确定问题同过去业已提出并是自己的问题的内在前提的那些问题联系起来，哲学史才开始真正运转。暂时远离不同联系的其他问题，虽然这样做并未消灭它们，反而当另一问题逐渐使召唤它们更加必要时，才好明确无误地召唤它们。这正好解释甚至在看来最完备和最"客观"（即最"实在"）的概要中都有某种选择，这是由作者的理论兴趣所决定的，尽管他想方设法，他决不会完全不做史学家、哲学家。总之，在诗歌史和艺术史中，不多不少也发生此类情况。真正活生生的充分的历史性论述是对个别诗人个性的批判和真知灼见，而其余为批评汇编，或因时间和地点邻近、题材相同、气质相似，或按艺术成就的大小形成的概览。我们不应说，每一哲学问题都同所有其他问题相联系，并总是全部哲学问题，而同诗歌和艺术问题不同。因为在这方面不存在差异，甚至在单个艺术作品中也内在地包含全部历史和整个宇宙。由此可见，某些人要求或奢望把哲学史的普遍

---

① 参阅附录三。

性、统一性的方法扩展到诗歌史或艺术史，就会同哲学和历史学的现状的任何观念与智慧格格不入。与此相反，当代方法论问题是要给予诗歌史和艺术史越来越灵活、轻巧的结构，让此种结构从理智主义的、社会学的或概念的暴政下解放出来，然后让它在形式上接近哲学史，从而使诗歌史和艺术史更完善。

由于我们把哲学史也复归到特殊史，才有必要证明直至今日各方要求"普遍"和"一般"的科学史缺乏根据。因为这样的历史不可能撰写，虽然科学史可与哲学史同一或等同；而且是双重的不可能撰写，因为在"科学"的名称下，人们发现差异颇大的形式，就像观察科学和数学科学一样。还由于在同类科学中，各学科得以成立的资料和假设存在无法缩小的差异，使各学科彼此分割。正如我们所指出的，若每一特殊哲学问题都同所有其他哲学问题相联系并相和谐，则每一科学问题就倾向于自我封闭，对科学来说再没有更具破坏性的倾向了：用"唯一"原则解释一切事实，或如大量例证所示，即用无成果的形而上学代替有成果的科学，在形而上学中一句空话颇像挥舞的魔杖，"解释一切"，但其实什么也"解释"不了。学科史所承认的统一，不是这一理论同那一理论联系起来的统一，不是这一科学同那一科学在想象的一般科学史中联系起来的统一，而是每种科学和每种理论用它们产生时的智力和社会的整体联系起来的统一。此外，在这里还应指出：上述论述并未反对科学史概览和百科全书存在的权利，更无意对现在的研究活动表示不信任，因为在呼吁建构科学史时，通过这类研究可激励长期被忽视的有益的研究的开展。另外，我们也不反对那种概览式和百科全书式的科学史，只简单地阐明原因足矣：同一位学者不可能研究并精通性质迥然不同的各个问题，这些问题分属不同科学。因为不能认为世上有一位哲学家，他既有决心又有智慧解决任何哲学问题（甚至，通常一个人对某些问题越深入了解，对另一些问题就越知之甚少）；也不存在一位诗歌和艺术的批评家和史学家，不管他多么多才多艺，能够同样鉴赏并理解所有诗歌和艺术的形式。每人的领域相对狭小，每人只有靠其独特性才是普遍的。

最后，我们不想对政治史和伦理史重复相同的论述，在政治史和伦理史中，人们奢望用一条发展的红线表现全部历史的机会极少，人们通常易于承认每种历史都是特殊的，即都是由政治和伦理问题决定的；根据不同时间与地点，这些问题使历史学家备受折磨，从而每部历史都一次次地从头开始被重新思考。

因此，不同专门史间的相似应该说是完全的，它们之间的相异应该被排除：因为它们都（无论表面显得如何相反）服从特殊性（即特殊—普遍性）原则。然而，若作为历史，所有历史都按我们已阐明的历史学性质进行，其后作为专门史，每部历史又遵循其专门性概念，在这种意义上，并仅在这种意义上，每部历史同其他历史相异，或保持自己的独特性。我们已指出，奢望按哲学史对待诗歌史和艺术史是错误的，不仅因为拒不承认历史的真正概念，还因为歪曲了艺术的性质，把艺术理解为哲学，让它在概念的辩证法中消解；或因为把艺术之所以为艺术的东西排除在外，认为它们是次要的东西，顶多把它们同其他非艺术事物等量齐观才被保留。此种错误同某些人的错误相当吻合，他们不断地建议（正如他们所说）对哲学史进行"心理学"改革，也就是让哲学史回归哲学家的心理和社会环境，从而让它一会儿适应情感史，一会儿适应幻想和乌托邦史，即适应非哲学思维的历史的东西。这些人缺乏关于哲学的概念，正如另一些人缺乏诗歌和艺术的概念。谁要想迅速了解哲学史和诗歌史的区别，就请观察：哲学史因其对象的性质，要探究作为纯粹精神产物的理论，因此它阐述一种思想表现戏剧人物的历史；而诗歌史因其对象的性质，要探究作为想象产物的艺术作品，而想象表现情感活动，因此阐述一种情感—想象的立场的历史。由此可见，虽然哲学史并未忽视行动、事件和想象，却将它们视为纯粹思想的土壤，并体现为既无实在的、也无想象的人物的概念史；而诗歌史也并未忽视行为、事件和思想，却把它们视为想象创造的土壤，并体现为理想的或想象的个性的历史，这些个性摆脱了实际兴趣的重负和概念的约束。即使哲学史和诗歌史形成的模式，正如任何人类述说不可或缺的模式，也符合这些不同的倾向；但在哲学史中是思维方式的一般模式或类型，在诗歌史中是理想个性的模式。

假若哲学史屡次尝试吞没诗歌史和艺术史，它也曾多次尝试吞没实际史、政治史与伦理史，或正如当代人乐于称作的"社会史"。人们断言：为使这种历史摆脱编年史体的羁绊，并具有严密的科学的形式，就需要使其成为"观念"史，观念是真正和本质的实际活动，因为观念产生实际活动。这是在重复上文指出的涉及诗歌史和艺术史的错误，从而让实际活动的独特性坍塌了，认为只有"观念"才是它们的前提和结果。然而，有时人们断言：实际活动沦为的观念并非真正的观念或智力的形态，而是实际活动、情感、意向、风俗、制度，从而政治史与伦理史的独特性在不知不觉中再次确证。它的对象正如制度这一词语所能指示的那样，应在最宽泛的意义上理解这一词语，即理解为每个个人和人类社会的所有实际态度，从隐秘的情感到醒目的生活方式（它们永远是运动中的意志）：一切态度都是历史的产物，并且是根据精神的实际形式唯一能感知的历史的有效产物。假若判断的传统，如同当代思想借以并对其思考的资本，是长期历史的结果，我们一次次地在新需要的激励下意识到这种历史，时而澄清其这一特性，时而澄清其那一特性，则现在我们实际能拥有的、所谓文明人的一切情感——勇敢、名誉、尊严、爱情、贞节等，我们所有狭义的制度（它们也使人记起精神的、功利的或道德的立场）——家庭、国家、商业、工业、军事等，也都有长期的历史。由于新的需要，这一或那一情感、制度陷入危机，我们就竭力理解其真正"性质"，即其历史根源。谁要认真考察近代社会历史学的论著、倾向、争论和事件，就能清晰地发现，它恰恰致力于按社会价值史序列来解决事实的破碎消息的编年史体的混乱状态，它的研究领域是实际方面的人类心理史；无论它产生文明整体史（但总是有个别的动因并被个别地限定的历史），还是提供阶级史、民族史、社会潮流史、情感史、制度史等。

传记（显然，当它不仅为个人情况的编年史体的单纯汇集，也不是被不适当地视为历史工作的诗性描述）也是一种哲学意义上的"制度"史，并属于实际史。因为个人同一个民族或一个社会阶级一样，是一种性格的形成，或是特殊天赋及其结果的行为的整体。由此可见，当人们撰写传记时，已不再是外在的、私人的或所说的肉体的个人的历史。

为使此次对专门史的迅速考察更完整，而一般史在专门史（在它们之外不存在）中依次显现，有待指出科学史和宗教史的地位与作用。然而，假若科学同哲学的差异在于其是理论和实践的中间产物，而宗教试图用神话解释实在，用理想实际地指导人的活动，则显然科学史一部分属于哲学思想史，另一部分属于需要与制度史。甚至，由于赋予科学特性的环节恰是约定的和实际的，实质上科学史属于上文提到的广义的制度史；而宗教史一部分属于制度史，一部分属于哲学史，甚至由于这里的主导环节是神话概念，即一种哲学尝试，宗教史实质上就是哲学史。由此可见，本文就这一论题再作更为详尽的探究就不适当了，由于本文并不专门探讨各种专门史（同哲学、美学、逻辑学等不同领域的论述一致）的理论和方法论，只想指明它们必然经过的道路。①

---

① 这里用注释方式再次提醒人们：注意已提到的实际史在政治和伦理中的区分将受益匪浅。因为只有这种区分才能平息困扰历史学的争端，尤其在 18 世纪后，在政治史或国家史同人类史或文明史之间的争论。在德国，这是历史和文化史的错综复杂的争论焦点之一；它有时被说成是法国史学（伏尔泰及其信徒）即文明史同德国史学（莫泽尔及其信徒）即国家史之间的冲突。一方面想让文化史或社会史屈从于国家史，另一方面又反向而行；折中主义者并不十分理解这种争论，通常把政治史同文明史并列，致使二者死气沉沉，从而破坏了历史的统一性。真相是：政治史和文明史在实际领域中的关系，同诗歌史或艺术史和哲学史或思想史在理论领域中的关系相同。它们都符合精神的两个永恒环节——纯意志或经济环节和伦理意志环节。由此可见，某些人永远被这种历史而不被那种历史所吸引，取决于他们主要受政治兴趣还是伦理兴趣驱动。

附 录 三
哲学和方法论

　　哲学和历史学的同一业已确定，又说明二者的区分只具字面和教学的价值，因为区分基于在逐字解释时有时强调那种同一的两个辩证要素中的这个要素，有时强调那个要素的可能性，有必要弄清楚冠以哲学"理论"或"体系"的传统名称的论著的真正对象：（简言之）哲学归结为什么。

　　哲学，由于已处于新的关系中，只能必然地是历史学的方法论环节，即对构成历史判断的范畴的解释，或对指导历史解释的概念的说明。由于历史学的内容是精神的具体生活，而这种生活又是想象和思想、行为和道德的生活（若能想出，也是其他的生活），它在其各种不同的形式中始终为一，解释在美学、逻辑学、经济学、伦理学的区分中展开，但在精神哲学中它把一切形式都联系起来并加以消解。若一个哲学问题对历史判断毫无作为，则证明那一问题是无用的，是很糟糕地提出的，是实际不存在的。若一个问题，即一个哲学命题的解决不能使历史更好理解，反而使它含混不清或更加混乱，或越过它、谴责它和否定它，则证明那个命题和与其相关的哲学是随意的，虽然作为情感和想象的表现，它对其他方面可保持兴趣。

　　把哲学界定为"方法论"起初并未免除怀疑，甚至准备一般地接受它所确定的倾向的人也不能不怀疑。因为哲学和方法论是两个经常对立提出的术语，通向方法论的哲学通常带有经验论的痕迹。但这里想说的方法论当然不是经验论的，甚至其大部分恰恰是用来纠正和代替职业哲学家和不少专家的经验论的方法论，其大部分真正尝试对由历史研究引起的理论问题做出哲学解答，尽管还有缺陷，或尝试成为哲学方法论和作为方法论的哲学。

此外，若上述冲突一经提出立即解决，则另一对立却不如此：我们主张的概念同古老的、流传很广的哲学概念迥然不同，那一概念认为哲学是解决宇宙奥秘者、最终实在的认识者、本体世界的揭示者，视本体世界在现象世界之外，现象世界是日常生活和历史考察之所在。这里不是阐述这一概念的历史的地方。但至少必须说，这一概念的起源是宗教的和神话的，它甚至存在于某些哲学家的头脑中，是他们最富成效地形成人类和尘世为唯一实在的思想，是他们首创作为判断或历史知识的方法论的新哲学。康德有这一概念，他承认它是其批判的局限。黑格尔也有这一概念，他把其逻辑学和精神哲学研究的精彩画面装上观念神话的画框。

人们越来越强烈地感受到两种概念间的差异，在 19 世纪以形形色色的公式表现出来，心理学对形而上学，经验的和内在的哲学对先验的和超验的哲学，实证主义对唯心主义。虽然通常论战进行得不令人满意，并且超过了界限，无意中以接受形而上学、超验性、先验性和人们准备批驳的抽象唯心主义告终，但人们构想的这种需要是合法的。作为方法论的哲学实现了自己的需要，它用更精良的武器同相同的敌手作战，并捍卫了一种心理学观念，但这是思辨心理学的、内在于历史又辩证地内在的观念，因此不同于实证主义：实证主义致使必然成为偶然，作为方法论的哲学致使偶然成为必然，并肯定思想的主导权。这样一种哲学恰恰是作为历史的哲学（因而也是作为哲学的历史）和哲学环节在纯范畴与方法论环节中的确定。

这一观念对于相反观念的伟力，即作为方法论的哲学对作为形而上学的哲学的优越性，通过前者批判后者的问题，指明其根源，从而解决这些问题得以证明。相反，形而上学若不依靠想象和随意的东西，既无力解决方法论的问题，也无力解决自己的问题。于是，关于外部世界的实在性、灵魂实体、不可知、二元论、反题等问题，都在认识论的诸学说中消逝，它们用更好的概念代替以往关于科学的逻辑的概念，它们把上述问题解释成对辩证法或认识现象学的永恒再生和永恒超越。

但作为形而上学的哲学的概念根深蒂固和坚忍不拔，若它们仍能在某些人的头脑中闪现也不足为奇，一般说来他们摆脱了它的羁绊，但未注意在所有细枝末节上根除它，也未封闭它不知不觉就登堂入室的所有大门。若现在人们很少直接遇到和公开发现它，却可以在成为认识倾向或未意识到的先入之见的它的某些面貌和立场中辨别和推测出来，它们让作为方法论的哲学冒返回错误道路的危险，它们冒险准备让被超越的形而上学东山再起，哪怕只是昙花一现。

我觉得阐明某些先入之见、倾向和习惯，指出它们所包含的或导致的错误将是适时的。

首先介绍过去残留的一种相当普通的观点，承认存在一个哲学基本问题。现在哲学基本问题的概念内在地同哲学作为历史的概念、同把哲学视为历史方法论的概念相矛盾，后一概念提出，并且不能不提出哲学问题的无限性，当然这些哲学问题彼此有机联系，但不能说其中任何一个问题是基本的，正像不能说机体的任何一部分是其他部分的基础，而是每部分依次是基础又以其他部分为基础。实际上，若方法论从历史中摘取其问题的材料，历史在其简朴而最具体的形式中，即在我们每人作为个人的历史形式中，告知我们：在我们经历生活的激励下，我们从一个特殊哲学问题转向另一个特殊问题，并且根据生活的时代不同，这种或那种问题占据阵地或引起我们最大兴趣。若我们瞭望所谓一般哲学史提供的更为广阔而不够确定的景象，就会观察到相同的情景：即根据不同时代和不同民族，有时道德哲学问题、有时政治问题、有时宗教问题、有时自然科学问题、有时数学问题居于主导地位。当然，每一特殊哲学问题，无论是否表现出，都是整个哲学的问题，但由于其不可容忍的矛盾，人们从未遇到一个自为的一般哲学问题。若仿佛（确实仿佛如此）存在这个一般哲学问题，实际上是一种表面现象，它由近代哲学源于中世纪哲学并通过文艺复兴的宗教斗争而形成这一事实造成，近代哲学在其教导的形式中，在其大部分学者的心理倾向中，保留了神学的强烈印记。从而思维与存在的关系问题窃取了根本的和几乎唯一的重要性，其实这一问题仅是现世与来世、人间与天堂的古老问题的认识论的及批判的形式。那些为内在哲学破坏或开始破坏天堂和来世、超越哲学的人们，同时破坏并腐蚀一个基本问题的概念，虽然他们没有充分觉察到这些

（但上文提到，他们仍受到物自体哲学或观念神话的纠缠）。对具有宗教心灵的人们来说，那一问题有充分权利成为基本问题，因为他们认为，除非宗教的灵魂或自己的思想在另一个世界里，在认识本体的和真正实在的世界中获救，否则对世界的全部智力的和实际的统治毫无意义。但这一问题不应再存在于哲学家的头脑中，他们只局限于世界或自然，而世界或自然既无内核也无外壳，而是浑然一体。假若接受一个基本问题高于所有其他问题的观点，将会发生什么结果呢？其他问题或被视为全都依赖基本问题，从而依靠基本问题得以解决；或被视为不再是哲学问题而是经验问题。即是说，每天从科学和生活中出现的所有新问题将丧失尊严，或变成基本解决的同语反复，或听任经验去处理。这样重新产生哲学和方法论之间、形而上学和精神哲学之间的差异。与后者相比，前者是超验的；与前者相比，后者是非哲学的。

　　关于哲学功能的形而上学旧观念产生的另一倾向，是拥护同一蔑视差异。这一倾向符合神学概念：神学概念认为一切差异都统一于并消逝于上帝。这一倾向也符合宗教立场：看见上帝忘记世界及其必然性。从这里产生一种对于特殊问题的介于冷漠、随和、软弱之间的倾向，并几乎无声无息地恢复危险的双重能力学说——一种智力直觉或其他高级认识能力，这是哲学家所特有的，能引导人们看到真正的实在；一种关注偶然性并进行批判和思维的能力，因而缺乏尊严，它不靠严格思辨就能进行，这对前种能力来说是不可容忍的。这种倾向在黑格尔学派的哲学论著中产生最坏的后果，在那些著作中通常那些学生（同老师不同）表明很少和根本未研究并思考不同精神形式的问题，他们乐于接受关于这些问题的庸俗见解，或以对本质东西确有把握的人们的漠不关心的态度介入这些问题，因此毫不留情地将它们切割并肢解，以便急急忙忙地使它们沦为预先确定的模式，用那种迷惑人的安排自吹自擂。他们的哲学的空洞和令人生厌就源于此，历史学家和致力于理解特殊的具体的实在的人们从这类哲学中一无所获：无助于他们更好地确立研究方向和更清晰地形成自己的判断。由于观念的神话在实证主义中作为进化的神话重现，所以在实证主义中特殊问题（它们只是哲学问题）也接受了图解式的和空洞的处理，未能前进一步。作为历史和历史方法论的哲学，为敏锐和洞察力的美德恢复名誉，那些美德为形而上学的神学一元论所不齿。

洞察力是乏味而严肃的、艰难困苦而富有成果的，有时具有经院哲学的不讨人喜欢的面貌，正像一切纪律一样，以此面貌出现也是有益的；它认为为了同一而忽视差异的做法同把哲学视为历史的看法格格不入。

　　第三种倾向（请容许我为方便和清楚，通过列举同一思想立场的不同方面使其逐渐醒目），仍在探寻终极哲学的第三种倾向，它并未从历史经验中获取教诲，而历史经验证明没有一种哲学是终极的或具有思维的终点；它也未充分确信哲学伴随不断变化的世界而不断变化不是缺点，而是思想和实在的本性。或者不如说，那种教诲和那一命题并非一点儿未被接受，它们导致承认在自身之上不断生长的精神，总会产生新思想和新体系。但由于维护了基本问题的先入之见，这一问题（正如已说过）实质上是古老的、唯一的宗教的问题或启示的问题，而每个很好确定的问题只有唯一的解答，所以对"基本问题"的解答就必然自诩最终解答哲学本身。若没有一个新问题，就不能出现新的解答（根据问题与解答的逻辑统一）；而那个高于所有其他问题的问题是唯一的。于是，在基本问题观念中包含的终极哲学就同历史经验相抵触，并且是不可调和的。因为以逻辑上更清晰的方式，它同作为历史的哲学相抵触，后者承认有限的问题，根除对终极哲学的奢望和期待。任何哲学都是终极的，这是针对它所解决的现在问题而言，而不是针对在第一个问题脚下随即产生的新问题而言，更不是针对从第二个问题产生的其他新问题而言。中断连续等于重返宗教哲学和回归上帝。

　　事实上，我们现在可以列举的第四种先入之见，在陈旧的形而上学的神学性质方面同前几种有联系，并恰恰同它们一起涉及哲学家的形象，近乎佛陀或"大彻大悟者"。这种人物对他人居高临下（也高于未成为哲学家时的自己），因为他自认为凭借哲学终于摆脱了人类的幻觉、情欲和烦躁不安。信徒的情况正是如此：他痴迷于上帝，摆脱了人间凡事，像一个恋爱者因拥有情人而深感幸福并蔑视整个世界，尽管世界随即对信徒正像对恋人进行了报复并维护了自己的权利。但历史哲学家不可能有这种幻觉，他感到不可抗拒地被卷入历史的进程，自己既是历史的主体又是历史的客体，因此进而否定幸福和极乐，正像否定任何抽象一样（因为正如有人说得好，幸福是生活感觉的反义词），并按照生活的原貌接受生活，认为生活是这样一种欢乐，它克服痛苦并为了变幻无常的新欢乐而不断产生新痛苦。他把世界想象为唯一的真理，它是不知疲倦的思维的作品，思维制约实际活动，正如实际活动又制约新思维作品。因此，过去归于沉思生活的首要性，现在不再移至积极生活，而是移至其整体生活，即一种思维和活动的生活。每一个人都是哲学家（在其圈子内，无论圈子大小），而每个哲学家都是人，他和人类生活条件不可分离地相联系，无论如何这种条件不容超越。希腊、罗马衰落时期的神秘的或不关心政治的哲学家可以脱离开世界。首创近代哲学的大思想家，如黑格尔，尽管用他们的有效思想否定抽象沉思生活的首要性，但仍陷入这种首要性的错误，并设想一个绝对精神领域，设想一种凭借艺术、宗教或哲学而获得解放的过程以便到达那一领域。那个沉迷绝对的至高无上的昔日哲学家形象，有人试图在我们当今世界使其面目一新，就只能涂上些滑稽可笑的油彩。现在讽刺确实少有用武之地，不得不把箭射向"哲学教授"（按近代大学造就的哲学家典型，这种典型在多方面成为中世纪大学的"神学大师"的继承人）：机械地重复陈旧的、一般的判决，指控他们似乎对情欲无动于衷，对四周充斥的问题视而不见，反而徒劳无益地要求更具体更现实的东西。但哲学家的作用和社会形象现在发生了深刻变化，不是说"哲学教授"未按自己的方式逐渐变化，即在大学和其他学校中认识和讲授哲学的方法未陷入危机，直至把中世纪哲学思维方式的形式主义的最后残余从自身根除。哲学文化的巨大进步应趋向这一理想：一切人类事物的学者，即法学家、经济学家、伦理学家、文学家，或说一切研究历史事物的学者，都应成为自觉的和训练有素的哲学家，而一般哲学家，即纯哲学家，在知识的专业化中再无立足之地。伴随"一般"哲学家的消逝，神学家或形而上学家、佛陀或大彻大悟者的最后社会痕迹也将消逝。

　　另一先入之见也损害了培养哲学学者的习惯方法，认为只应探寻哲学家的著作，甚至是"一般"哲学家的著作、形而上学体系创造者的著作，正像神学学者根据圣书造就自己一样。当从一个基本或唯一问题的前提出发，这种培养方法就顺理成章了；因为必须认识前人尝试过的各自不同的或不断进步的解决；而在内在的和历史的哲学中，这种方式是不合逻辑和不适当的，因为它从生活的全部丰富多彩的印象、从对生活的全部直觉和反思获取材料。这种培养方式造成对特殊问题研究的匮乏，因为这种研究要求同特殊事实经验不断交流（美学要求同艺术和艺术批评，法哲学要求同政治、经济、司法争议，科学认识论要求同实证科学和数学科学等经验的交流，诸如此类，不一而足）。这种培养方式还造成被传统地视为构成"一般哲学"的哲学的某些部分的研究的匮乏，因为那些部分也源于生活，为了更好地解释它们的命题，应该把它们上溯到生活；为使它们扩展和具有新面貌，要把它们重新投入生活。作为历史的哲学的基础是整个历史，若把其基础仅限于哲学史、"一般的"哲学史或"形而上学的"哲学史，只有不自觉地赞成非方法论的、形而上学的哲学的旧观念，才能办得到。这正是我们要列举的第五种先入之见。

这一列举可以用关于哲学阐述的第六种先入之见加以引申和一并结束。因为人们时而继续期待和要求哲学具有建筑形式，近乎奉献给上帝的神殿；时而期待并要求它具有热烈的和诗性的形式，近乎赞美上帝的圣歌和圣诗。但这样的形式同旧内容相联系；现在内容已变化，而哲学表明为对历史解释的范畴的说明，它不是圣殿似的宏伟建筑，也不是符合基本教义的圣歌的旋律，而是讨论、争议、严肃的教诲陈述，它当然带有作者的情感色彩，正像任何其他书面语形式一样，有时还能高声呼叫（或根据情况，声调低微或诙谐），但未被强迫遵循合乎神学或宗教内容的规则。哲学被视为方法论，可以说使哲学解释从诗歌降到散文。

我简要描述的所有先入之见、爱好或倾向、习惯，我认为都应认真找到并根除，因为它们阻止哲学以符合和适应它同历史同一的意识的方式展示和发展。我们只要看看19世纪由诗歌、小说和戏剧（我们社会的呼声）所积聚的心理观察和道德疑虑的大量材料，就会认为它们大部分尚未得到批判性的研究，就会想到有许多工作留待哲学家去完成。若观察到欧洲大战在各方面引起大量亟待解决的关于国家的问题：历史、法律、不同民族的作用、文明、文化、野蛮、科学、艺术、宗教性、生活的目的与理想，等等，就会清晰地认识到哲学家有责任从神学、形而上学的禁锢中解脱出来。当哲学家不再想听人谈论神学和形而上学时，却仍然受到它们的束缚。因为，尽管他们厌恶它们，尽管他们接受并公开信奉新概念，但他们的智力和精神仍然由旧观念指引。

甚至哲学史本身迄今只有小部分按哲学新概念革新。这种新概念要求我们把注意力转向思想和思想家。他们长期被忽视，或处于次要地位，不被承认为哲学家，因为他们没有直接研究哲学的"基本问题"或可能的伟大之处，而去研究"特殊问题"。那些特殊问题最终定会引起所谓"一般问题"的剧变，从而"一般问题"也沦为"特殊问题"。马基雅维利提出纯政治的和国家的概念，帕斯卡批判耶稣会士严守教规，维科革新了全部精神科学和历史观，贝克莱消除了物质观念，哈曼对传统和语言的价值怀有强烈情感，然而，他们却被视为小哲学家，这纯粹是偏见造成的后果。我不是说他们同任何一位很少独特性的形而上学家相比，更确切地说，他们就是同笛卡尔或斯宾诺莎相比也毫不逊色。后者提出其他问题，但同前者的问题相比，其性质既无不同也不高深。总之，一种图解的和简约的哲学是符合"基本问题"的哲学；一种更丰富、更多样、更灵活的哲学应当符合作为方法论的哲学。后种哲学认为，不仅把握内在、超验、世界和另一世界的问题的是哲学，而且一切有益于增加指导性概念的遗产和对真实历史的理解，利于构建我们生活其中的思想实在的也都是哲学。

下 编

历史学的历史

一

初步问题

    关于历史学的历史，有许多研究各个作者的专著，也有或多或少一般地研究一组作者的著作（某一民族的、某一确定时代的，甚至"普遍"史的史学史），不仅有书目提要和博学性的著作，而且有批判性著作，有些很优秀，尤其在德国科学文献中更为突出，它们最为敏锐，在知识领域中没有一个部分、一个角落未被探索。因此，从头至尾地再次论述该题目不应在我计划之内，但我打算对我读过的此题目的著作与论文写出一种附录式或批判性注释。我不能说这些著作和论文是全部，甚至也不能说它们涵盖全部重要论述，但肯定为数不少。在这种注释中，一方面，我将根据上文澄清的原则精确地确立这样的历史方法，我发现较好的著作在此方法上仍存在混乱与困惑，从而造成判断的错误或至少把握全貌的错误；另一方面，我想扼要地描述其各主要时期，这样可为已阐明的方法举出例证，还可历史地说明在前面理论部分提出的概念，否则理论部分会时而这里、时而那里显得抽象。

    为了从方法的界定开始，首先我记起，史学史作为历史著作，不能从文学史的角度去考察，即不是个人情感的表现，不是艺术的形式。无疑，它们也可以那样，有充分权利归入文学史，正像哲学家的论著和体系，柏拉图、亚里士多德、布鲁诺、莱布尼茨①、黑格尔的著作也可归入文学史一样。但在此种情况下，二者都不能视为历史著作和哲学著作，

————————

    ① 莱布尼茨（1646—1716），德国近代哲学家、杰出数学家。——译者注

而应视为文学和诗歌作品，对同类作者而言，构成两类不同历史价值的经验尺度不同，因为在文学史上，柏拉图的地位总比亚里士多德更高，布鲁诺总比莱布尼茨更高，由于前者同后者相比，具有热烈、激情的个性和更丰富的艺术问题。其后，在许多文学史中，这种研究的差异性未被遵循，历史学家被从史学而不是文学角度去谈，哲学家也被从哲学而不是文学角度去谈，这是由于在这些著作中松散的编辑工作代替了批判的科学的工作。但这两种不同面貌的区分十分重要，还由于有时人们轻率地把这种历史价值尺度移至那种历史，从而产生错误的判断和同样毫无根据的斥责与赞誉。这从在古代及其后一段时间内，从人们对波利比奥斯缺乏尊重中可以见出：同灿烂辉煌的李维和激动人心的塔西佗相比，"他写得不好"。在意大利，从对某些历史学家的过高评价中也可见出：同那些疏忽形式或形式粗糙但研究严肃的历史学家相比，他们不过是书写正确些、优美些的散文家而已。乌里奇青年时期论古代史学史的著作①，虽叙述沉闷而累赘，但仍有很大价值。他在论述古代史学的"科学价值"后，还详尽地论述了其"艺术价值"。但他按当时的美学观念，相当随意地将某些方法运用于作为艺术的史学，显然前种论述未同后种论述融为一体，而仅是并列排列：那些历史方法论著作的段落，仿佛毫无联系并简单地聚集起来，在按它们的方式阐述历史思想的形成之后，即从材料或"启发性研究"的汇集开始，直至"理解"；进而论述"阐述"的形式，这样就不知不觉地继承了文艺复兴时期形成的历史艺术的修辞性论文的方法。这类论文的佳作是福西厄斯的论文（1623 年）。当然，涉及历史学，当人们发现历史学家赞成的历史方法不好时，却未能避免提及其史学著作的文学形式，也未能避免赞誉那些有文学价值的作品；然而，靠影射来提及，通过讨论、指明特性以排除，是一种派生的需要，而不是史学史的自身功能，因为史学史的对象是史学思想的演进。

　　这种历史同语文性历史或博学性历史区分并非轻而易举，但差异不是不确实的；毫无疑义，总是在我们已解释的区分含义上而不在分离含义上理解。这一警告不言而喻适用于我们将要排除的其他东西，以便无须每走一步就重复一遍。因为，实际上，历史和语文学的联系是无可否

① 《古代历史学的特征》（柏林，1833 年）。

认的，这种联系并非比历史与艺术或历史与实际生活之间的联系少。但这一点并未排除语文学本身是材料的收集、重新整理和去粗取精，而不是历史。由于这种性质，它应归入文化史而不是思想史。实际上不可能把它同图书馆、档案馆、博物馆、大学、神学院、公约学校、学术与出版机构、其他实际特点突出的制度及程序的历史分开。因此，弗埃特①在其近期出版的近代史学史②中，正确地从其论题里排除了"纯语文学研究和批判的历史"，这并未阻止他重视（他有意在此提到）彼翁多③学派或毛利尼学派或19世纪德国学派对起源方法的完善。由于未做这种区分，在瓦赫勒的古老而扎实的著作④（仍可有益地运用区分）中，人们看到局促不安和不够鲜明。此书题名并设想为"欧洲文艺复兴以来的历史研究与艺术的历史"，但最终其大部分具有图书目录和索引的面貌。

更精细的工作要求区分史学史和实际倾向史或社会政治精神史，后者混杂于历史学家的著作中，或至少留下痕迹。但恰因人们很难发现两者的界限，故清晰地划定界限就不可或缺了。那些倾向、那种社会政治精神属于历史的内容而不是历史的理论形式，它们已经不是历史学，而是在活动和形成中的历史。马基雅维利是历史学家，鉴于他努力理解诸多事件的进程；他是政治家，或至少是一位公法学者，他提出并渴望实现自己的理想——一位创建强大民族国家的君主，在他叙述的历史中反映了这一理想。这种历史由于反映了那种想象又添加启示和教导，它就处处成了寓言（寓言教诲）。因此，马基雅维利一方面属于文艺复兴时期思想史，另一方面属于文艺复兴时期活动史。这种情况不仅发生在政治的和社会的史学中，也发生在文学和艺术的史学中，因为在世上可能没有一位批评家，无论其趣味和观念多么无偏见和开阔，也不能不伴随其客观重构和判断，并表现出他那时代文学革新者的倾向。无论在同一本书还是同一页及同一复合句中，他这样做，就不再是批评家，而成了实际的艺术改革家。这种解释与倾向的和平相伴只在某一领域的历史中，

①　弗埃特（1876—1928），瑞士历史学家。——译者注
②　《新史学史》（慕尼黑、柏林、奥尔登堡，1911年）。
③　彼翁多（1392—1463），意大利历史学家和考古学家。——译者注
④　《欧洲文艺复兴以来的历史研究与艺术的历史》（哥廷根，1813—1820年）。

即在哲学史中才是不可能的。因为，当这里存在历史解释同哲学倾向的
差异，这种差异就会指控解释本身不充分。换言之，哲学家的理论同他
准备陈述历史中的理论相冲突，他的理论必然错误，恰恰因为它不能解
释理论的历史。但这一例外并未动摇其他领域的差异，甚至确认了那种
差异，在经验的意义上，正像显得那样，它不是例外：思想区分情感及
愿望并同后者区分开，但不同自身区分开，因为它是区分的准则。史学
史和实际倾向史的差异在方法论上的必然结果是，把对实际倾向史的考
察引入史学史应当视为错误，我觉得弗埃特在我引证的那本书中犯有不
少过错，因为他在书中把其内容分为人道主义的、政治的、政党的、帝
国的、本位主义的、新教的、天主教的、耶稣会的、启蒙运动的、浪漫
主义的、博学的、主观抒情的、民族的、中央集权的及类似的史学史。
这种划分只有部分属于或真正变为史学的概念，而大部分属于社会和政
治的生活。因此，人们发现这本书缺乏坚实的结构，虽然如此精巧和生
动；其连续划分没有充分逻辑性、连续性和必要性，它们不是产生于唯
一概念，而那一概念提出它们并通过它们展现。其后，若消除混杂其中
的真正史学部分，则余下部分当然会自成一体，但只是作为社会史和政
治史，而不再是史学史，因为历史学家的著作只是作为他写作时代倾向
的文献才被查阅。马基雅维利（为了再次举例）成为意大利爱国者和专
制公国保护者的象征，而维科（比马基雅维利更伟大的历史学家）根本
和几乎不能出现，因为他同当时的政治生活的关系疏远、一般。以上陈
述，一言以蔽之，即史学史既不是文学史，也不是文化、社会、政治、
道德等活动的历史，总之不是实际性质的历史。根据历史的不可分割的
统一性，它的确又是所有这些东西，但其重点不在实际事物，相反在史
学思想，这才是它的真正主题。

正如大家所见，这些被指出并被强调的区别，有时被忽视，产生不
好的结果。现在需要谨慎地反对另一类区别，它们被采用但缺乏合理根
据，没有给史学史带来光明和自信，反而使它模糊不清和思想混乱。

弗埃特（我抓住他，虽然这种错误不是他特有的）声明，他在书中
涉及史学理论和历史方法，仅当那部分似乎对史学产生影响。史实的历
史（这正是他引证其进程的原因）很少是历史学的历史，正如戏剧理论
史不是戏剧史一样。这可用事实证明：理论和实际往往各行其道，譬如，

正像洛佩·德·维加①的理论声明同实际戏剧作品大相径庭，以致这位西班牙戏剧家崇尚诗歌艺术，他的名言：在准备写作时"先把好规则关得严严实实"。无疑，这是一个似是而非的理由，以前我也曾经受它诱惑，但当我再思考它时，我觉得它是虚假的。现在，我以一个批判错误者的确信和权威断言，在一段时间内这也曾经是我的错误。因为那一理由是建立在艺术创作同书写历史的错误类比之上的。艺术是想象的产物，一定要同艺术理论区分开，艺术理论是反思的产物。艺术天才创造艺术作品，思辨才智产生艺术理论，在艺术家身上思辨才智往往要向艺术天才学习，以致他们干一件事，却说另一件事；或说一件事，而干另一件事。在此种情况下，不能指责他们在逻辑上不一致，因为不一致存在于两个不一致的思想之间，而从不存在于思想和想象之间。但历史和历史理论都是思想的产物，它们紧密相连，仿佛一个思想系于自身。没有一位历史学家不以或多或少反思的方式拥有其历史理论，别的不说，因为每个历史学家都明确地或含蓄地为反对其他历史学家（反对他们的"观点"和对事实的"判断"）而展开论战，若他不涉及历史是什么和应是什么的概念、历史理论，怎能展开论战和批判他人呢？艺术家，他作为艺术家，不搞论战、不批判只塑造。某人很可能阐明一种错误的历史理论，其后他却能很好地建构叙述的历史。这种情况确实不一致，但恰如史学的一个分支前进另一个分支退步时所发生的那样。或相反，历史理论极佳，而历史很糟糕。正如人们在史学的某个领域预感并尝试其良好的开端，而在所有其他领域仍停留在陈旧的方法上。史学史是历史思想的历史，在这一点上把历史理论同历史区分开是不可能的。

　　弗埃特宣称他摒除的另一东西是历史哲学，他未说其原因，却让人们知道此事，因为显然他认为历史哲学没有纯粹的科学性、缺乏真理性。但错误的历史观不仅限于所谓的"历史哲学"，还包括同历史哲学对立的自然主义的或决定论的历史观，以及上文描述过的形形色色的伪历史形式：语文性历史、诗性历史、演说性历史。我未看到他在其著述中摒除它们，正如事实上他不仅没有摒除，反而不断援引神学的和超验的历史

---

① 洛佩·德·维加（1562—1635），西班牙著名戏剧家，代表作为《羊泉村》。——译者注

观（历史哲学）。公正和逻辑希望全部摒除或全不摒除，事实上摒除而不是口头上摒除。但全部摒除的想法是不精明的，因为如何在这样的虚无中叙述史学史呢？若没有科学的史学反对同科学不符的形式的斗争，则这种历史又是什么呢？当然前者是主角，其他纯粹是主要配角。但只靠一个主角而无主要配角，一部戏剧能上演吗？即使能不直接考察语文性历史而上溯到语文学，不直接考察诗性历史而上溯到文学，不直接考察演说性和实际性历史而上溯到社会与政治史，仍然需要考虑到那些不同的精神建构为肯定实在通常发生转变，变得像真正的历史那样有价值。作为真正的历史，它们依次变为决定论的和超验的历史观，而这两种历史观是其他所有历史观的逻辑的和非逻辑的代表，其后这两种历史观最终辩证地适应，总是呈现在历史学家的视野内，因为历史思想进步的永恒条件和永恒标记就存在于它们的运动之中：从超验性或伪内在性过渡到纯内在性，以使它们回归并纳入一种更深刻的内在观。因此，我觉得从史学中摒除历史哲学不是情有可原的。由于相同原因，从历史哲学中摒除各种史学理论也是无法辩护的，史学理论是历史获得的对自身的意识。我说，由于它们同历史同质，甚至同一，它们不构成历史的偶然成分或材料要素，而是构成历史本质。关于这一点，可引证弗林特的《法国历史哲学》作为证明，他似乎从一种同弗埃特偏见相反的偏见入手，即他研究历史哲学而不是历史，却认为在书中维护二者之间的堤坝是不可能的。于是，人为设置的障碍被冲走之后，他的论述就像一条单一的河流，在我们面前展现了全部法国历史思想史，波舒哀和罗林、孔多塞和伏尔泰、奥古斯都·孔德和米什莱或托克维尔同样属于这种历史。

在这一点上，有人可能提出异议（虽说弗埃特并未提出异议，但很可能在其思想深处存在异议），人们在史学史中期待的不是历史思想史，而是具体历史的历史：是马基雅维利的《佛罗伦萨史》的历史，是伏尔泰的《路易十四时代》的历史，是尼布尔的《罗马史》的历史，历史思想史将是一般史，而人们想要的是专门史。但应当注意这一要求的意义和实现要求的可能性。若我开始写马基雅维利的《佛罗伦萨史》的历史，我将以该书处理过的特殊材料重构佛罗伦萨的历史，我会批判并充实马

基雅维利，这样我将成为，譬如维拉里①、达维松或萨尔韦米尼②。若我
开始写伏尔泰作品的材料史，我将批判伏尔泰并描述新的《路易十四时
代》，譬如，就像菲利普森所做的那样。若我开始考察和重新思考尼布尔
著作中的特殊材料，我将成为新的罗马史学家、蒙森或（还是回到近期
的学者）艾托雷·派斯或盖·德·桑克蒂斯③。难道这就是人们所要求的
吗？当然不是。若不这样要求，若想不考虑那些历史的特殊材料，则除
了构思它们的"方式"，马基雅维利、伏尔泰及尼布尔得以建构他们叙述
的"精神形式"，即他们的"理论"和他们的历史"思想"以外，还剩
下什么呢？

　　现在，假若人们遵循这一坚实真理（我未看到反对它的可能），就不
能拒绝进一步的结论。虽然此结论在某些人眼里往往感觉荒谬，但我们
感觉不是这样，我们发现此结论完全符合我们捍卫过的历史同哲学同一
的观念。可以想象一种非思想的思想吗？区分历史思想和哲学思想合法
吗？难道世上存在两种截然不同的思想？坚持断言历史学家的思想只想
事实不想理论，不说别的，仅仅承认前述真理就会阻止这样做。前述真
理是：历史学家思考历史事实的同时，也永远思考历史理论。而这一认
识又派生出：他在思考历史理论的同时，也在思考他所叙述的全部事实
的理论；的确，若不理解它们，将它们理论化，则不能叙述它们。弗埃
特赞誉温克尔曼的功绩，称他是构思艺术史、一种纯精神活动的历史而
非艺术家的历史的第一人。弗埃特还称颂加诺内的功绩，称他率先尝试
撰写一部司法生活的历史。但他们取得如此进步，恰恰因为他们拥有关
于艺术和法律的新的、更精确的概念。其后，若他们在历史建构的某几
点上犯错，则是由于他们未能始终用相同的精确性思考那些概念。譬如，
温克尔曼把艺术家的精神活动物质化了，他提出美的抽象、凝固的理想，
他脱离艺术家的气质、历史环境和个性，力求写出一部关于艺术风格的
抽象历史。而加诺内则未能克服国家与教会的二元论。无须引证其他过

---

① 维拉里（1820—1917），意大利政治家、实证主义历史学家。——译者注
② 萨尔韦米尼（1873—1951），意大利历史学家和政治家。——译者注
③ 盖·德·桑克蒂斯（1870—1957），意大利历史学家，著有《希腊人史》《罗马人
史》。——译者注

于特殊的例子，一眼即可见出：古代史学同古代关于宗教、国家、伦理、整个实在的观念一致；中世纪史学同神学和基督教伦理一致；19世纪前半叶的史学同唯心主义和浪漫主义的哲学一致；19世纪后半叶史学同自然主义和实证主义的哲学一致。因此，对历史学家而言，也无法区分开历史思想和哲学思想，因为在他们的叙述中二者水乳交融。但对哲学家而言，也无法维持这种区分，因为，众所周知或至少众口一词：每个时代都有其特有的哲学，而哲学又是那个时代的意识，因而也是那个时代的历史，至少是其萌芽状态的历史；若它们相重合，则哲学史同史学史同样相重合：前者不仅不能同后者相区分，甚至也不简单从属于后者，因为它同后者是一体。

哲学的史学业已张开双臂，邀请并欢迎历史学家的著作。它越来越深刻地理解，若忽视希罗多德、修昔底德、波利比奥斯，则希腊思想史就不完备；若缺少李维和塔西佗，则罗马思想史也不完备；若没有马基雅维利和圭恰迪尼，则文艺复兴思想史同样不完备。它应当把双臂张得更大，甚至将中世纪渺小的历史学家也拥抱于怀，由于他们注释了《主教列传》或《主教升迁史》或《圣徒传》，由于他们按自己的力量和方式证实基督教思想，而且在这方面不比伟大的奥古斯丁差。它不仅应当欢迎那些纯洁的圣徒传作者，而且应拥抱那些愚钝的语文性历史学家和社会学家，最近几十年是他们使我们快乐：证实了实证主义的信仰，决不逊于斯宾塞和海克尔在其体系中所为。凭借概念的扩大和材料的丰富，哲学的史学将能表明，哲学是扩散到全部生活的力量，它不是某些哲学家的特殊虚构和迷信，它将努力获得现在缺少的中介物以实现它同整个历史运动的紧密结合。

史学史也将从这种融合中受益，因为它将在哲学中找到自己的指导性原则，依靠哲学，它能理解一般历史问题，也能理解其作为艺术史、哲学史、经济与道德生活史的各种不同面貌的问题。到其他地方寻找解释的标准徒劳无益。弗埃特在其著作的结尾，浏览了近期的史学，即1870年以后的史学，他在其中辨别出那种高扬政治的、军事的力量的新意识，这标志着旧自由主义的终结。凭借达尔文的生存斗争的理论，紧张的经济——企业生活和世界政治的功效，埃及学和东方学的发现有助于戳穿欧洲中心论幻觉和摒除种族论魅力，这一新意识得以强化。这些观

察都是正确的，但目光只环视最近史学的躯体，而未能透视其心脏和大
脑。我已讲过，它的心脏或大脑是自然主义，是要培育历史同自然科学
和谐或实现和谐的理想。的确如此，弗埃特本人在这个偶像面前焚香朝
拜，渴望一种像构造奇巧的机器一样美好，能同赫尔姆霍兹的《音调理
论》媲美的历史形式。确实，自然科学的理想并非完美，它是历史思想
经历并还将经历的众多危机之一。历史思想是关于发展的辩证法，决不
是运用原因的决定论解释，这种解释什么也解释不了，因为它什么都不
发展。但是，无论人们怎样思考这一点，肯定无疑的是，自然主义，即
自然主义的批判能将最近几十年错综复杂的史学史理出头绪。上文列举
的相同历史事件和历史运动，按自己特殊方式运行以不断地适应自然主
义思想的框架。

此外，没有丝毫禁忌，对哲学史和史学史可用不同著作加以书面研
究，完全由于实际原因，比如材料过多，这种或那种材料要求不同的能
力和准备，这可能有益。但表面上被实际分割的东西，事实上被思想统
一起来。我曾想灌输这种实在的统一，但头脑中从未闪过学究式的迂腐
想法：制定著作写作规则。至于写作，最好让作者享有充分自由，按他
们构想的不同方案，决定写什么和不写什么。

二

希腊罗马历史学

在告知分期的性质①之后，按通常习惯——我这里也遵从这一习惯，认同史学史始于希腊人——公元前5世纪或公元前6世纪的希腊人。这种习惯只应根据其实际价值来认识，不能认为要以这种方式宣布史学的开始，即它在世上出现；相反，我们想简单地说，在那时，我们探究史学进程的兴趣变得特别活跃。历史像哲学一样，没有历史的开端，只有观念的和形而上学的开端，因为它作为思想活动是在时间之外。从历史上说，显然，在希罗多德之前，在比他更早的记述城市起源的历史学家之前，甚至在赫西俄德和荷马之前，历史业已存在，因为不能设想人们不以某种方式思考并叙述他们的事情。若不是人们将历史开端和观念开端弄混，从而导致一种幻想，似乎泰勒斯②或芝诺或喜欢的其他人迈出"哲学第一步"、完成"哲学的第一个概念"，认为这就奠定了基石，正像认为再迈出最后一步，就将登上或可登上哲学大厦的屋顶。我的澄清将被视为多余。说真的，泰勒斯和希罗多德与其被称作哲学和历史之"父"，不如被称作我们为目前发展这些学科的兴趣之"子"。我们才是自己儿子应当致敬的父亲。对他们之前或在距我们精神更为悠远的民族那里所发生的事情，我们通常不感兴趣，这不仅因为残留的文献凤毛麟角并支离破碎，还主要由于它们是同我们目前问题很少联系的思想形式。

我们已提出要区分历史和语文学，从这种区分出发，我们劝阻人们

---

① 参阅本书第62—66页。
② 泰勒斯（约公元前624—前545），希腊数学家和哲学家。——译者注

放弃迄今探寻希腊罗马史的前例，他们的做法是编制官员名册，再补充上战争的简讯、条约、征伐殖民地、宗教庆典、地震、洪水和诸如此类的东西，它们存在于年代记和祭司长年代记中、用神庙改作的博物馆中，甚至存在于佩里佐尼奥提及的钉在墙上的记事钉上。这些东西是外在于史学的，它们不是史学的前例，而是编年史和语文学的前例。编年史和语文学不是在 19 世纪或 17 世纪初次产生，或者让步，不是在亚历山大时期产生，而是属于一切时代。因为在每一时代，人们都给自己的记忆做出标记，竭力原样保存、完善并扩大那些标记。历史的历史性前例不能是异于历史的东西，而应是历史本身，正如哲学的前例是哲学、活人的前例是活人一样。然而希罗多德和他之前记述城市起源的历史学家的思想确实同宗教、神话、神谱、宇宙起源说、家系学、传说与史诗的故事相联系，它们不再是诗歌，或不仅仅是诗歌，而且也是思想，即是说形而上学和历史。后来的史学从所有思想中通过辩证过程发展起来，它们为史学提供了前提，即关于事实的概念与命题及混合的想象。尽管如此，仍促使人们更好地探寻真理和消除想象。在约定俗成地设想希腊史学开始的时刻，消除想象的速度加快。

在那个时刻，思想脱离了神话性历史及其最粗陋的形式，即奇迹的或神奇的历史，它进入了尘世的或人类的历史，即进入现在仍是我们的一般观念。以致一位杰出的历史学家建议用修昔底德的著作作为当代历史学家的榜样和典范。当然，那种摆脱和进入并不意味着希腊人同过去彻底决裂；正像在过去不可能完全缺少尘世的历史，同样不能认为从 6 世纪或 5 世纪起希腊人就完全不信神话和奇迹了。这种东西不仅在平民百姓和次要的或庸俗的历史学家的信仰中持续存在，而且在某些大历史学家那儿也留有痕迹。当我们居高临下俯视整体，就会发现环境同那时相比已完全改变。甚至在希罗多德和他之前的历史学家的著作中读到的许多寓言，很少（正如刚才正确地指出）单纯地提供，而是通常作为他人相信的东西被人收集，即使收集者并未公开反对它们，但并未接受那些信仰；或者因不知道用什么代替它们才收集，它们几乎是被当作反思和研究的材料。塔西佗在提及日耳曼人的寓言时重复说："既不想证实，也不想批驳";昆托·库尔齐奥①声明"我抄写多于确信"。希罗多德肯定不是伏尔泰,也不是修昔底德(修昔底德,"无神论者"),但他肯定也不是荷马和赫西俄德。

希腊人和波斯人的战争怎样发生和发展,波罗奔尼撒战争的始末,小居鲁士②对阿尔塔薛西斯远征的原委,罗马在拉丁姆的权力如何形成并扩展到全意大利和世界,罗马如何夺得迦太基人在地中海的霸权,在雅典、斯巴达和罗马政治制度怎样形成,哪些社会冲突持续不断,雅典公民、罗马平民、雅典世袭贵族和罗马贵族想要什么,那些彼此发生冲突的不同民族——雅典人、拉西第梦人③、波斯人、马其顿人、罗马人、高卢人、日耳曼人的美德、志趣、天赋是什么,那些指导各民族命运的伟大人物如狄米斯托克利④、伯里克利、亚历山大、汉尼拔、西庇阿是什么性格?通过举例,这些大体上是古代历史学家提出的一些问题,这些问题是由希腊和罗马生活的条件和事件所规定的,它们被一种精神形式所处理,这种精神形式已不再在事实中发现阿芙罗狄德和赫拉敌对的插曲(正如先前在特洛伊战争中一样),而发现种种复杂的人类斗争,这些斗争受人的利益驱使,发展为人类的活动。这些问题由一系列古典作品(希罗多德、修昔底德、色诺芬、波利比奥斯、李维、塔西佗等人的历史)加以解决,人们当然不能责怪他们没有穷尽自己的论题,即没有深入描述宇宙,因为从不能深入宇宙之中。那些问题只能用他们的术语才能解决,恰如我们用我们的术语解决我们的问题。不应忽视:近代史学的大部分还保持希腊人那时的面貌,我们仍像古人那样思考大部分事件,尽管添加了某些东西,不同的光照耀着一切,但古代历史学家的工作仍保存在我们的工作中:这是真正的"永恒成果",正如修昔底德对自己作品所希望的那样。

由于历史思想从神话时代过渡到人的时代,它变得生机勃勃,同时

---

① 昆托·库尔齐奥(1世纪),罗马作家,著有《亚历山大大帝传》。——译者注
② 小居鲁士(公元前423—前401),波斯王大流士二世之子,其父去世后被任命为小亚细亚总督,后发动反对其兄阿尔塔薛西斯的战争。——译者注
③ 即斯巴达人,因斯巴达为拉西第梦地区的主要城市。——译者注
④ 狄米斯托克利(公元前528—前462),雅典政治家和统帅,民主派重要人物。——译者注

探究活动和语文学也变得生机勃勃和兴旺。希罗多德已经云游四方、倾听意见、提出问题，辨别耳闻目睹的事情、看法和猜测。修昔底德已把关于同一事实的传说加以批判，甚至在其叙述中插入文献。后来涌现大批学者和批评家，他们汇编“古代事物”和“图书大全”，校勘文本，研究年代学和地理学，给予历史研究巨大帮助。语文学研究热促使人们认识到必须清晰地区分“古董商的历史”（其中有不少完整地或零碎地保留下来）和“历史学家的历史”。波利比奥斯多次讲过，根据书本撰写历史轻而易举，因为只需住在藏书丰富的城市就够了，但真正的历史要求通晓政治与军事事务，直接认识地点与人民。琉善①一再重复，历史学家必须具有政治辨别力，这种天赋不是学来的（因此，莫泽尔和尼布尔所盛赞的格言与实践并不新奇）。他认为一种更为深刻的理论认识符合更有活力的史学，以致历史理论同历史密不可分，并且同历史齐头并进。人们还知道，不应把历史降低为实践的简单工具、政党或娱乐的简单工具，它的主要功能是追求真理：“既不要大胆说谎，也不要不大胆说真话。”结果，甚至连拥护自己的祖国也受到谴责（虽然人们承认对祖国表示同情和关心是合法的）；并且斥责“在历史上无所不为的虚伪的希腊”。人们知道，历史不是编年史（年代记），因为编年史只涉及外在的事物，记住（按罗马老历史学家阿塞利奥内的说法）“做了什么，哪年做的”，而历史则竭力理解“建议何在，理由何在”。人们还知道历史不能具有诗歌的目的：修昔底德轻蔑地提到为在演说比赛中获胜而写出的历史，轻蔑地提到为取悦凡夫俗子而扩展为寓言的历史。波利比奥斯也猛烈抨击那些注意强调激动人心的细节的人们，他们描绘披头散发、泪流满面的妇女和凶残血腥的场面，他们似乎在写悲剧，仿佛他们的目的就是创造神奇和娱乐消遣，而不是真理和教诲。若修辞学史学（想象性史学和诗性史学的低劣形式）充斥着古代事物，它甚至“用黄铜冒充黄金”掺入某些杰作，则较好的历史学家的一般倾向趋于摆脱矫揉造作的修辞学家和廉价口才的束缚。但古代历史学家并不因此就丧失（就是“缺乏诗意的”波利比奥斯有时也描绘生动感人的图画）诗的力量与崇高，这恰恰属于

---

①　琉善（约120—约180），希腊修辞学家、讽刺作家。——译者注

卓越的历史叙述。西塞罗、昆体良①、第欧根尼和琉善都承认历史应采用"近乎诗人的语言"，认为历史"近乎诗，在某种方式上的自由诗"，认为"写作为了记述，不是为了证明"，认为它具有诗意，等等。优秀的历史学家和理论家所追求的不是数学或物理学论著的枯燥无味（这颇符合今天我们常听到表达的意愿），而是严肃性与严格性，是拒绝令人愉快的寓言式故事，或若不是轻浮的寓言式故事，总之是同那些从不缺少的修辞学家和历史作者划清界限，在后者的笔下，历史成了小说，甚至是蹩脚小说。他们主要希望历史应紧密联系现实生活，他们认为历史是生活的工具，是国务活动家和爱国者的有益的认识，它决不顺从游手好闲者为寻欢作乐而反复无常提出的要求。

　　这种历史理论在一些专论或关于述说的艺术的一般论著中处处可见。它在任何其他地方也不如在波利比奥斯的《历史》中穿插的常见争论表达得既充分又自觉，在书中争论本身就赋予它准确性、具体性和趣味性。波利比奥斯是古代历史学的亚里士多德，是集历史学家和理论家于一身的亚里士多德，他使那位斯塔择拉人②更加完善，因为后者在其著作的百科全书式的漫游中，对真正的历史很少感兴趣。正如古代人叙述的大部分仍活在我们的叙述中，我所记起的某些命题都包含或值得包含在我们的论著中。譬如，格言——历史应由生活专家而不是由单纯的语文学家和博学家叙述，历史从实际产生并有益于实际，若这一箴言往往被人忽视，则过错在忽视它的人们一方。这些人犯的另一过错是完全忘记了诗意，却拙劣地吹捧一种貌似解剖图或力学论文的历史理论。

　　古代史学在我们眼前显现的缺点属于另外一种。古人并不把它视为缺点，或有时仅含糊地和短暂地承认，但并不重视，否则在缺点出现后将会做某些纠正。近代精神探究情感和今天成为我们思想遗产的诸多概念及体现它们的制度是如何逐渐形成的。近代精神还想通过认识革命与过渡，从而了解希腊罗马文化如何从原始的、东方的文化演变而来，近代伦理学如何从古代伦理学演变而来，近代国家如何从古代国家演变而来，大工业与世界贸易如何从古代的经济生产方式演变而来，我们的哲

---

① 昆体良（1世纪），罗马修辞学家。——译者注
② 斯塔择拉为亚里士多德的故乡。——译者注

学如何从雅利安人的神话演变而来，20 世纪的法国、斯堪的纳维亚、意大利的艺术如何从迈锡尼艺术演变而来。因此，产生了专门的文化史、哲学史、诗歌史、科学史、技术史、经济史、道德史、宗教史，等等，它们优于关于个人的历史或作为抽象个体的国家的历史。这一切在古代史中找不到，尽管不能说完全、根本没有，因为除了人的理想和"价值"外，还有什么能滞留于人的头脑呢？另一方面，人们也不想陷入错误：将"时代"看作某种坚实的和静态的东西，然而它们是各种各样和千变万化的。我们也不想使这类划分变得实在和绝对，正如我们已指出的那样，它们不过是我们的思想在思考历史时的喘息。这种错误同前一种错误相连，即同历史的绝对开端和精神形式的暂时性相连。谁要拥有（似乎已经拥有）收集者的耐心，就会处处遇到对那些历史概念的提及。一般说来，我们已经否认古人著作中存在这类东西。任何想使古人现代化的人都能把古人的思想改写，正如已经做的那样，以便使古人思想完全类似于现代人思想。在亚里士多德《形而上学》第 1 卷中，我们欣赏他为希腊哲学发展勾勒的草图，从为说明宇宙依次提出的形形色色的自然主义解释，直至头脑受"真理本身的迫使"确立新的方向，即转向性质不同的原则，直至阿那克萨哥拉——"仿佛醉汉中的禁食者"，这样继续到苏格拉底，是他建立了伦理学，发现普遍物并加以界定。在修昔底德的《历史》的开头人们可以看到文明史的草图；看到波利比奥斯对所有艺术取得进步的论述；看到西塞罗、昆体良和其他人概述了法律和文学的进步。在关于希腊人和蛮族斗争的叙述中，在对前者的朝气蓬勃的文明生活和后者的奢华怠惰的风俗之间的斗争的叙述中，时而提示人类之间对立的人的价值。同样多的关于人的价值的概念可在民族间相互比较中发现，尤其在塔西佗的比较方式中发现，他把日耳曼人描绘成好似奋起反对旧罗马道德力量的新道德力量，或许在同一历史学家看到犹太人时感到的厌恶中发现，那些犹太人遵从的宗教仪式"同其他人相反"。最终，罗马、世界的霸主，在我们眼里有时具有人类理想的明显象征的面貌，类似于在自然法中逐渐理想化了的罗马法。但这里问题是象征而不是概念，是我们智力的归纳而不是古人自己的思想。当我们十分冷静地观察由亚里士多德勾画的哲学史时，就会发现它主要存在于作为其体系准备知识的快捷的批判性回顾中，文学与艺术史及文明史经常被一种偏见削弱，那种偏见认为这类历史不再是人类精神的必要形式，而是社会的奢侈品与精致品。在最佳的情况下，只能说到例外、偶发事件、尝试，但这一点并未改变整体印象和一般结论：古人从不拥有明言的文明史、哲学史、宗教史、文学史、艺术史、法律史，总之，他们决不拥有我们拥有的多种历史。他们没有像我们拥有的"传记"，即个人在其时代和人类生活中履行理想职能的历史；他们没有发展感，当说到原始时代时，他们很少感到那是原始时代，而是将它诗意地装扮，就像但丁通过卡恰圭达①之口，说处在古老环城内的佛罗伦萨"那时曾是和平、简朴和廉正"的。我们的维科的"艰难工作"之一，就是要透过这类充满诗意的牧歌，重新发现历史的残酷实际。不仅古代史学家，还有文献、格言和语言都对这种工作提供了帮助。

被描述的古人历史的面貌相当好地反映了他们哲学的特性，这种哲学尚未达到精神的概念，因此也未达到人道、自由、进步等概念，这些概念是精神的面貌和同义词。这样哲学就从生理学和宇宙学过渡到伦理学、逻辑学和修辞学。但这些精神学科被它图示化和物质化了，因为它们被经验地研究。于是伦理学并未超过希腊或罗马的习俗，逻辑学也未超过推理和争论的抽象形式，诗学也未超过文学体裁。结果，一切都体现为清规戒律。"反历史的哲学"受到普遍承认并被命名，但它之所以反历史，是由于它反精神，它是自然主义的。另外，古代哲学家没有告诫备受我们关注的缺陷，因为就像历史学家一样，他们都全力以赴、欣喜若狂地投入到从神话过渡到科学、从而过渡到对实在事实的收集与分类的工作中，即致力于解决他们唯一提出的问题，并且解决得非常出色，从而向自然主义提供了至今仍在利用的工具：形式逻辑、语法、论美德的学说、论文学体裁的学说、民法的范畴，等等，这一切都是希腊人、罗马人的创造。

但是，古代历史学家和哲学家没有用自己的术语，或更确切地说，没有用我们近代人的术语告知这一缺点。这不意味着他们不以某种方式受到它的困扰。每一历史时期，都有理论上提出并得以解决的问题，其他问题应视为在理论上未成熟，它们存活过，也被隐约看见过，但尚未

---

① 卡恰圭达，为但丁的先祖。——译者注

被相应地思考过。前者若是处在人类精神链条上那一时代的积极成果，后者则代表未得满足的要求，即要求以另一种方式将那一时代同未来相联系。过于注意每一时代的消极面，甚至导致忘记另一面，结果还想象人类不是通过不满意从不满意过渡到满意，而是从不满意过渡到不满意，从错误过渡到错误。但是，昏暗与不和谐是可能的，因为以前曾有过光明与和谐。因此，以它们的方式构成了进步，这从我们正在叙述的历史中可以见出，在其中我们发现昏暗与不和谐比比皆是，恰恰因为人们已脱离神话与奇迹的时代。若希腊、罗马同时不仅限于希腊、罗马，若它们不是比自身无限大得多的人类精神（希腊、罗马是其短暂的个性化），则它们就会对其历史学家的人类描绘感到满意，就不会探寻其他。但它们仍在探寻其他，即那些历史学家和哲学家在探寻。由于在他们面前有用其思想构建的大量人类生活的插曲与戏剧，他们就问自己，那些事件的"原因"是什么。他们合理地认为：这种原因只能是这件事实或那件事实，即一件特殊的事实。从而他们着手区分事实与原因，并在原因中区分原因与借口，正如修昔底德所作的那样；或像波利比奥斯所为，在开端、原因与借口之间加以区分。于是，他们卷入争辩这一或那一事件为真正原因的论战。从古代起，人们就试图揭开罗马"伟大"的"原因"之谜，随后至近代，这种尝试转向对历史思想的庄严试验，它变成迟到的历史学家手中的玩具。另一个关于全部历史的动因问题往往被一般化了。这里也涌现出一些学说，后来被延伸很长，譬如政治体制的形式是其他一切的原因的学说，还有关于气候和民族气质的其他学说。人们明显地提出并接受人类事物循环法则，认为这种循环似乎是善恶的永远相互交替，或是回归原初状态的政治形式的过程，或是从幼至壮至老至衰至亡的生长。但这类法则以往和现在能满足东方人的精神状态，而不能满足古典人的精神状态，古典人的精神状态强烈地感受到人类勤奋的价值、人类遇到的阻碍及持续的冲突对自己的激励。从而进一步提出问题：天命或不变的必然性是否压迫人，或人是否被任性的命运捉弄，或人是否被足智多谋、高瞻远瞩的头脑统治，或神对人类事物是否关心。对这些问题的回答，有时虔诚，主张顺从神的意志和智慧；有时折中，承认人的精明强干和命运的干预同样有效；有时导致一种区分：神不关心人类事物，只关心报复和惩罚。这一切概念少有确定的，它们大部分是局促不安的话语，一般具有不确定性并供认无知。塔西佗说，"声明是变化不定的"。他在这句格言中几乎概括了古人关于这些论题的思想，或不如说发现结论缺乏思想、无法理解。

对于不理解的东西，我们就不能支配；相反它倒支配我们，或至少威胁我们，它具有恶的外表。因此古人对历史的心理倾向应当说一般是悲观主义的。他们看到许多奇勋伟业的衰亡，却从未发现并不衰亡或从衰亡中崛起的更伟大的奇勋伟业。一种苦涩的波涛侵袭他们的历史。幸福、美好的人生似乎是曾有但不再有的东西，若当时尚在，也会立即丧失。对罗马人和声称崇拜罗马的人来说，它通常是原始的、严肃的、胜利的罗马。所有罗马的历史学家，不论大小，李维、萨卢斯齐奥、塔西佗，或是帕泰尔科洛和弗洛罗，全都仰视那一崇高形象，痛惜后来的腐败。过去是罗马把世界踩在脚下，但他们知道胜利者或迟或早会从女王变为女奴：这一思想以不同的形式表现出来，从西庇阿在迦太基废墟上的忧郁沉思到惴惴不安地期待接替罗马的统治，就像波斯接替巴比伦，马其顿接替波斯一样（"四大王朝"说源于希腊罗马世界，从这里渗透到巴勒斯坦和《但以理书》）。现在人们听到时而压抑时而明确地传播的问题：谁将是继承者和掘墓人？是威胁他们的帕提亚人？是富有新的神奇力量的日耳曼人？虽然，以往一种更为高傲的意识提出罗马——永恒之城的概念。当然，那种一般的悲观主义并非完全一致，因为某些悲观主义不可能如此悲观，在某些情况下，正如我们所说，在生活的这部分或那部分，对人类进步的短暂感知突然闪现，甚至像塔西佗这样悲观失望的人也曾观察到，"并非祖先的一切都胜过我们，我们时代同样产生许多值得仿效的漂亮精致的东西"，在《论雄辩家》书中的对话者注意到文学形式随时间改变，"因受忌妒之害"，人们永远赞颂古事物而诋毁新事物，对话的另一方强调生活的骚动与艺术的伟大之间的辩证关系，从而当罗马"误入歧途并土崩瓦解时"，"就产生强大的辩才"：善与恶的联系，正如在古代哲学中未被完全遗漏一样，在古代史学中也处处被肯定。譬如，萨卢斯齐奥评论说，只有迦太基反对罗马，并使它遭受磨难，罗马才会保持健康。由于斯多葛主义的影响，在共和国末期和帝国初期，人道的观念广泛传播，正如每一个读过西塞罗和塞涅加的人所知。神圣的天意被人追求，而以前通常不是这样。西西里的狄奥多罗斯①许诺将各民族的历史按一个城市的历史研究。但这还是些虚弱、空洞、呆滞的思想（譬如，许诺者狄奥多罗斯完全没有遵循其伟大的导论），无论如何，它们预告了古典世界的解体。在此期间，关于历史意义的问题尚未解决，因为无论上文提及的命运或神的矛盾概念，还是在许多古代神话中表现出的确信普遍恶化、衰落或倒退，都绝不是对此问题的解决。

由于尚未认识到精神价值即历史的内在与进步的力量，即使古代最伟大的历史学家也不能保持史学著作自主性的稳固与纯洁，在其他方面他们发现并肯定了这种自主性。虽然他们揭穿那类历史的骗局：实际上它们只是诗歌、谎言和派别偏见，或沦为娱乐工具和哄骗老实人的奇闻逸事；但另一方面，他们从未摆脱历史应以开导并主要以教育为目的的先入之见，在当时真正的他治性仿佛成了自主性。他们都赞同这一点，修昔底德建议，叙述过去的事件以预言未来的事件，在人类兴衰的不断重复中，它们是同一的或相似的。波利比奥斯探寻事实的原因，以便应用于类似情况，他断定那些未被预料的情况并不重要，它们因其不规则性，不会服从规则。塔西佗的兴趣主要在道德而不在社会和政治，根据自己的兴趣，他认为自己的根本目的是收集体现美德和恶习的非凡事实，"不使美德静默而息，要使后人畏惧妖言秽行与恶名"。在他们之后的所有小历史学家、一切伪君子，由于模仿或无意识的反应或虚情假意，都肤浅地重复大历史学家源于深刻动因的东西，包括萨卢斯齐奥们、第欧根尼们、狄奥多罗斯们、普鲁塔克们，以及所有历史精英、国务活动家、船长、哲学家甚至妇女（妇德）的值得记忆的言行的节录者。古代史学被称作"实用的"，应在此词的双重含义上，即古代和近代的含义上理解：当它仅限于事实的尘世的和人类的方面，尤其限于政治交易（波利比奥斯的"实际"）时，或当用反思和告诫来美化它时（同一历史学家和理论家的"必然的真理"）。

这种历史他治理论并非总是纯粹的理论、序言或框架，它有时行动并把非史学要素掺和到历史中。譬如，历史人物未曾发表或未曾提到何

---

① 西西里的狄奥多罗斯（公元前 1 世纪），希腊历史学家，著有《历史丛书》40 卷。——译者注

处发表的"演说"或"高谈阔论"，却被历史学家先虚构或修修补补，后放入历史人物口中。我以为错误在于，把它看作古代史学中幸存的"史诗精神"，或视为对叙述者修辞能力的简单证明。因为，若前种认识可适用于通俗作家，后种说明可适用于某些修辞学家，则对大历史学家来说，那种伪造的根源仅是他们根据理论接受的履行教诲和忠告的职责。但将这样的目的赋予历史，历史真理的内在性、实在与想象之间的区别（尽管在另一方向上已加以区别）将发生相当程度的动摇。因为想象的东西对那个目的有时相当有用，甚至比实在的东西更好。这里不说柏拉图，因为他蔑视超验观念之外的任何知识。亚里士多德似乎也从未问过：历史和诗歌，哪个更具真理性。他不是竟然说过历史比诗歌更少"哲学味"吗？若真是这种情况，为什么历史不应利用诗歌和想象的帮助呢？无论如何，我们应反对这种更严重的错误，我们要用警觉的批判目光探究真理，将想象的演说和其他增补的部分清除或减少到最低程度，但不能放弃教育目的的信念和决心。因为有必要为历史预先确定一个目的，在真正目的尚未发现时，教育目的近乎代行真正目的的隐喻的职能。在波利比奥斯的著作中，批判的警觉性、科学的严肃性、对丰富而纯朴的历史的渴望都达到很高程度，以致人们倾向于把这位迈加洛波利斯城的历史学家归入伟大的异教徒之列，中世纪想象许可他们进入天堂，或至少许可进入炼狱，作为对他们通过奇特的道路认识了真正上帝的回报，以奖励他们强烈的道德意识。但是，若我们非常冷静地考察，就必须顺从地把波利比奥斯放到地狱的边境，尽管感到心灵的"巨大的悲伤"，那才是欢迎"在基督教之前的"和"并未适当崇拜上帝"的人们的地方。他们是很有价值的人，到达了边境，甚至踩到了边界，却从未越过边界。

三

中世纪历史学

由于相同原因，不应当把任何历史叙述的开端视为绝对开端，也不应当用简单化的方式理解各个时代，似乎它们严格遵循在其一般性质中表现的确定性。我们要谨慎小心，不要把人文主义历史观同它所表征或象征的史学的古代等同起来，总之，不要把永恒的理想范畴变为历史范畴。无疑，希腊罗马史学是人文主义的，即不仅具有我们所提及的一切确定性，而且具有人文主义在古代历史学家和思想家那里的特殊面貌，这种面貌在每人那里或多或少各不相同。其后，不仅它是人文主义的，而且其他形态也实至名归，可能还在它之前，就像必定在它之后数世纪的形态一样。把哲学史和史学史描述成一系列只经过一次的虚假理想，并把哲学家变为范畴、把范畴变为哲学家，把德谟克利特和原子论、柏拉图和超验观念、笛卡尔和二元论、斯宾诺莎和泛神论、莱布尼茨和单子论化为同义词；把历史缩减为"王朝史"，就像一位德国批评家讽刺地说过的那样；或按一种"一系列水桶理论"（消防队员用手传递小桶的理论）去研究它，正如一位英国人幽默地说过的那样。这样做或许有吸引力，但也是人为的（同进步的真正概念相反）。从而，真正的历史似乎尚未在世上出现，或因历史学家和批评家现在呼吁，仿佛它才首次闪现。但我们知道，每种历史见解在刚出现时都是适应的，但随后总不适应。

人们在考察从古代史学到基督教、中世纪史学过渡时陷入迷惘，这足以证明上述警示是适时的。为什么在这一过渡中，人们发现重新面对一个神话和奇迹的世界，就其一般特征来说，似乎它同古代历史学家所宣扬的那个世界同一？这肯定不是进步的进程，而是坠入深渊，所有关于人类不断进步的美好幻觉也一同坠入深渊。中世纪仿佛是深渊或谷底，实际上在当时就有人这样认为，在文艺复兴时期看得更为清楚，至今大家仍公认那个形象的比喻。由于我们只限于这单一史学，起初产生迷惘的印象，最终把中世纪初期史学的命运描绘得如此灰暗，正如我们的阿道尔弗·巴尔托利①在其《意大利文学史》导言卷中所言，整卷书被恐怖的呼喊和为避免看到过多丑恶而掩面所打断。关于图尔②的格列高利，他写道"我们处在一个思想低落到令人怜悯的世界，处在一个不存在历史概念的世界"，历史还变为"神学的低贱的婢女，即一种精神失常"。在图尔的格列高利之后（巴尔托利继续写道），更是急转直下："看看弗雷德加里奥吧！他真是集轻信、混乱、无知于一身，而且达到无以复加的程度。此前的文明在他身上所剩无几。"在弗雷德加里奥之后，靠僧侣的编年史，人们向着虚无又迈出一大步，这件事似乎不大可能。在这里"我们几乎看到那个瘦骨伶仃的僧侣每 5 年或每 11 年将战战兢兢的头伸出密室的狭小窗户，想亲自核实人们是否死绝，然后立即把自己封闭在牢笼中，他在里面活着只是为了等死"。要反对这种令人恐怖的景象（使得现今的批评家们颇像那个骨瘦如柴的僧侣，是他们使那个僧侣的生动形象突然浮现在我们眼前），就必须断言神话、奇迹、超验的确重返中世纪，即那些理想范畴几乎用古代的力量重新活动，重新恢复古代的强健，但它们并未在历史上返回到希腊化前的世界的同一理想范畴。我们必须在它们的新表现中，坚持不懈地探寻即使由图尔的格列高利、弗雷德加里奥，甚至僧侣编年史作者做出的实际进步。

　　神性从天而降，神人同形同性地参与人类事务，在不够强大的人们中间，他是强大者和超强者。现在神是圣徒，圣彼得和圣保罗为支持这一或那一民族进行干预；圣马可和圣乔治、圣安得烈或圣亚努阿里奥领导战斗队伍，他们相互竞争，有时彼此反目，玩弄阴谋诡计。重新提出是否参加礼拜活动构成战役胜负的原因，中世纪诗篇和编年史充斥着这类故事。这些观念同古代观念相似；甚至在历史上延续了古代观念；这

①　阿道尔弗·巴尔托利（1833—1894），意大利批评家和语文学家。——译者注
②　法国安德尔—卢瓦尔省城市。——译者注

些观念不仅在于（正如多次指出）将这一或那一细节赋予流行的宗教，将神改扮成圣徒或魔鬼，而且主要在于实质的东西。古代思想把命运、神性、神秘莫测的事物留在人文主义的边缘，从而造成在最严肃的历史学家那里也未完全消除奇人异事，或至少大门敞开，它可以再次进入。众所周知，古代晚期的哲学、科学、历史和风俗充斥着大量"迷信"，在这方面古代晚期在智力上并不高于新生的基督教，反而低于后者。在新生基督教中，逐渐形成的寓言，人们信仰的奇迹，都精神化了，它们不再是"迷信"，即某种同一般人文主义观念无关的和不和谐的东西，而是同新的超自然主义的和超验的观念十分和谐，因为它们就是这些观念的伙伴。由于，神话和奇迹在基督教中得以强化，变得在整体上不同于古代的神话和奇迹。

它们不仅不同而且更高尚，因为它们包含更高尚的思想：这是具有精神价值的思想，这种价值不为这一或那一民族所特有，而是属于全人类；古人有时也触及全人类的概念，但从未拥有它，而古代哲学家徒劳无益地探寻它，或仅达到抽象设想阶段，这种设想未能撞击整个灵魂，相反深刻思考的思想和基督教做到了这一点。保罗·奥罗西奥在其《反异教徒史》中表达了这一点，他用一种任何希腊罗马哲学家所不能发出的音调表达："到处是我的祖国，到处是我的法律和宗教……广阔的东方，富饶的北方，扩展的南方，以及大岛上最富饶最安全的地方都在我的权力和名下，因为我是作为罗马人和基督徒走近基督徒和罗马人的。"人类的美德，即人类精神上的美德，接续了公民的美德，由于宗教信仰和人类善行，它符合了真理。基督教名人队伍同异教徒名人队伍相对立，而且比名人还要好，他们是圣徒，在《教父传》或《隐修士传》中，在基督的忏悔师、殉教者、真信仰的宣传者的传记中，涌现出新的普鲁塔克。新的史诗表现信徒同非信徒、基督徒同异教徒和伊斯兰教徒的冲突。人们对这种冲突的意识超过希腊人对于希腊人同蛮族或自由民同奴隶之间冲突的意识，后一种冲突通常被理解为天性不同而不是精神价值的不同。基督教会历史出现了，它恰恰不是雅典或罗马的历史，而是它代表的宗教和教会的历史，是它的斗争与胜利的历史，即真理的斗争胜利的历史。这在古代社会没有前例，古代社会的文化史、艺术史或哲学史，正如大家所见，没有超越经验阶段，而基督教会史以精神价值为对象，靠精神价值澄清并判断事实。人们将会看到，指责基督教会史压倒和压迫世俗历史，在某些方面和某种意义上有理，但一般地批判那种历史观念不是情有可原的，甚至当我们这样表达指责时，却无意中对它大加赞扬。实际上，精神史（可以用阿维托的诗题称呼它）不能也不应只充当简单角色，也不容忍身边有敌手，而应当像女王一样统治并像一切一样显赫。因为伴随基督教的出现，历史变为真理的历史，同时也就摆脱了偶然和机遇，而古人常使历史沉溺其中。基督教承认历史有自己的规律，这不再是自然规律、盲目的天命甚至星辰的影响（圣奥古斯丁反驳异教徒的这种学说），而是理性、智慧、天意。这一概念并不外在于古代哲学，但现在它从理智主义和抽象主义的桎梏中解放出来，变成热烈而丰饶的东西。天意指导并安排事件的进程，让它们奔向一个目标，容许恶作为惩罚和教育的工具，确定各大帝国的伟大和灾难以便为上帝的王国做准备。这意味着，首次真正粉碎循环的观念、人类事物永恒回归其起点的观念、达娜伊得斯们[①]徒劳无益的观念（圣奥古斯丁也反对循环论），历史首次被理解为进步。古代历史学家未能发现进步，只是偶尔瞬间瞥见，他们深陷令人沮丧的悲观主义，而基督教的悲观主义却被希望之光所照耀。这里若要尊重科学，我们就应高度重视关于各大帝国的后继者和各大帝国，尤其是罗马帝国所起作用的争论，罗马帝国在政治上统一了世界，从而使基督教在精神上统一世界，也应高度重视关于反对基督教的犹太教的地位的争论。这些问题获得各自不同的解决，但有一个共同前提：是神的智慧想要那些事件、那些伟大与衰落、那些欢乐与痛苦，因此所有这些都曾是神的行动的必要手段，它们为实现历史的终极目的而不断竞争，它们相互联系，不是作为盲目原因的连续结果，而是作为过程的各个阶段。这里历史不再是波利比奥斯的含义——他叙述相互发生关系的国家的历史，而是应该理解为普遍史，而且是更深刻含义上的普遍的历史，即典型的普遍的历史——既受上帝考验又趋向上帝的历史。甚至最简单的编年史，由于具有这种精神，也享有崇高的荣誉，这种精

---

　　① 达娜伊得斯们，希腊神话人物，埃及王子达那俄斯的 50 个女儿。达那俄斯被迫将女儿嫁给埃古普托斯的 50 个儿子，就秘嘱女儿们在新婚之夜杀死新郎。除一人外，其他人都照办了。后杀死丈夫的达娜伊得斯们在冥界受罚，她们永不停息地往无底的桶内倒水。——译者注

神是希腊罗马古典历史所没有的，它使人们认为编年史在细节上离我们很远，虽然在总体上编年史很接近我们的头脑和心灵。

这就是基督教带给历史思想的新问题和新解答。我们应当肯定它们构成人类精神的可靠并永远有效的财富，正像古人的政治思想和人文主义思想一样。该撒利亚的优西比乌斯①应同希罗多德并称近代历史学之"父"，无论它②多么不情愿承认那位野蛮的作者和其他被称作"教父"的人是自己的祖先，但它大部分应归功于他们，尤其是圣奥古斯丁。若不是适应我们时代的基督教会史的形式，即信仰胜利和传播的历史、反对黑暗势力斗争的历史、在不同时代对福音或喜讯所作相继准备的历史的形式，我们的文化史、文明史、进步史、人类史、真理史又会是什么呢？叙述这一或那一民族在文明活动中所尽的职责和所具优势的近代历史，不是符合通过法兰克人完成上帝的丰功伟绩以及中世纪史学的其他类似形式吗？我们的普遍史，不仅要在波利比奥斯的含义上，而且要在基督教的含义上，即在净化和升华的观念上理解普遍；从而我们在接近历史的庄严性时，就会陶醉于宗教情感。

人们将观察到，这样介绍督教观念时，就把它相当程度地理想化了。这是真的，但可以说这是按我们将古代人文主义理想化的相同方式和程度做的，古代的人文主义不仅是人文主义，还是超验和神秘。基督教史学像古代史学一样，回答了它提出的问题，但未回答后来才形成的其他问题，因为那些问题不是它提出的。狂想和神话伴随其基本概念就证实了这一点。正如我们业已指出的，奇迹与神迹笼罩着基督教史学，这恰恰证明新的更高尚的上帝的理想并不完整，上帝的概念变为神话，其行为变为寓言式的奇闻。即使当人们不再谈论奇迹，或者奇迹虽未被摒弃但被缩小、弱化以致缄默无言时，仍然存在神性与真理的奇迹，神性与真理被理解为超验的并同世俗事实相割裂和对立：这也证明基督教精神超越古代精神，不是靠思想的稳健与平静，而是靠情感的撞击和幻想的冲动。超验性导致将世俗事物视为外在和反抗神的事物：因而出现上帝和世界、天上之城与地上之城、上帝之城与魔鬼之城的二元论，这种二

---

① 优西比乌斯（4世纪），基督教主教、教会史著述家。——译者注
② "它"指代近代历史学。——译者注

元论可追溯到最古老的东方观念（帕西人①的宗教）。凭借天意的历史进程观念，这种超验性得以减弱但未内在地加以纠正，而天意的历史进程却内在地受到顽固的二元论的损害。上帝之城摧毁了人间之城并凌驾于人间之城，却未说明人间之城无罪，尽管按其天意的和进步的原则的逻辑，处处努力争取做到这一点。圣奥古斯丁被迫说明罗马幸运的原因，他靠诡辩摆脱了困境，他说上帝让罗马人伟大，作为对他们美德的奖赏，虽然这些美德是尘世的、不能获得天国的光荣，但也值得作为尘世的光荣而受到短暂的奖赏。这样罗马人永远被上帝摒弃，然而不像其他遭上帝摒弃的人那样该受诅咒。哪里没有真正的宗教，哪里就不可能有真正的美德。观念的冲突不显现为真正事物在其生成中的对立形式，而只是魔鬼的简单挑唆，以扰乱完美的和神奇的真理。该撒利亚的优西比乌斯把异端视为魔鬼的作品，因为是魔鬼先怂恿西蒙·马哥，后怂恿米南德和萨杜尔尼诺及巴西利德所代表的神智的两个方向。弗赖律的奥托②把罗马帝国继承巴比伦帝国想象为儿子继承父亲，把波斯人和希腊人的王国想象为罗马帝国的保护者和导师。他发现罗马帝国的政治统一是基督教统一的序曲，为使人们的头脑"能更快捷更敏锐地理解重大事物"，使它们服从纪律，崇拜一人、皇帝，敬畏一座执政城市，让它们学习认识"只应有一种信仰"。接着同一个奥托想象整个世界"从最早的人到基督……除少数以色列人外，都被谬误所骗，全沉迷于无稽的迷信，被魔鬼捉弄，被尘世诱惑所困扰"，"在魔鬼头领率领下"战斗，直至"成熟时机来临"，上帝才派遣他的儿子来到地上。拯救灵魂说是作为上帝赞同赐予的恩惠；"不应得的上帝的恩惠"，不再是这一观念的偶发的赘疣，而是它的基础和逻辑补充。基督教的人性注定变为非人性。虽然圣奥古斯丁以其气质的力量，及对上天的持续凝视令我们肃然起敬，但他缺乏同情心，他的生硬和残酷同样冒犯了我们，他所说的"恩惠"在我们看来仿佛可憎的偏袒和专横。然而，记住如下情况会受益匪浅：通过这些情感和想象的波动和偏向，基督教史学为超越二元论做了准备。若探寻非基督徒的基督徒品性、因人的本性赐予所有人的恩惠、异端的真理、

---

① 帕西人，8世纪逃到印度的琐罗亚斯德教徒的后裔。——译者注
② 奥托（约1114—1158），德国编年史家，德皇巴巴罗萨（红胡子）之叔。——译者注

异教徒美德的优点，是近代逐渐成熟的历史的任务，则完成这一任务的基础是：基督教所做出的两种城市和两种历史的划分与对立，就像它们在天意的神圣统一中想象的统一也是一个良好的开端。

这种二元论的另一众所周知的面貌是教条主义，即无力理解精神在其不同活动与形式中具体地特殊化。这就解释了人们指控基督教会史战胜并且蛮横压迫其他历史的原因。实际上这种战胜确实发生，因为基督教会史或精神史，不是在精神的具体普遍中发展，而是植根于精神的一种特殊确定性。所有人类价值都耗尽在一件事上，即坚定基督教信仰和执着为教会服务：这样抽象地设想的价值就丧失其内在优点，而深陷物质的静止的事实之中。确实，生机勃勃和灵活多变的基督教意识，经过几个世纪的发展之后，在这种教条中僵化了。那种物质化的和静止的教条必然成为普遍的尺度，根据是否触及神的恩惠，对任何时代的人们做出是虔诚还是亵渎神明的判断。普鲁塔克就是一部神圣的神父和信徒的传记，这位普鲁塔克排斥并压制任何其他的世俗的普鲁塔克。因此，超验的教条主义被确定为苦行主义，以苦行主义的名义，人类的全部实际历史都被鄙视、恐惧和哀伤所笼罩：人们发现此种情况在奥古斯丁、奥罗修斯①和弗赖律的奥托身上最为突出，但至少在中世纪早期的一切历史学家和编年史家身上也能发现此种倾向的痕迹。德摩比利战役对弗赖律的奥托启示了什么思想？"编写这样一部找不到出路的有害的东西令人生厌；但我愿谈谈以扼要说明人世的灾难。"亚历山大的业绩又启示了什么思想呢？"由他开始的马其顿王国君主制，在他死时同归于尽。"与苦行主义相联系的有中世纪历史学家的轻信，这种轻信多次受到人们的瞩目和嘲笑（不要把它同信仰源于宗教的奇迹混为一谈）：这种轻信通常归因于想象的优势或使书籍短缺、批判回应困难的社会条件，即归因于他们期待将被解释的东西。漠不关心确实是轻信的主要根源之一，因为无人轻易相信密切关注的东西和正在洽谈的生意，另一方面（正如日常生活所证明），人人轻易相信或多或少不大介意的流言飞语。苦行主义减弱了人们对世俗事务和历史的兴趣，促使人们忽视书籍、文献及它们的散失，促使人们轻信所有听到或读到的东西，让想象展翅高飞，任自己在奇闻

---

①　奥罗修斯（4—5世纪），生于葡萄牙的基督教作家，是奥古斯丁的学生。——译者注

趣事中漫游，从而不利于提高辨别能力。苦行主义不仅在真正的历史中这样做，而且在自然科学或科学史中也这样做。拥有宗教的终极真理的人对自然史也是冷漠的。中世纪史学的个性化薄弱也应归因于苦行主义，通常它只满足于好类型和坏类型（像同时代的造型艺术一样，在中世纪史学中缺少"肖像"），它更缺少地域与时间的历史差异的意识，用它那时代的服饰装扮人物与事件。它甚至发展到编写想象的历史和伪造文献以描绘设想的典型：从拉文纳的阿涅洛开始，他声明撰写那些拉文纳主教的传记，但又对他们的生平一无所知，他说"我相信那不是虚构的"，因为若他们曾身居高位，就必然善良、仁慈和热忱，如此等等；直至伪伊西多尔①教令集。苦行主义还是编年史形式在中世纪走运的内在原因，因为忽视特殊事实的智慧后，就只需把观察到或提及的事实记下，其中没有任何思想上的联系而只有年代学上的联系，以致在中世纪历史学家的著作中，频繁出现以创造世界和人种分布开始的伟大历史同枯燥的编年史的结合（初看很奇怪，但并不缺少逻辑的连贯性），而编年史则遵循另一崇高原则，越是接近作者的时代和地域，它就变得越特殊和越偶然。

设想有两座城市：上帝之城与人间之城。另外，确定了解释原则的超验性，就不能在智慧中而只能在神话中探寻二元论的构成，神话使敌手中的一方获胜从而结束斗争：这就是关于堕落、救赎、期待的基督王国，最后的审判和两座城市最终分离的神话，一座城市如同选民升上天堂，另一座城市如同罪人进入地狱。这种神话在犹太教所期望的弥赛亚中就有前例，在奥尔菲教中也有前例；并通过神智，逐渐形成千年至福说、其他尝试以及异端，直至圣奥古斯丁才采取一种确定或几乎确定的形式。有人说过，在这种观念中形而上学同历史同一了，同与希腊思想对立的全新思想同一了，并说这完全是基督教对哲学做出的贡献。但这里需要加以补充：神话并未统一形而上学和历史，相反混淆了形而上学和历史，把无限变为有限，避免了事物不断轮回的循环谬论，但陷入在时间上开始并结束的进步的另一谬论。因此，历史被组织成时代或精神的阶段，通过它们，人类诞生、成长和自我实现。根据不同的划分和计算方法，历史分为六个、七个、八个时代，它们时而符合人类的年龄，

---

① 伊西多尔（约560—636），西班牙基督教神学家，西方最后一位拉丁教父。——译者注

时而符合创世的天数，时而这两种模式相结合。或接受圣哲罗姆对《但以理书》的解释学，连续事件被分配在四大王朝，罗马帝国是最后一个，不仅在时间顺序上，而且在观念上都是如此，因为在罗马帝国之后（众所周知，中世纪持续拥有一种幻觉——罗马帝国像神圣罗马帝国一样完整无损地存在下来）就不会再有其他国家，无疑接替它的将是上帝的王国或教会的王国，其后就是敌基督者和最后的审判。在年代学上历史尚未抵达终点，但因终点为体系所固有，故在观念上可以建构，正像建构《启示录》一样，它被灌输到各种神学著作中，甚至被灌输到各种历史中，在历史的最后章节中（从弗赖律的奥托的著作中可见一斑）都要描绘敌基督者和世界的末日：一种未来事物历史的观念从中产生，荒谬的弗朗西斯科·帕特里齐①在其《论历史》（1560 年）的对话中继续加以理论化。这种一般历史图景在细节上可能处处不同，但它从未被破坏和扰乱。直至圣奥古斯丁，它在东正教中才发生变化，其后在持不同政见者和异教徒那里也发生变化。其中最引人注目的变化当属约雅敬派的永恒福音说，他们把历史分为三个时期，正好对应三位一体的三位：第一时期为旧约时期或圣父时期，第二时期为新约时期或圣子时期，第三时期即最后时期为圣灵时期。这是些人为的组合和调和，生活总试图通过它们在挤压它和威胁窒息它的预想模式间寻求出路。

但是，这种调和还不能克服在各个方面表现出的实在与模式之间的不和谐，因而中世纪十分珍视的譬喻性解释就必不可缺了。这种解释本质在于在模式和历史实在之间架设一座桥梁，即添加一个熔二者为一炉的想象性形象，因此只能在想象中过桥。这样，神圣的历史和世俗的历史的人物与事件都被譬喻化了，再导入精密的数字计算，并伴随想象的新贡献而继续这种计算，以找到二者之间的一致和相似。不仅人生的年龄和创世的天数同历史时代置于平行线上，而且美德和其他概念也是如此。这种发明一直延至今天，在关于虔诚的书籍和不甚狡猾和不够现代的宗教演说家的布道词中可见。"自然的王国"也包括在譬喻性解释，正像历史与形而上学相互拼凑和混合一样，自然科学也同前二者拼凑和混合，一切全以譬喻出现在中世纪百科全书中，即《万神论》与《世界

① 帕特里齐（1529—1596），达尔马提亚哲学家、数学家和博学者。——译者注

通鉴》中。

尽管有不可避免的偏离，视历史为人类精神戏剧的新观念虽向神话倾斜，却生机勃勃地活动着，以致削弱了历史的古老的、他治的概念，即认为历史旨在提供有益于实际事物的教诲。现在，历史本身就是教诲，即对于人类生活的认识，从它在地球上被创造，经它的奋斗，直至最后状态，这最后状态被指定在或近或远的地平线上。历史因而成了上帝的作品，成了通过上帝的直接显现和直接述说的教诲的作品，在历史的各个部分都可看见上帝的显现，都可听见上帝的声音。当然，如下声明并不缺少甚至颇多：通过阅读历史使人受到教益，尤其是教导人们多行善事、莫行恶事。这种声明有时是传统的和约定俗成的，有时具有特殊目的，但就其核心而言，中世纪史学不被视为他治的，因为它不能被视为他治的。

假若苦行主义污辱了灵魂，假若奇迹使头脑迷惘，那么，则不必相信它们有力量完全并长期压制实在。恰恰因为苦行主义是武断的，奇迹是想象的，并且或多或少是抽象的，就像譬喻性解释一样，这种解释无力消除事物的实在确定性。在口头上可以容易地蔑视并谴责人间之城，但它却强迫人们注意它，即使它未向才智开口，也向灵魂和激情述说。基督教在其朝气蓬勃时期也被迫容忍经济、政治和军事利益启示的世俗史同宗教史并存。此外，正像在中世纪除有史诗与圣歌这些宗教诗歌外，还由于是一个攻占领土、民族冲突和封建斗争的时代，于是继续了一种世俗史学，它或多或少同宗教史相混合并相调和。甚至热忱的基督徒和虔诚的僧侣也忍不住想把所属民族的记录收集起来并传给后代：图尔的格列高利谈到法兰克人，保罗·狄亚科诺谈到伦巴第人，贝达谈到盎格鲁人，韦杜金多谈到撒克逊人。在职业信徒和宗教刑罚约束的情况下，他们异教徒的和政治支持者的心脏从未停止跳动。他们不仅痛惜人类普遍的贫困和不公平，而且也哀叹那些触及特殊情感的东西。譬如，正如大家所见，僧侣艾盖姆佩尔托"从内心深处发出崇高的叹息"，他抓住保罗的历史线索，以叙述他的光荣的伦巴第人的业绩（他们已被驱赶至意大利南部，受到所有匪帮的攻击与包围），"不是王国而是废墟，不是幸福而是灾难，不是凯旋而是灭亡"。克雷莫纳的琉特帕兰多让上帝以统治者和惩罚者的身份干预任何事件，甚至让圣徒亲临战场；但他也注意到基多死后贝伦加里奥就挺进以图谋夺取王国，而基多的追随者要求兰贝尔托做国王，"意大利人总愿有双重君主，以便他们互相牵制"：这也是给封建主义下的定义。他们对许多事物十分轻信，这些事物远离深刻利益而富于想象。但涉及他们所属的教会和隐修院、家族与封建团体、公民团的财产和特权时，他们不仅不轻信，而且目光锐利、警觉并多疑。由于这些利益，才形成了档案馆、登记簿和年代学，才能进行批判以辨别文献的真伪。基督教新美德的概念压制但未消灭对古罗马英名的赞誉（最严厉者认为这是罪大恶极的），它也压制但未消灭对世俗文明的众多作品、雄辩、诗歌、世俗审慎的赞赏。其后，也未禁止对阿拉伯或犹太、阿拉伯智慧的赞赏，尽管同它有宗教冲突，但其作品仍受到热烈欢迎。因此，应当说，像希腊罗马的人文主义并未完全摒弃超自然一样，基督教的超自然也未去除人类对于世俗激情和尘世活动的关注。

从中世纪早期过渡到中世纪晚期，当世俗史学（如同常言所说）因教会与国家的斗争、城市国家运动、欧洲各国之间及同东方的贸易日益频繁等原因而取得进步时，这种状况变得越发明显。反过来上述变化也是思想发展成熟和近代化的结果，思想同生活一起成长并促使生活成长。无论生活还是思想都未停滞在教父、奥古斯丁、奥罗修斯的观念上，对他们来说，历史仅提供了对困扰人类的无限的恶、上帝永无休止的惩罚、"迫害者死亡"的证明。弗赖律的奥托比其他人更严格遵循奥古斯丁的思想，但人们可以发现在他那里恩惠说的严酷性变得温和，其后他在叙述教会与帝国的斗争时，若不能说他拥护帝国，至少也不能说他坚决支持教会。一般说来，正如构成其大部分作品的末世说观点并未使其实际感与政治判断迷失方向。反对非信徒的信徒党仍然是个"大党"，仍然有阶级间（上帝的选民与上帝的摒弃者）及国家间（上帝之城与人间之城）的伟大斗争。但在那宽阔的画面里又补画上特殊形象、其他党、其他利益，并且它们逐渐占据前景、中景和后景，以致上帝与魔鬼之间的斗争越来越被驱赶至边缘，变得模糊一片，成了某种总作为前提，但精神上感觉不到既积极又急需的东西，成了某种经常谈及但未苦思冥想，至少未像用词语企望人们相信的那种活力去思考，那些词语本身听起来像叠句，既虔诚又常用。奇迹的地位越来越低，它们更少出现：上帝更情愿因次要原因而不是通过直接革命的干预起作用，因为他尊崇自然法则。

编年史体形式也变得连贯些和不太枯燥，到处都有优秀的编年史家要求一种不同的"秩序"，说到底要求一种聪明才智，人为的秩序或内在的秩序同自然的秩序、外在的或编年史体的秩序对立起来（从 12 世纪以后变得明显）。有人在区分"只按年份描述"和"在历史学家笔下环环相扣"，也就是依对象进行分组归类。历史学的一般面貌改变不小，我们只看意大利历史，不再有关于奇迹和圣体升天的小册子及主教的历史，而只有城市国家的编年史，它们全都因对封建主和大主教的热爱，对帝制一方或对反帝制一方的热爱，对米兰或贝尔加莫或洛蒂的热爱而激动不已。曾令盖姆贝尔托痛苦的悲剧，通过以更强的声音叙述巴巴罗萨在米兰的行为而重演，其题目为"一部充满痛苦忧伤、困厄艰辛、烦躁苦闷的小书"。对自己城市的热爱侵占了钟爱天国事物的地盘，对米兰、贝尔加莫、威尼斯、阿玛尔菲、那不勒斯的赞美声回响在编年史的字里行间。于是，这类编年史逐渐大量涌现，虽然它们仍从巴比伦塔写起，但主要写打动人心并能激起作家勤奋的那座城市和那个事件的历史，由于作家的缘故，它们同未来或现在生活中的人与事纠缠不清。在大圣年来到罗马朝圣的乔万尼·韦拉尼，没有被庄严的苦行精神、神圣场面所震撼，带着对尘世的蔑视而腾云驾雾。相反，"置身于圣城罗马参加接受祝福的朝圣，看到了那座城的伟大而古老的事物，读到了罗马人的历史和伟大事件"，从中他受到启示去撰写他的佛罗伦萨——"罗马的女儿和作品"（是古代罗马而不是基督教罗马）的历史，佛罗伦萨像罗马一样，曾登上顶峰并创建伟业，后又陷入衰落。因此，"神圣"和"受福"并未使他产生神圣和有福的思想，反而产生了尘世伟大的思想。西西里的诺曼和施瓦本王国的史学（在王国宪法序言中，宣布设立君主是"迫于事情的自身需要，不亚于神的预见的推动"），是更严肃的世俗的、形式上和历史上更精致的史学，它符合城市国家的史学；它有它的罗穆阿尔多·瓜尔纳、修道院住持特勒西诺、马拉泰拉、乌格内·法尔康多、彼特罗·达·埃博利、里卡尔多·达·圣杰尔马诺、伪亚穆西拉和萨巴·马拉斯彼纳。所有人都有自己的英雄，诺曼人有鲁杰罗和威廉，施瓦本人有腓特烈和曼康多，他们颂扬英雄善用铁腕建立并维护稳固的政治体制。法尔康多·迪·鲁杰罗说："当时西西里王国，英雄豪杰辈出，陆地上和海洋里势力强大，威震邻近种族，享有充分的和平与安宁。"所谓伪亚穆西拉说腓特烈二世①"是个心胸开阔的人，但他治理的智慧远超过宽宏大量，他从未一时冲动去干某事，而是深谋远虑地采取一切行动……因为他不仅自己研究哲学，还命令在全国推广，当时正值西西里王国昌盛时期，而国内很少文人学士或根本没有；确实国王本人在王国内设立了许多自由职业和各种崇尚科学的学校……为使任何身份的人在任何条件下都不放弃学习哲学的机会"。人格化为异教首领的腓特烈的国家、世俗变化、"哲学"就这样醒目地显现了。一方面，关于国家的日益世俗的理论（从但丁，甚至从托马斯·阿奎那到帕多瓦的马尔西里奥），以及文学史（诗人及知识界名人的生平、俗语文学的兴起）和风俗史（譬如在费拉拉的利科巴尔多著作中的某些章节）的雏形，同这类政治与文化思潮结合起来。另一方面，经院哲学借助亚里士多德的著作关注那些问题和概念，这些问题和概念仿佛是对古代知识的初步的扼要的复兴。但丁的诗（无需述说）成为这种精神状况的纪念碑；在此种状况下，中世纪观念得以保持，但政治、诗歌、哲学方面的偏好，对声名和光荣的钟爱也证明了自己的力量，虽说它们从属于那些观念并尽可能地受其约束。

但那些观念毕竟得以保持，甚至在帝国主义者及教会敌人那里也是这样，只有极少头脑在怀疑和嘲讽之间否定了那些观念。凭自己意志命令、安排和指挥一切，奖善惩恶、神奇地干预的上帝的先知及超验性，仍在远处的背景里存在着，在但丁和乔万尼·韦拉尼那里是这样，在所有历史学家和编年史家那里也是这样。在15世纪末，神学的观念奇怪地出现在法国人科米内的著作中，同那种为获成功的精明的无偏见的政治并存。尘世是丰富、变化和复杂的，但它缺少参照的理想中心。因此它主要是生活而不是思想，主要显现出细节的丰富性而不是体系。从亚里士多德主义过渡到经院哲学的文化的古代要素，没有强有力地起作用，因为特别强调的那部分亚里士多德主义同基督教思想和谐一致，而基督教思想已被教父在超验的形式中柏拉图化和教条化了。因而人们甚至可以看到：哪里经院哲学占上风，哪里史学兴趣就停止，就会对（波兰人）马尔蒂诺的纲要感到心满意足，他那份纲要曾被广泛而长期地使用，足

---

① 腓特烈二世（1194—1250），生于意大利耶西，红胡子之孙、亨利六世之子；神圣罗马帝国皇帝、德意志国王和西西里国王。——译者注

以撰写为证明的或司法的目的而引证的东西。要迈入进步的新时代（总在进步，但在称作"进步的时代"里，精神的运动加快，在数百年缓慢成熟的果实被迅速摘取），就需要自觉地、直接地在生活和思想的整体上否定超验性和基督教的奇迹、苦行和末世说。这种否定的术语（天国生活和尘世生活）已被中世纪晚期史学着重指出，但通常任凭它们共同存在并发展，二者之间没有发生过真正意义上的接触和冲突。

四

文艺复兴时期历史学

　　否定基督教超验性是文艺复兴时代的事业，用弗埃特的话说，那时史学已经"世俗化"了。莱奥纳多·布鲁尼和布拉乔利尼为史学思想的新立场最早做出令人瞩目的榜样。在他们的历史著作中，在他们之后所有相同形式的历史中，尤其在马基雅维利和圭恰迪尼的优秀著作中，几乎看不到"奇迹"的任何痕迹，它们被记载只是为了受嘲讽或用纯粹人类的方式去解释；对个体的性格和兴趣的锐利剖析代替对神意干预的信仰；教皇们的行为和宗教斗争本身经常用功利激情去解释，并且只关注它们的政治方面。四大王朝的模式，因随后敌基督者的来临，实际上任其消亡；现在，历史是从帝国的变迁叙述起；甚至如同萨贝利科九卷集的普遍史也不再遵循传统的教会秩序了。世界的编年史，奇迹的、神学的、《启示录》的普遍史，变成了缺乏教养的人们及大众的读物，或只存在于文化落后的国家（如当时的日耳曼），或同天主教的、新教的教派史学范围很接近。天主教和新教的史学都保留了中世纪的大部分东西，而新教史学可能保留的还要多些（至少初看如此），尽管新教能处处调节自己以顺应时代潮流。这一切都被弗埃特用其细节阐述得很清楚，我想从他的书中摘取某些观察和消息，再将它们重新安排，并用我的加以补充。在中世纪晚期的政治史学中，正如我们所说过那样，神学观念已被抛到边缘；现在，即使在边缘也不存在，若有时我们偶尔听见说它们的公式，那些公式恰恰如十字军反对土耳其人时所编造的要解放基督墓的借口，它们被布道者、乏味诗人、浮夸的演说家继续重复，但它们在实际政治和意识中再也得不到回应，因此它们不过是空洞无物的声音。对神学主义的否定，历史的世俗化，不仅在实际中完成，而且丰富的意识未将它们分开。因为，正如经常发生的那样，许多头脑自然地趋向事实或精神新需求发生的地方，虽然论战并非总是真刀真枪地干，甚至往往谨小慎微地进行，但实际同史学理论相符的证明十分丰富。如博丹[①]这样严肃的历史理论家的批判就否定了四大王朝模式，他专门同"四大帝国的根深蒂固的谬误"作战，证明这种模式是根据但以理的梦随意推测出的，证明它同事实的实际进程决不相符。马基雅维利和圭恰迪尼嘲讽神学和奇迹，这里引述他们的名言似乎多余：圭恰迪尼（这一位足矣）注意到所有宗教都以奇迹自诩，因此奇迹不是任何一种宗教的证明，可能只是"自然的奥秘"。他叮嘱人们，千万不要说上帝因某人行善而相助、因某人作恶而惩罚他，因为"人们往往看到相反的情况"，总之上帝正义的忠告只能是无底的深渊。保罗·萨尔彼虽然承认"是虔诚的、宗教的思想把任何事件的安排都归因于神意"，但他觉得是"推测"确定"事件被最高智慧引向的目的是什么"，因为人们的意见同情感密切相关，"他们确信上帝钟爱和支持的，就像他们钟爱和支持的一样"。从而他们推断说，譬如，上帝让茨温利[②]和埃科兰帕迪奥几乎同时死去，为的是惩罚和除掉不和睦的牧师，但确定无疑的是，"在他们二人去世之后，福音派各州在他们接受的学说方面取得巨大进步"。这种宗教的谨慎的精神倾向比激进、冲动精神的公开无理的倾向更有意义，正像赋予历史新意义的结果一样意义重大，如当时人们注意到史学工作在各处扩展，真正意义上的语文学派形成，此学派不仅研究古代，还研究中世纪（瓦拉、弗拉维奥、彼翁多、卡尔基、西格尼奥、贝亚托·雷纳诺等人），它恢复并出版文本，评论资料的真伪与价值，逐渐形成考察证据的技术，并撰写博学性历史。

再自然不过的是，这种史学的新形式仿佛是对希腊罗马的回归，就像基督教似乎是对伊甸园历史（由于基督教的赎救，这一异教的插曲终结）重演一样。

---

① 博丹（1530—1596），法国法学家。——译者注
② 茨温利（1484—1531），瑞士宗教改革领袖。——译者注

在今天的某些人看来，中世纪仿佛倒退到希腊化以前的野蛮时期。这种倒退的幻觉表现在对经典古代的崇拜，反映在文艺复兴的鉴识者所熟习的一切文学、艺术、道德、风俗的表现中。在我们现在探讨的特殊领域内，可以发现一种奇怪的文献，它使语文学家和批评家难以确信希腊和罗马的作家像中世纪作家一样，可能自欺、欺人、伪造、歪曲，被情欲牵着鼻子走，被无知搞得盲目。因此，中世纪宗教受到严厉的批判，而希腊罗马作家受到尊敬和认同。需要不少时间和很大努力，才能对希腊罗马作家达到相同的精神自由，而对文本与资料的批判同中世纪历史的联系比同古代历史的联系早得多。但那种倒退幻觉的最大证明与纪念物是同中世纪史学类型相反的人文主义史学类型。中世纪史学主要是编年史体，而人文主义史学虽按希腊罗马榜样接受年代与季节的排序，但尽可能多地去除数字说明，力求做到行云流水，避免年代学的支离破碎和雕琢矫饰。在中世纪，拉丁文变得粗俗了，它吸纳了各民族俗语的语汇，或用新方式指示新事物的语汇。人文主义历史学家把一切思想和所有描述译成或修饰成西塞罗风格的拉丁文，或无论如何也是黄金时代的拉丁文。在中世纪编年史中，人们经常读到描绘生动的逸事；人文主义虽然还历史以尊严，却去除了这种生动形象的描述，或是对其减少和淡化，就像它对各野蛮世纪的事物和风俗所采取的方式一样。这种人文主义的史学，就像文艺复兴的新学问、语文学批判和整个运动一样，都是意大利的产物。在意大利用俗语写出的历史很快就以它为样板，发现薄伽丘的拉丁化散文是特别适应它们目的的工具。这种史学从意大利传播到其他国家，就像一种工业从创始国输出到处女国，都要从创始国聘请首批工人和技术骨干一样，欧洲其他各国的人文主义历史学家都是意大利人。其中佼佼者有："替高卢人写历史"的维罗纳人保罗·埃米利奥，他在其《论法兰克人的战功》中为法国人写出了法国人文主义历史；波利多罗·维吉尔为英国，卢齐奥·马利奈奥为西班牙，其他许多人为其他多国也做出了类似贡献。直到此类本土学者产生，意大利学者才成为多余。进而需要抛弃那件过肥或过紧的披风，因为它不是按近代思想的体形裁制的，其中人为的、夸大的、虚假的东西受到指责。此外，人们已清晰地指出这些缺点在这一文体的建构原则，就是模仿。但谁要留恋过去，就会欣赏那种人文主义历史散文，认为那是钟爱古代和渴望提高到古代的表现，这种钟爱和渴望如此强烈，以致除了较好的东西外，当缺少较好东西时，就毫不犹豫地复制外在的和无关紧要的东西。大约在人文主义史学产生三个世纪后，天真烂漫的姜巴蒂斯塔·维科抱怨"没有一位君主想到用拉丁文大手笔让著名的西班牙王位继承战争永垂史册；除了第二次迦太基战争、恺撒和庞培的战争、亚历山大大帝和大流士的战争之外，世界上再无比它更伟大的战争了"。我说什么呢？就是现在的黎波里战争时期，从意大利南部省份的腹地——那是个别人文主义者幽灵尚存的小地方，有人建议为这场战争编写名为《利比亚战记》的拉丁文述评。这个建议遭到普遍嘲笑，也令我哑然一笑，当我回忆起我们的父辈和祖辈长久地虔诚地追求美好古代和庄重史学的理想时，在胸中油然而生某种怜悯之情。

但是，我们已经说过，对这种回归的有效性和可能性的确信是一种幻觉：一切都不会回归到以前的存在状态，正如一切存在过的东西都不能被消除一样。即使有人恢复了一种古代思想，新的对手会将捍卫内容更新，会使那一思想本身更新。以前我读过一位法国天主教学者的小册子，他为中世纪洗刷某些愚蠢的指责，批驳涉及它时人们不断重复的庸俗错误，他认为中世纪是真正的现代，是真正具有永恒现代性的现代，因此那个名词不适合，"中世纪"应指从 15 世纪至今，从宗教改革到实证主义这一时代。我想，这一理论足以同一再贬低中世纪在古代之下的理论媲美，这两种理论似乎都是外在于历史思想的东西，历史思想不认识回归，只知道中世纪把古代深藏胸中，文艺复兴把中世纪深藏胸中。若对古代世界不知或几乎不知，那么基督教和中世纪深刻感悟的"人性"，"人文主义"又是什么？若不是从宗教语言汲取比喻，"文艺复兴"或"革新"又能是什么？先把词语放一旁，人文主义概念难道不是对一种精神的普遍价值的肯定吗？若是这样，正如我们所知，这种肯定距离古代精神、距离与基督教一同出现的"教会"史和"精神"史对其内在继续太远吗？无疑，精神价值的概念已变化和丰富，并且自身汲取了千年以上的精神经验、思想和活动。但它在这种丰富中却保留了原初特征，并形成新时期的宗教，这种宗教有自己的神父和殉教者、自己的论战和辩护、自己的不宽容（破坏中世纪建筑或任其毁灭，贬斥中世纪作家以致被人遗忘），有时甚至模仿中世纪的崇拜形式（纳瓦杰罗每年焚毁一部马齐亚莱的作品，用以燔祭纯拉丁风格）。由于人道、哲学、科学、文学，尤其是艺术、政治等各种形式的辛勤活动，以其多种多样的确定，也已充实中世纪仅在宗教信仰中提出的价值概念；因而历史和历史概要继续作为种种确定和分类出现，对中世纪文学来说，它们当然是新东西，同希腊罗马文学相比，它们同样是新的，因为在希腊罗马文学中几乎没有或根本没有与之相符的东西，或者仅限于那些按经验和外在方式写出的论著。价值的新历史害羞地露面，在某些部分模仿极少的古代典范，但它们显示出热情、智慧、灵感，从而预示它们将增长和发展。然而古代的价值历史不仅未发展，反而遭受失败，它们被不断地表面化，并最终重返虚无缥缈而消逝。我们只要提起瓦萨里的《画家传》就足以代表这类历史了。这些传记是同意大利人在论著、对话和书信中对艺术的沉思与研究有联系的，处处闪耀在古代从未闪现过的光芒。对于当时人们尝试并或多或少幸运成功的诗学与修辞学著作、围绕诗歌作品所作的判断、新的诗歌史，也可以这样说。构成马基雅维利沉思对象的"国家"，已不是古代的单纯的国家，即城市和帝国，而几乎成了感悟为某种神圣东西的民族国家，为了它甚至值得牺牲灵魂拯救，即它是能真正拯救灵魂的机构。还有马基雅维利和其他人用以反对基督教美德的异教美德，也同希腊罗马精神的真正倾向大相径庭。在那个时代，尽管处在对古人的模仿中，但已开始对法律、政治形式、神话、信仰、哲学体系诸多历史的研究，这类历史今天已空前繁荣。由于人文主义自身意识的产生，扩大了已知世界的边界，寻找并找到《圣经》上无记载的民族，希腊罗马作家也不知道那些民族。在那个时代产生了关于野蛮人和美洲土著人文明的文学（还出现了关于遥远的——不如说探险的亚洲文学），从中产生人类生活的原始形式的最初概念。于是，伴随物质边界的扩大，人类的精神边界也扩大了。

　　不仅我们看到"回归古代"的幻觉，而且文艺复兴时期的人们早就或不太迟也看到了。并非所有人都适应人文主义文学的描述类型，有些人同马基雅维利一样，纷纷脱掉满是衣褶和裙裾的披风，他们更喜欢近代祖胸露臂的短衣。在那个世纪的进程中，不断响起反对模仿和学究气的抗议声，哲学家大造亚里士多德的反（先是中世纪的亚里士多德，其后才是古代的亚里士多德），他们呼吁超越亚里士多德和柏拉图的真理。

文学家捍卫新"体裁"的权利，艺术家不厌其烦地说大师就是"自然"和"观念"。人们预感到：面对"谁是真正的古人"，即"谁是智力上成熟的专家"这个问题，回答"是我们"的时刻已不太遥远。古代的象征将被打破，以便置身于实在之中，即人类思想之中，而人类思想的态度不断更新。尽管该回答能迟缓地变得清晰和确定，并成为共识的对象，但这个回答终归要出现，只是不要把象征同象征物互换，就足以澄清回归古代的真正性质。

这种象征性的外衣，即偏见与误解的原因，笼罩着整个人文主义观念，但这不是文艺复兴所沾染的唯一恶习。当然，这里我不说困扰一切历史的派别立场，其困扰程度要视那些历史的作者而定：他们是学者兼充任维护其君主的朝臣；或是如威尼斯那样的贵族的、保守的共和国的官方历史学家；或是在同一国家的敌对双方，如佛罗伦萨的贵族派或平民派；或甚至就是支持相反宗教教派者，比如马格德堡百人队①成员和巴罗尼奥②。这里我们不谈变成小说家的历史学家（有时小说家也变成历史学家，如班戴洛③），也不谈那些提供消息以激起好奇心或制造丑闻的人们。那些东西所有时代都有，不配限定特定史学时代。但是，若只考察是历史思想或想成为历史思想的东西时，则文艺复兴史学就深受两种恶习之害，这是从它们的祖先——古代和中世纪继承下来的。来源于古代的主要是抽象人文主义的或常言所说的实用主义的概念，它倾向用个人的个体性和分化或用抽象的政治形式或诸如此类的东西解释事实。对马基雅维利来说，君主不仅是理想，还是他用以理解事件的标准；君主不仅在他的政治著作中出现，而且在他的《佛罗伦萨史》中也出现。在那本书中，在对5世纪意大利的条件进行恐怖的和想象的描述之后，一开

---

① 马格德堡百人队，是对从1550年起在德国马格德堡开始编撰多卷本《教会史》的新教学者的集体称谓。——译者注

② 巴罗尼奥（1538—1607），神圣罗马帝国的意大利历史学家，曾任梵蒂冈图书馆馆长，从1588年至1607年撰写12卷本《教会编年史》，同马格德堡百人队的观点针锋相对。——译者注

③ 班戴洛（1485—1561），意大利小说家，著有《故事四书》，共收214篇短篇小说。莎士比亚根据其小说改编成戏剧《罗密欧与朱丽叶》《第十二夜》和《无事生非》。——译者注

头人们就遇到狄奥多里克①的伟大形象，由于他的"美德"与"善行"，不仅罗马和意大利，而且西方帝国其他部分"从它们多年忍受的蛮族洪水般的入侵造成的连续灾难中获得解放，赫然崛起，恢复了良好秩序和相当幸福的形势"。在那类历史叙述的几个世纪中，同一形象又以形形色色的化身重新出现，甚至在描写佛罗伦萨社会斗争结束时，人们读道，那座城市"已经达到那种程度：能轻易地被一位贤明立法者改组为任何形式的政府"。同样，圭恰迪尼的《意大利史》开头就描述"意大利在15世纪末的幸福因不同机遇获得并因众多原因维持"，其中并非微不足道的原因是"洛伦佐·迪·梅迪奇②的勤奋与美德"，他"殚精竭虑地维持意大利事务的平衡，使它们不偏向这方或那方"；在相同意图方面，阿拉贡的斐迪南③和摩尔人路德维科④可同他媲美，"部分因相同原因，部分因不同原因"，威尼斯人在他们三人面前止步不前。这一完美的力学平衡系统，在洛伦佐、斐迪南和教皇死后被打破了。那时的所有历史学家都具有相同风格，虽然人类精神价值的生动意识正逐渐形成，正如人们所见，仍把这类价值视为仿佛由个人的意志或天才决定而不是相反。譬如，在绘画史中，瓦萨里的"君主"称作乔托，"他虽生于平庸的工匠之家，但由于上帝赐予的天赋，使走了弯路的绘画重新复苏并提高到可称为优秀的形式"。传记在不断地个人化，但没有达到个人及其事业的或其事业同个人的完美融合。

机遇与运气的观念同实用主义概念一起继续存在，在古代前者就是对后者的补充。马基雅维利把事件的一半归于运气，一半归于人的谨慎，虽然重心落在谨慎上，但要求人的谨慎并不消除运气的神秘和超验的力量。圭恰迪尼同那些把一切都归于谨慎和美德而摒弃"运气的力量"的人展开论战，因为可以看到，人类事务"每时每刻都受到偶发事件的巨大推动，那不是人类力量所能预见和逃避的，虽说人类的机警和敏捷可

---

① 狄奥多里克（约454—526），意大利的东哥特王国国王，他征服意大利并实行33年和平统治，施行种族平等和宗教信仰自由政策。——译者注
② 洛伦佐·迪·梅迪奇（1452—1516），佛罗伦萨政治家、统治者和文艺保护人。——译者注
③ 阿拉贡的斐迪南（1452—1516），即斐迪南二世，1468年为西西里国王。——译者注
④ 路德维科（1452—1508），米兰大公。——译者注

以抑制某些事情，但还不够，还需要好运气"。当然，在马基雅维利那里似乎处处显露另一概念——事物的力量和逻辑，但仅仅是个瞬间即逝的影子；对圭恰迪尼而言，它也是个影子，当他补充说，即使想把一切都归于谨慎和美德，"至少需要承认降临、出生在你自诩具有的美德或品质受到推崇的时代非常重要"。仅在这点上圭恰迪尼沉思默想，仿佛他瞥见一种既非个人意志也非运气偶发事件的东西："当我思考人生遭逢的疾病、机遇、暴力等无限形态的意外和危险，在一年中需要聚集多少事情才可望获得丰收时，我看到一位老人和一个丰收年就会感到十分惊奇。"但即使这里也未克服不确实性，此种情况是在惊愕中表现出不确实性。伴随运气观念的恢复，伴随异教神崇拜的恢复，不仅基督教的上帝消逝了，而且理性、目的和发展的观念也随之一起消逝，在中世纪的概念中这些观念以有缺陷的和神话的形式得以肯定。古代的、东方的人类事务循环的观念又回归了。它在所有文艺复兴历史学家，尤其在马基雅维利那里，都占上风：历史是生与死、善与恶、幸福与贫困、辉煌与衰落的交替。瓦萨里对绘画史的理解同其他艺术史一样，它"像人体有出生、有成长、有衰老、有死亡"，他关注在其著作中保存对他那时代艺术繁荣的记忆，"以避免绘画艺术或因人们的疏忽、或因时代的恶意、或因苍天的命令（似乎上苍不愿下界的事物长久保持原状），而遭受同样的毁灭与混乱"，在中世纪它已遭受劫难。博丹批判并摒弃四大王朝的模式，指出黄金腐蚀变黄铜、甚至变陶土的说法荒谬绝伦，赞颂了他那时代的文学、贸易、地理发现的光辉成就，他尚未将这些成就归结为进步，而归结为循环。他批判那些认为一切都今不如昔的人们，"按永恒的自然规律，看来所有事物都沿圆周循环运动，以致同样美德之后邪恶即至，有识之后无知即至，高尚之后无耻即至，光明之后黑暗即至"。我们从古代历史学家那里听到悲哀的、愁苦的、悲观的语调，有时甚至爆发出悲剧性的呼喊，常常在文艺复兴时期历史学家那里能再次听到，他们看到特别珍视的许多东西消逝了，他们为正在享用的东西忧心忡忡，或至少因想到它们迟早必让位于与之对立的东西而放心不下。

　　由于这一概念界定的历史，不是进步而是循环，不受历史发展规律制约，而受自然循环规律制约，这种自然循环规律赋予历史规律性与一致性。从而文艺复兴时期史学就像希腊罗马史学一样，其目的在自身之外，它只为自身提供原材料，用以劝人向益向善，满足不同娱乐或修饰抽象的真理。在这方面史学家和史学理论家观点一致，只有帕特里齐这样的怪人独出心裁，他对认识过去发生事情的益处和叙述本身的真实性表示怀疑，但最终陷入自相矛盾，也提出一个外在目的。圭恰迪尼在《意大利史》序言中写道："从对这些如此不同和重要的情况的认识中，每人为了自己和公共的利益，都能找到许多有益的文献，从而通过无数事例清晰地显示人类事务是多么不稳定，统治者轻率的决定对自己往往有害、对民众永远有害；当他们眼前只有虚荣的错误或现时的贪婪时，从未记住命运的变幻无常，把为拯救公众而授予他们的权力变为对他人的损害，由于不够谨慎或野心勃勃，他们反倒成了新的骚扰制造者。"博丹认为在历史叙述中"不仅应适当地解释现在，而且也应涉及未来，确定应梦寐以求什么，应竭力避免什么"。康帕内拉认为历史应撰写成"各门科学的充分基础"。福西厄斯的定义注定在几个世纪内的论著中出现："为了美好幸福的生活，认识并记住个别事物是有益的。"因此，在那个时代历史知识似乎成了最低级最容易的认识形式（这种判断持续至今），从而博丹认为历史除有用、有趣外，还很容易，容易到"无须任何技能相助，本身就能让人人理解"。真理被置于历史叙述之外，文艺复兴时期所有历史学家，就像他们的希腊罗马前辈，采用或多或少想象的演说或高谈阔论，而所有理论家（从《奥克蒂》时的彭塔诺到《历史艺术》时的福西厄斯）都捍卫这种做法，这不仅仅是对古代典范的屈从，而且是他们的确信使然。终于德·拉·波佩里涅尔在其所著的《史学史和完美历史观念》（1599 年）中，常常口若悬河地灌输历史的精确性和真诚性的责任，却奋起捍卫虚假的"高谈阔论"，其高妙的理由是，最重要的是"真理"，而不是表达真理的"词语"。总之，历史的真理不是历史，而是雄辩术和政治学。若文艺复兴时期的历史学家几乎都未实施雄辩（当时的政治结构给雄辩留下的空间极小），他们所有人或几乎所有人都成了政治学著作的作者，他们所受启示同中世纪的作者截然不同，后者有宗教的和伦理的概念，前者恢复并推进了亚里士多德和古代政治学作家的思辨。同样，历史艺术的论著在中世纪无人了解，在文艺复兴时期迅速扩展（在 1579 年的《历史艺术文库》中可查阅大部分），恢复并繁荣了希腊罗马理论家的研究。

　　由于这一时期的史学具有已说过的反动性，由于众所周知，它把新的神性、即人性放置在古代神性圣坛上，只能说它以另一种形式再现中世纪史学的某些缺点。文艺复兴处处竭力把一个理想同另一个理想对立起来：由于经院哲学探寻上帝和灵魂的事物，它就想限定在自然的事物上，圭恰迪尼和其他人把哲学家、神学家和所有"撰写超自然或看不见事物"的人们的研究称作"疯狂"；因经院哲学按亚里士多德方式界定"科学论及普遍"，康帕内拉就针锋相对地提出"科学论及个别"。同样，那时的文人偏爱拉丁语，不承认中世纪形成的新语言、中世纪的文学和诗歌；那时的法学家偏爱罗马法摒弃封建法典；那时的政治家偏爱贵族与君主专制摒弃代议制。那时形成作为整体的中世纪概念，这一整体同由古代和古代—近代构成的另一整体相对立，中世纪甚至成了搋进古代与近代之间的令人讨厌和痛苦不堪的楔子。当然，"中世纪"一词相当晚才成为正式术语，用于历史著作的书名或各章题目（似乎是在 17 世纪末，见切拉里奥的手册），在此之前只偶尔出现。但那一特定概念长期以来悬在空中，即在所有人的头脑中并靠其他词语相助，诸如"野蛮时代"或"哥特时代"。瓦萨里则用"古代"和"古老"的区分来表达，他把君士坦丁、科林斯、雅典、罗马及尼禄、韦斯帕芗、图拉真、哈德良和安东尼诺①建立的其他名城以前的事物称作"古代的"，而将"源于圣西尔维斯特罗以后的事物"称作"古老的"。总之，界限分明：一方面是光辉灿烂，一方面是漆黑一团。在君士坦丁之后（同一个瓦萨里写道），任何一种美德都消逝了，"美好"灵魂和"高超"天才都败坏为"最丑恶"和"最低劣"的，"新基督教"的狂热虔诚对各门艺术造成无限损害。这意味着不折不扣的二元论，人们认为二元论正是中世纪观念的本质特征之一，虽说它以不同方式被确定，因为现在上帝是（尽管未公开声明）古代、艺术、科学、希腊罗马生活，而上帝的敌手，即其叛逆者和遭其摒弃者，则是中世纪、"哥特式"神庙、粗陋的神学和哲学、那时丑陋而残酷的习俗。但恰因两个术语的各自功能颠倒了，它们的对立继续存在。若基督教未能理解异教并承认是其子女，则文艺复兴也未能承认自己是中世纪的子女，也不能理解已终结的时代具有积极的和持续的价值。因

---

　　①　安东尼诺，公元 138 年至 192 年有四位姓安东尼诺的罗马皇帝在位。——译者注

此，正如已指出的那样，两个时代都将各自以前时代的纪念物毁坏，或不予重视或任其消失。自然，文艺复兴程度要轻，其表现方式不够激烈。由于人道观念的作用，其心灵深处受到某种前一时代重要的模糊情感的折磨，以致在那一时代就形成上文提及的博学者和语文学家的学派，此学派致力于中世纪文化、文物的研究。但博学者终究是博学者，他们不踊跃参加当时的斗争，虽说他们收集那个时代的遗物和重新整理编年史。他们往往按当时的庸俗看法做出判断，因此发现博学者蔑视他们整理的材料，断言他们研究的诗人一钱不值，或说毕生致力于其历史的那个时代令人讨厌和丑恶，就不足为奇了。要想让几百年来博学者积累成堆的古旧东西放出智慧的光芒，还需付出极大努力。在文艺复兴时期，中世纪是令人厌恶的，即使它被研究时也是如此。憎恶与钟爱的戏剧在形式上并无不同，而且两方对抗的程度没有缓和，那时在天主教徒和新教徒之间进行，新教徒称教皇是敌基督者，把罗马教会的至尊性称作不义的秘诀，并编写一部当不义称雄时奋起反抗它的虔诚之士的真实见证人名录；天主教徒以同样罪名抨击路德及其改革，编纂了异端、撒旦的见证人名录。但是，这种宗教教派的斗争是过去的延续，通过缓和与消散可逐渐结束；而前一种斗争则是未来的前提，只有通过长期努力并借助新的更高的概念才能被超越。

五
启蒙运动历史学

　　紧接而来的史学把古代和中世纪的双重困惑推到极致。这种无偏见的激进立场使它具有典型面貌，有权被视为一个特殊史学时期。起初近代精神披着由对希腊罗马的回忆编织的象征性外衣，现在它已被撕碎、被扔掉了。如下思想逐渐产生并被普遍接受：古人不是各民族中最年长和最有智慧的人，而是最年轻最无经验的人；近代人应自认为真正的古人，即富有经验、思想最成熟的人。不披外衣的理性以其自己的英名受到尊敬，它遵从希腊人罗马人的榜样和权威，他们在野蛮时代的文化和风俗面前代表了理性。人道主义，即对人类的崇拜，也以"天性"的名义，即朴素的一般的人性被偶像化了。用拉丁语书写的历史变少了，或只有博学者才这样做，而用民族语言书写的历史增多了。人们不仅批判中世纪的伪造和寓言，批判由既轻信又无知的修士在修道院里完成的作品，而且批判古代历史学家的著作，首先对罗马历史传统提出怀疑。尽管对古人仍怀有同情之感，但对中世纪的厌恶与憎恨与日俱增。所有人都感到并都在说，不仅脱离了黑暗，而且脱离了黎明前的黑暗，理性的太阳已在地平线上升起，用鲜活的光线照耀并照亮智慧。人们随时以坚定信念和巨大力量谈论"光明""照亮"之类的词语，从而，从笛卡尔到康德这一时期被称作"光明"时期、"启明"时期或"启蒙"时代。伴随它们的还有另外一个词语，以前很少听到或其含义十分狭窄，现在开始流行了，那就是"进步"。它变得越来越执着和熟悉，以致成为判断事实、引导人生、构建历史的标准，成为专门研究的对象和一种新历史——人类精神进步的历史。

但这里人们看到基督教思想和神学思想的固执与潜力。人们经常说到的进步可以说是没有发展的进步，它主要表现为一种满足与安全的叹息，就像一个历经磨难，终于走运的人的叹息。他冷静地注视现在，相信未来而不想过去，或回想片刻也是为抱怨其邪恶、鄙视和嘲讽它。请看伏尔泰先生，他是启蒙运动历史学家中最聪明又最杰出的代表，他写了《论风俗》一书，以帮助他的朋友夏特莱侯爵夫人"克制厌倦"，这种厌倦是"罗马帝国衰落以来的近代史"造成的，他用讽刺的笔调论述那一历史。再请看孔多塞①的著作《人类精神进步史梗概》，它给整个世纪做了概括，在书后出现遗嘱（也是作者本人的遗嘱）：现在多么幸福，即使在革命的屠杀中也是如此，展望未来无限美好，但对产生现在的过去只有鄙视和嘲讽。他们坚定地肯定他们迈进的时代幸福。伏尔泰说：那时"从欧洲的这端到那端，人类比以前任何时代获得更多的光明"。现在人类挥动无人抵抗的武器："对付魔鬼的唯一武器是理性，阻止人类陷入荒谬与邪恶的唯一方法是启示它；为回击信仰狂热，务必予以揭露。"当然，人们并非不同意过去也存在美与善：若它们曾受迷信和暴力的压迫，则它们必然存在过。"人们看见，在历史中许多错误和偏见交替产生，并且驱逐真理和理性；人们看见，能干者和幸运者征服无能者、榨取不幸者；还有这些能干者与幸运者本身就是命运的玩具，就像他们所控制的奴隶一样。"不仅存在过善，尽管它受到压迫，却在某种程度上起过作用："在这些掠夺和破坏中，我们看到了对秩序的钟爱，它在秘密地鼓舞人类，并防止人类完全败落：这是重振力量的大自然的权限之一……"进而不要忘记"伟大的时代"，那是因贤人和帝王的功绩而使艺术繁荣的"数世纪"——历史的"四个幸福时代"。但是，这种时有时无的善软弱无力并暗中进行，或者一现即逝，它和新时代的善在量和力上的差别变为质的差别：这样的时刻来临，人们学习思考，修正自己的观念，在他们眼中全部过去的历史，就像登上坚实陆地的人所看到的波涛汹涌的大海。当然，在新时代并非一切都值得赞美，相反不少东西应该斥责："各种陋习几乎在全球成为法律；若众多圣贤哲人聚

---

① 孔多塞（1743—1794），法国数学家、革命家、哲学家。

会制定法律，哪里会有形式保持完整的政体呢？"新世纪离理性理想的距离遥远，它只能自认为通向完美理性或幸福的简单一站，甚至在康德那里都可发现关于社会形式限度的想象，他身后还拖着陈旧的唯智论哲学和经院哲学。或许人们未发现最终形式，但预感到一连串令人头晕目眩的光芒四射的社会形式以代替它。但这一连串光芒四射的形式，或者说向最终形式的前进及对滥用的破坏，是以前数世纪做过插曲式的尝试后从启蒙时代真正开始的，因为只有这一时代才走上正确、宽阔、安全的道路，这是一条被理性照亮的道路。在那个时代出现一种以卢梭为代表的学说，它把被普遍接受的想象颠倒，未把理性放置在近代或不久的或遥远的将来，而放置在过去，不再是希腊罗马的或东方的过去，而是史前的过去、"自然状态"，历史表现为对自然状态的背离。这种理论被表述的想象不同，但实质上它同普遍承认的理论完全一样，因为那种史前"自然状态"在实在、历史中从未存在过，表达了一种应在不久的或遥远的将来有待达到的理想，这种理想在近代第一次被指出，因此能实际开始前进，不管是实施还是回归。无人能掩盖这全新世界观的宗教性质，它用世俗语言重复上帝即真理与正义（世俗的上帝）、尘世天堂、救赎、千年期等基督教概念；它同基督教一样，把以前全部历史同自己对立起来并加以谴责，在其中只看到一点微光就感到欣慰。那时宗教、尤其是基督教成为猛烈抨击的目标、污辱嘲笑的对象，人们没有任何顾忌，不再满足于一度挂在意大利人文主义者嘴边的谨慎的微笑，就是突然发动公开的狂热的战争，又有什么妨碍呢？甚至世俗的狂热也是教条主义的结果。虔诚的人们在世俗上帝身上看见古老的撒旦而感到毛骨悚然，正如启蒙运动斗士在僧侣所体现的旧上帝身上发现任性的、专横的、残忍的古代神祇一样，这又有什么关系呢？相互指责的可能性确证了二元论像困扰旧观念一样困扰新观念，并使新观念不宜理解发展和历史。

同样，史学对古代的困扰、抽象个人主义和"实用主义"概念也日益强化，以致恰恰在那一时代开始重新使用这种公式。把实用主义作为人类观念、情感、谋划和行动的历史，同中世纪的神学的历史相对立；把实用主义作为修饰反思的叙述，同古老的、朴素的编年史或博学式地收集消息和文献对立起来。伏尔泰在其全部历史的和非历史的著作中抨击和嘲笑人们信仰神的意志与惩罚，抨击和嘲笑人们信仰小野蛮民族的至尊性，这一民族被召唤肩负起上帝选民和普遍历史轴心的重任（除非用已描述过的世俗神学代替它），正是此人赞誉在圭恰迪尼和马基雅维利的著作中初现或重现"写得好的历史"。实用主义的考察甚至扩展到关于宗教和教会事件的叙述，在德国，莫斯海姆等人也采用此种考察。由于理性主义渗透到教会史学和新教哲学中，其后仿佛宗教改革促进了思想的进步，而宗教改革在这方面不过简单接受了人文主义方法，以前它是反对这种方法的；另外，若它以独特方式促进历史观念的发展，我们将发现，那是因其内部沸腾的另一因素，即神秘主义所致。目前，就连天主教都受到实用主义的传染；在波舒哀的《演讲录》中可看到这种痕迹，他重新介绍奥古斯丁的观念，这是破碎、温和并更新的观念，没有两座城市的不可调和的二元论，没有罗马帝国作为最后的和永恒的帝国，他容许由上帝安排并受规律制约的自然原因同神的干预共同起作用，他把大部分篇幅留给各民族的社会与政治条件。这里不谈同一位作者在《教会变迁史》中迈出的一步：他客观地并从内部动因上理解宗教改革的历史，把它介绍成是对权威的造反运动。就是他的对手伏尔泰也承认，波舒哀并未遗漏"其他原因"，只是偏爱上帝选民的神意除外，因为他多次注意到"民族精神"。那种"时代精神"的力量是巨大的。那时的实用主义观念现仍为人熟知、离我们很近，并且仍然存在于我们众多关于历史的叙述和教材中，没必要不断地加以介绍。当我们想起 18 世纪的著作时，记忆中浮现一种历史的概貌：其中僧侣们尔虞我诈，朝臣们玩弄阴谋，贤明的国君构想并实施好的制度，但这些制度因他人的恶意和百姓的无知而遭受攻击并很快流产，虽说它们一直是头脑清楚的人欣赏和感激的对象。在那种回忆中还浮现机遇与无常的形象，它同这类斗争的历史交织在一起，从而使这类斗争的历史变得越来越复杂，其结果变得更加奇特和惊人。对那些历史学家来说，历史叙述有什么用处，即有什么目的？这里重读伏尔泰的数行文字足以明了："这种益处主要在于使一位国务活动家、一位公民能从异于本国的法律与风俗中做出比较：这就是在艺术、农业、贸易诸方面引起各民族竞争的东西。过去各大错误对各种人都有用，人们不会在自己眼前过于宽恕罪恶与灾难，无论如何他们能防止它们发生。"这一观念以许多不同说法被重复，在那时几乎所有史学理论著作中都可发现，这些论著用更流畅更大众化的说明在继续文艺复兴时期的意大利著作。其后词组"历史哲学"相当幸运，最初它是指可从历史中获得的有益忠告和教诲之类的帮助——当人们不带偏见地即仅用理性的"偏见"去研究历史时。

加于历史的外在目的，导致古代有过的相同后果：历史被演讲化了，甚至它由历史教育故事构成。正如文艺复兴时期，"夸大其词的演说"被保存下来，而历史被看作适宜某些目的的材料，从而对其真实性持某种冷漠态度。譬如，以致马基雅维利从李维的前十书中推论出规律和教训，不仅设想它们是真实的，而且还使用他认为应属无稽之谈的部分。夸大其词的演说逐渐消逝了，但它们消失主要因良好文学趣味所致，它发现那些做法同 18 世纪叙述所特有的、新的、通俗的、散文体的、论战性的笔调格格不入。取而代之的是更糟的做法：普遍蔑视历史真理，认为历史真理是低级的实在，配不上哲学家，哲学家探寻规律、永恒、一致、一般，这能在自身、在对自然和人类的内在本性的直接观察中找到，无需对历史所叙述的事实做漫长的、无益的、危险的漫游。这里，无须特别提及笛卡尔、马勒伯朗士及其一长串追随者，因为众所周知：那时数学和自然主义如何支配并压制历史。但能说历史真理至少是一种低级真理吗？在深思熟虑之后，似乎也不能这样说。伏尔泰说，在历史中，经常用以表示"二加二等于四""我思考""我受苦""我存在"等认识的"当然"这个词应尽量少用，而仅限于在"很可能"的含义上使用。其他人认为这样说都太过分，他们完全否定历史的真实性，声称历史是想象、胡说、废话的汇集或无法确证的断言总汇。伏尔泰也这样判断，他把历史的真实性界定为"约定的寓言"，从而产生历史怀疑主义和历史皮浪主义，某些烂书曾尝试论证前述观点。若把历史认识视为一堆个别的证据，而证据又被情欲启示和改变，或因无知而被曲解，认为它至多提供教诲性的、令人生畏的例证以证实理性的永恒真理，而理性的永恒真理闪耀着自己的光辉，则这一后果就不可避免。

然而，若像人们通常所为，以启蒙运动史学中神学的和实用主义的倾向达到的夸张为根据，就认为它相对于文艺复兴史学和以前一般史学是衰落或倒退，则完全错误。在那时虽说展现了错误的萌芽，即以前时代出现的困难变得越来越严重，但它并未止步不前，还把精神价值史学提高到一定高度。精神价值的史学是基督教以某种方式创造的，后文艺复兴开始把它从天上移到地上。历史学家伏尔泰值得捍卫（正如近来一些人所为，而属弗埃特在其著作中做得最好），因为他清醒地告诫，需要把历史从外部引向内部，并竭力去满足这种需要；他认为报道战争、条约、典礼、隆重仪式的书籍至少是"档案"和"历史词典"，需要时可好好翻阅；但历史、真正的历史却完全是另一回事。真正历史的职责不能是用外在的或未加工的事实或（如他所说的）事件去加重记忆的负担，而是要发现过去是什么样的"人类社会，人们在家庭内部怎样生活，就培育出什么艺术来"。总之，去描绘"习俗"，不应让自己迷失在无关紧要的细枝末节（小事）上，而是只收集重要的事情，并解释产生它们的精神。由于伏尔泰重风俗轻战争，一种观念应运而生（虽然没有适当展开，并在激烈论战中消逝），认为历史不应描绘人类贫困与恶毒的画面（人类狂热与贫困的细节），而只应描述习俗与艺术、即积极活动的景象。在《路易十四时代》中，他说想阐明那个君主的政府，不是为了"它对法国人有利"，而是为了"它对人类有利"。伏尔泰建议并大部分付诸实施的工作，构成当时所有历史学家工作的主要对象；谁要渴望了解它，在弗埃特的书中会看到伏尔泰的《论风俗》《路易十四时代》里的伟大图景如何被法国和其他欧洲国家作家效仿，譬如，罗伯逊的查理五世史的著名导言。还应注意关于文化的各个方面的专门史在倍增和完善，正像培根在其历史分类中表现出的愿望得以实现一样。历史哲学日益放弃收集哲学家的轶事和格言的类型，以便变成从布鲁克尔到布勒和蒂德曼的体系史。在温克尔曼及其追随者的著作中，艺术史成为专门问题；在伏尔泰及其学派的著作中，文学史构成专门问题；在法国，法律史和政治史的研究代表是杜波斯与孟德斯鸠，在德国，像莫泽尔所著的奥斯纳布鲁克①史那样的既独特又具真实性的作品产生了；在赫伦的专著中，工商业史从经济著作的历史章节或离题叙述中分离出来并自成一体；社会风俗史（如圣帕拉伊《论古代骑士气概》一书）甚至触及社会和道德生活的细节。伏尔泰说到马上比武时不是说过"他自己像在所有方面一样，

---

　　①　为德国城市。——译者注

在娱乐方面做些革新"吗？仅就意大利来说，那时也是创新者，但很快就落伍了，从而被其他欧洲国家所推动。记住如下情况有益：在18世纪彼得罗·加诺内集中体现了同时代的共和主义者和学者同胞的愿望与尝试，他描述了那不勒斯王国的文明史，充分阐述教会同国家的关系和立法的事件，在意大利国内外有许多人效仿他（其中就有孟德斯鸠和吉本）；路德维科·安东尼奥·穆拉托利在其《古代意大利》中阐述了中世纪生活的全貌；蒂拉波斯基撰写了一部文学史（理解为全部意大利文化史）巨著，其渊博学识不亚于清晰的构思；其他次要的学者，如纳波利·希尼奥雷里在其《两西西里文化变迁》中详尽介绍各个地区的文化，并阐明文化洋溢着新时代的哲学精神；耶稣会士贝蒂奈里模仿伏尔泰的历史著作写出意大利文学、艺术和风俗史；修士博纳菲德一反伏尔泰的论战风格，在哲学史上仿效布鲁克尔；兰茨沿着温克尔曼在其重要的《绘画史》中指明的道路继续前进。

启蒙运动史学不仅使史学更"内在化"，而且使它在时空上大大扩展。这里伏尔泰出色地代表他那时代的需要，他批判普遍史的传统形象的狭隘性和贫乏性，因为这种普遍史是由希伯来史或宗教史、希腊罗马史或世俗史或（如他所说）"我们西方伪造的所谓普遍史"构成的。那时人们开始使用文艺复兴以来探险家和旅行家发现、移植、积累的材料，其中大部分是耶稣会士和传教士的贡献。印度和中国吸引了人们的注意，因为它们既古老又具有高度的文明。东方的宗教与文学典籍很快被翻译出来，这样人们不再靠二手材料或旅行家的报告探讨那种文明。伴随东方知识的增长，不仅关于古代的知识增长（对古代的研究从未中断，但其中心先从意大利移至法国和荷兰，接着移至英国，最后移至德国），而且关于中世纪的知识，由于本笃会士、莱布尼茨、穆拉托利等多人的努力，也增长了，他们在研究对象和地区、城市方面专门化了，譬如德·梅奥的《那不勒斯王国批评史》。

伴随着学问和可供使用的各种各样的文献和材料增多，与此同时，关于前者的真实性和后者作为证据的价值的批判更精细了。弗埃特强调指出本笃会士、莱布尼茨（尽管他是一位哲学家，但在这方面没有超过那些优秀的博学的僧侣的水平）在方法上取得的进步，直到穆拉托利，他没有拘泥于纯粹的传统，而是开始批判个人证据和用兴趣、激情使叙述绘声绘色的倾向。以伏尔泰为首的启蒙运动斗士开创另一种批判形式，这种更内在的批判指向事物，并根据关于事物的知识（文学、道德、政治和军事方面的经验），承认这些或那些事实不可能按肤浅的或轻信的或带倾向性的历史学家叙述那样发生，并尝试着按逻辑可能发生那样重构它们。人们欣赏伏尔泰（尤其是他的《路易十四时代》）不相信朝臣和奴仆的所有流言蜚语，他们惯于诽谤、惯于恶意地和以讲述奇闻的方式解释国君和国务活动家的客观活动。

这一情况所以发生，是因为启蒙运动史学保存了甚至夸大了实用主义，但另一方面又使它深刻化和精神化。正如大家在伏尔泰偏爱并赞扬的表达中，甚至从神学化的波舒哀的说法中可见"民族精神""时代精神"。那种精神到底是什么，毫无疑义是含混不清的。因为新词语、那些新概念雏形把一种突发的对立因素引入当时的哲学，但当时的哲学不能提供必要的支持，使那种精神成为发展中的精神的理想规定，或把不同时代、不同民族理解为精神戏剧中表演的各自角色。精神往往被曲解为一种固定性质。譬如，若说到民族，就曲解为种族；若说到各个时代，就曲解为潮流或时尚；这样它就被自然化和实用主义化了。伏尔泰写道："三件东西连续不断地影响人类精神，即气候、政府和宗教；这就是解释世界之谜的唯一方法"，这里"精神"被贬低为自然与社会环境的产物。但这一富有启发性的词语终被说出，人们对于正在从事的社会、政治和文化斗争的清晰认识逐渐从该词语产生。与此同时，气候、政府、宗教、各民族的天才、各时代的天才，都是超越实用主义并把因果关系置于普遍秩序的可喜尝试。这种努力及其局限性，即重新采用抽象的和实用主义的解释方式，也被"单个事件"的学说揭示，似乎"单个事件"突然决定是新文明时代还是野蛮时代，以致那时的人们赋予十字军东征和土耳其占领君士坦丁堡以奇特功效，正如弗埃特特意提及罗伯逊的历史所回忆的那样。同一困惑的另一后果是，当时撰写的文化史、风俗史、艺术史很少具有熔为一炉的形式，它们逐个地提供生活的不同表现，但未能甚至未尝试将这些表现有机地展开。

无疑，启蒙运动史学的生机勃勃的新倾向，除了同实用主义和自然主义障碍发生冲突外，还会同上文提到的神学与世俗的二元论针对它们设置的障碍发生冲突，这种二元论最终要否定发展原则本身，因为把过去判断为黑暗与错误，就禁绝了任何关于宗教、诗歌、哲学、原始或过时制度的严肃意识。对伏尔泰来说，在观察与科学演绎的形成过程中，原始文明中十分重要的"占卜"习俗是什么呢？它是"一位傻瓜遇到的第一个骗子的"谎言。在古代生活中相当重要的神谕又是什么呢？"一些欺诈"。16 世纪天主教徒、路德派、加尔文派关于圣餐的神学斗争归结为什么呢？滑稽可笑的表演：天主教徒"吃上帝以代面包，路德派吃面包与上帝，加尔文派吃面包决不吃上帝"。詹森派所能达到的唯一目的是什么？令人讨厌：一连串厌烦的"神学争吵"和搬弄是非的"笔墨争吵"；以致参加争吵的作家只留下了几何学、推理性语法、逻辑学，即"属于理性"的东西。"神学争吵"是"人类精神的另一种疾病"。以前时代的哲学未受到很好对待：柏拉图的哲学不过是"粗劣的形而上学"，是一连串拙劣推理，似乎不可能一世纪又一世纪地受到其他更古怪的人们的欣赏与扩展，直到洛克出现为止："洛克是在一本书中阐发人类悟性的唯一者，这本书讲的都是真理，并且著作写得完美，全部真理清晰。"在诗歌方面，认为近代作品高于古代作品，《被解放的耶路撒冷》① 高于《伊利亚特》，《疯狂的罗兰》② 高于《奥德赛》。但丁显得晦涩而笨拙，莎士比亚像个不乏天赋的粗人。人们不想听中世纪文学："人们收集当时一些可怜的著作：人们像在宫殿的四周，却从古老的破屋中取出一堆石头。"普鲁士的腓特烈在这方面是一位彻底的伏尔泰主义者，他对新版的《尼伯龙根之歌》和其他日耳曼史诗杰作没有好脸。总之，全部过去丧失价值或只保存恶的否定价值："在艺术、娱乐与和平在今天仍占优势，理性本身开始潜入的那些大城市里，公民们又怎样比较各个时代、怎样相互诉苦——若他们敢于这样做的话。几乎这类历史的每一页都值得反思。"

由于缺乏发展的概念，致使关于远方事物与民族知识的巨大收获无用，虽说把印度和中国纳入世界史功不可没，虽说对"四大王朝"和"圣"史的批判与嘲讽在某些方面正确，但最好记住：它所嘲讽的观念却满足了想把历史同基督教的和欧洲的精神生活相联系的合法需要。若那

---

① 为意大利著名诗人塔索（1544—1595）所著长篇叙事诗。——译者注
② 为意大利著名诗人阿里奥斯托（1474—1553）所著长篇叙事诗。——译者注

时未能（那时不可能）形成更丰富的联系，从而未能把阿拉伯、印度、中国、美洲文明和其他所发现的事物都包括进去，则这些补充知识只能是好奇和想象的对象。因此，一般说来，印度、中国和东方在 18 世纪几乎只表现一种宽容情感，甚至对宗教的冷漠情感。在那些遥远的国度里，没有改变宗教信仰的狂热，没有派遣传教士来困扰欧洲，尽管欧洲派遣传教士去困扰它们，它们未按历史实在对待，它们也未获得在精神发展中的位置，却变成渴望的理想、梦想的国家。今天有人重新赞扬亚洲的宽容，把它同欧洲的不宽容加以对比，他们对如此大的智慧和温顺感到喜出望外，往往不了解他们是在无益地、不适当地重复伏尔泰做过的事。在这方面，伏尔泰无助于更好地理解历史，但至少履行了他那时代条件必需的实际的道德的职责。有缺点的发展概念，成为 17 世纪语文学家积累的博大学问和启蒙运动史学家之间缺乏接触与联系的深刻原因，不再由于偶然情况，比如当时主要历史学家的政论的、新闻的、文学的倾向。根据新观念，若精神不是发展而是飞跃，并且恰恰那时发生一次飞跃，同过去拉开无限距离，那么怎样认识那些文献和消息以重构精神的艰难而缓慢的发展呢？至多，只需不时地在其中搜寻，就可挖掘出适应当时论战的某些奇异的细节。伏尔泰说，"有个宽敞的商场，你可从那里取走对你有用的东西"。于是，博学者和启蒙运动斗士——这些同时代的产儿各行其道，前者因精神缺乏活力未能提高到真正历史的高度，后者因精神过于活跃而超越真正历史，将它变为新闻形式。

所有这些局限正因是局限，为启蒙运动史学划定自己的范围，但这不意味着它不前进、没有进步。那种史学投入当时急需的工作中，它被周围不断出现的真理光辉所笼罩，未看到或很少看到那些局限和那些困惑；只感到它在进步，并且飞速进步，而自己的感觉并没有错。那些批评家（其中有弗埃特）也没有错，现在他们替它获得的坏名声做辩护，颂扬它的诸多优点，在我们的阐述中也指出甚至扩展了这些优点，揭示了它们的联系与统一。但不容许让那坏名声得不到解释，这种坏名声不同于通常、简单的贬低：每一历史时期对前一历史时期的贬低，使前一历史时期比自己低级；相反是一种特殊贬低判断，甚至在比较启蒙运动之前各个时代时也这样判断，以致这一时期而不是文艺复兴时期获得"反历史"的称号（"反历史的 18 世纪"）。要获得对这一情况的解释，就应当想到从令人尊敬的古代获取的一切象征性面纱正在消逝，那时在历史和理性之间确立的严酷的二元论及冲突正在消逝。文艺复兴本身也是对人类理性的肯定，但当它同中世纪传统决裂时，却感到同古代传统相联系，从而赋予它一种历史意识的外观（是外观，不是实质）。文艺复兴时期的哲学家常常引证古代哲学家，在他们的保护下，安排柏拉图反对亚里士多德，或希腊的亚里士多德反对注释者们的亚里士多德。那时的文人试图用古代的箴言为新艺术作品和新的判断做辩护，而不惜钻牛角尖和进行诡辩。然而哲学家、批评家、艺术家只有在绝无和解可能时才会转向古代，而且只有大无畏者才敢于这样做。政治家把古代的共和国选作典范，把李维的著作作为他们的教本，正如基督徒把《圣经》作为教本一样。宗教在有教养的心灵中已消失或正在消失，但它对百姓必须保存下来，这种哲学的通俗形式，是统治的工具：从马基雅维利到布鲁诺，几乎所有人都赞成这一点。马基雅维利的贤明立法者或"君主"和伏尔泰的明君，二者都是理想化的各个专制君主，他们近四个世纪在政治上塑造了欧洲，二者在本质上相似。但 16 世纪的政治家熟习人类弱点并拥有希腊罗马丰富历史的全部经验，他们研究权术和妥协，18 世纪的启蒙运动斗士因理性的连续胜利而神气活现，高举起理性的大旗，紧握宝剑捍卫理性，认为没必要戴上面具遮住面孔。努马王①为了欺骗平民而创造一种宗教，从而受到马基雅维利的赞颂；但他遭到伏尔泰的责骂，正像伏尔泰憎恶和责骂所有教条的发明者和幽灵的促进者一样。还有什么可说的呢？文艺复兴时期的理性主义是意大利天才的独特作品，它公平、力避过激、随和、巧妙；启蒙运动是法国天才的特有产物，它激进、酷爱推理、好走极端、奉行逻辑主义。

把两种天才和两个时代加以比较，启蒙运动相对于文艺复兴必然显得是反历史的，而文艺复兴由于这样比较和设定这一目的，被认为拥有历史智慧和发展感，而实际上并不拥有，因为内在地看，它也是理性主义的和反历史的，正像启蒙运动一样，在某种意义上说，甚于启蒙运动。我说甚于启蒙运动，不仅因为启蒙运动大大扩展了历史知识和历史观念，

① 努马王，本名努马·庞皮利乌斯，传说中罗马王政时期的第二代国王，据传公元前 715 年至公元前 673 年在位。——译者注

正像我们已指出那样，还因为它使文艺复兴中潜在的所有矛盾都公开化了。从表面上看，这是历史意识的倒退；从实际上看，这是生活在扩展，因此也是历史意识在扩展，正像在后文中很快看清的那样。启蒙运动的胜利和灾难是法国大革命，法国大革命同时也是启蒙运动史学的灾难与净化。

六

浪漫主义历史学

反动表现在情感回归过去，政治家奋起捍卫值得保存或恢复了活力的旧制度。这里的两种历史表现形式，一种怀旧性史学和一种复辟性史学，虽说在某种程度上属于一切时代，但在浪漫主义时期力量强大。由于心灵趋向过去，过去又构成实际忠告的材料，则主要是启蒙运动和法国大革命反对和推翻的那个过去，即中世纪的及一切类似或显得类似的东西，因此可以说这两种历史都中世纪化了。正如一条强迫离开自然河床的水流，一旦去除障碍，立即波涛汹涌地流向原河床一样，在受到唯理论如此长久苦修之后，人们重新信奉旧宗教，重新接受民族的、地区的、当地的旧习俗，重新进入古旧的房屋、城堡和主教堂，重新唱起老歌，重新做起旧日传奇的梦，就发出满意与欢欣的大声感叹，油然而生的温情使胸怀激荡、生气勃勃。在这种情感的骚动中，最初人们未发现在心灵上发生的不可补救的深刻变化，这种变化表现在那种表面回归的焦虑、渴望和哀婉。

若认为浪漫主义的怀旧性史学仅存在于某些特殊文学作品中，则将它大大缩小了。因为事实上它像一股不可抗拒的潮流渗入所有或几乎所有作品，不仅在像德·巴朗这样缺乏天赋的小人物那里可见，不仅在最富诗人气质的夏多布里昂那里可见，而且在能提出最重要或纯科学的思想的历史学家——譬如在尼布尔那里也可见。那时骑士生活、修道院生活、十字军东征、霍亨斯陶王室、伦巴第的和佛兰芒的城市国家、同阿拉伯人斗争的西班牙各基督教王国、阿拉伯人本身、被撒克逊人和诺曼人分割的英格兰、威廉·退尔的瑞士、武功诗、游吟诗人的歌和哥特式建筑（一个名称的典型变迁，原想表示蔑视，后来变成爱称），粗俗、单纯、民间的诗歌，文学和艺术，变成了普遍的和全国的同情的对象，甚至中世纪编年史的译本和节本也重印了，以供大批如饥似渴的读者享用。第一批中世纪博物馆先后建成，人们试图按古代风格修复和建完城市的教堂、城堡和宫殿。史学同新的文学体裁——历史小说发生密切关系并进行交流，首先是司各特，其后是各国无数追随者在历史小说中相同的怀旧情（因此同曼佐尼①的历史小说截然不同，这种历史小说没有充斥那种情感，其历史性是道德批判）。正如业已指出的，这种怀旧情在内容上比人们起初认为的要现代；以致人人出自自己独特的动机去怀旧，不管那动机是宗教的还是政治的，是旧基督教、神秘主义、君主立宪、城市共和国、民族独立、民主自由或贵族自由的。但当把过去作为诗歌意象时，就会出现使意象的理想化倾向同批判性思考冲突的危险，从而使对中世纪的崇拜变成迷信必然落个可笑的下场。弗埃特曾引述兰克②的一句绝妙格言，那是谈及浪漫主义学派最后一批值得尊敬的代表人物之一吉泽布雷施特的，他是《德意志帝国史》的作者，还是"基督教的日耳曼的美德"和中世纪英雄的卓绝、坚强意志力的欣赏者和赞颂者。兰克把这些界定为"过于刚强又过于幼稚"。但在这种观念潮流的源头上能发现的幼稚，在它变为笑料之前，主要是诗人梦想中的崇高的幼稚。

　　在怀旧性史学中，近代与现在的动机表现为情感，这些动机作为叙述屈从的倾向，在同类作家或其他作家那里具有反思的形式。这里对这些倾向的所有不同形式和类型进行考察是多余的（此外，弗埃特已将此事干得很漂亮）：从乔万尼·缪勒和西斯蒙迪的卢梭主义，从尼布尔的自由农理想，从列奥的外国理想，从已提及的吉泽布雷施特和菲克的中世纪帝国主义，从劳迈尔的老自由主义理想，从罗特克和格维努斯的新自由主义理想，到基佐和达曼的盎格鲁人化，到米什莱的民主主义理想，到特罗亚、巴尔博和托斯蒂神父的新教皇党理想，到德罗伊森和特赖奇

①　曼佐尼（1785—1873），意大利作家，代表作为《约婚夫妇》。——译者注
②　兰克（1795—1886），德国历史学家。——译者注

克的普鲁士霸权的理想，诸如此类，不一而足。但是，上述历史学家和其他具有此倾向的历史学家（极少数人除外）都依靠过去，他们在过去、传统或传统的辩证法中为自己的倾向找到辩护词。无人再喜欢用抽象理性要素构建著作。社会主义学派为此提供了极端典型的例子，其主要代表马克思采用浪漫主义形式，他把史学与科学价值赋予该学派：该学派同18世纪出现的社会主义理想完全对立，因此自诩从空想过渡到科学；"科学"恰为他所预言的新时代的"历史必然性"，唯物主义本身也不再愿为霍尔巴赫或爱尔维修的自然唯物主义，而是改扮成"历史唯物主义"。

若怀旧性史学是诗歌，倾向性史学是实际的和政治的作品，当把浪漫主义视为思想史的一个时代时，则浪漫主义史学、浪漫主义真史学不属于二者之中的任何一种。当然，诗歌和实际产生于一种思想，并引起一种思想，作为它的内容与问题：法国大革命不再是一种哲学的原因或结果，而既是原因又是结果，是行动中的哲学，是当时展现的生活的女儿和母亲。但决定我们注重揭示的史学科学性质的，是以思想形式呈现的思想，而不是以迷恋过去或力图实现虚假过去的情感形式呈现的思想。在思想的形式中，它用发展的概念同启蒙运动思想相对立，从而反对那种粗陋的二元论。

那种概念并不是当时首次萌发的某种全新的东西：任何一种思辨概念都不真正如此，都不能在某一时代缺少却在另一时代出现。差别仅仅在于，在一个时代，科学问题似乎涉及思想的某一方面而不是另一方面，而思想却永远在其整体上普遍存在。因此，当人们说到古代和18世纪缺少的发展概念时，那是一种夸张，这种夸张有自己充分的理由，但夸张终究是夸张，不应按字面把握，不应按实际理解；也不应相信在浪漫主义时期之前，无人感到或预感到发展概念的科学意义。应到文艺复兴时期的大哲学家，尤其在布鲁诺的泛神论中，在包括泛神论的神秘主义中，探寻这一概念的痕迹。当把历史进程理解为对人类的逐步教育，从而重构神学的骨架时，可更清晰地探寻此概念的痕迹。在这种教育中，连续的启示是通过逐渐提高的著作传达的，从最早的希伯来《圣经》到《福音书》，再到《福音书》的修正；莱辛也曾提及这类例子。启蒙运动理论家也不总如我提及的可怕的二元论者，其中也有人像杜尔哥①，虽说未完全放弃关于衰落时代的偏见，但承认基督教比古代进步，近代比基督教进步，并竭力勾画神话、形而上学和科学三个时代所经过的发展路线。其他思想家，如孟德斯鸠注意到制度同习俗和时代的相对性；也有如卢梭的思想家，关注情感的力量。启蒙运动在自己的时代就有反对者，不仅针对政治抽象主义和愚昧的乐观主义（譬如，加利亚尼②），而且也针对更实质的东西，它们很快必然成为不断批判的题目，如对传统、宗教、诗歌及枯燥乏味的自然主义的蔑视，等等。因而哈曼嘲笑伏尔泰和休谟盲目相信牛顿的天文学说，讥笑他们对道德学说缺乏批判精神。他认为复兴诗歌并使它同历史协调一致十分必要，认为历史不是全部智力工作中最容易的，而是最难的（恰同博丹看法相反）。而维科在《新科学》(1725)中对浪漫主义思想做过极其丰富和有机的预想（正如这种思想现在被普遍确认和众所周知），维科只批判了初期的启蒙运动（当时还单纯是自然主义法学和笛卡尔主义），但他比后人更清晰地洞察其隐秘的动因，更准确地估量其逻辑的和实际的后果。从而他反对借抽象理性之名对过去持肤浅嘲笑态度，他在历史中将人的精神，作为感觉、想象和知性展开，作为神的或野蛮的时代、英雄时代和人的时代展开。他主张没有一个人类时代会是错误的，因为每一人类时代都有自己的力量和自己的美，每一人类时代都是其前一时代的必然结果和后一时代的必要准备，贵族政治是民主政治的必要准备，或民主政治是君主政治的必要准备，它们在正确的时机出现，或是那一时机的正义所在。

　　但在浪漫主义时期，发展的概念不再只是一位孤独并无人倾听的哲学家的思想，而是扩展为一般确信。它不是胆怯地隐现或前后矛盾地被人肯定，而是具有实体性和一致性、活力和优势。它是唯心主义哲学的根本概念，在黑格尔体系中达到顶峰。很少有人抗拒它的力量，像赫尔巴特仍深陷前康德教条主义之中，或像叔本华，尤其是孔德和其后的进化论实证主义试图对抗它，但或多或少地受到它的撞击。它把智力的框架给予全部史学（这里排除延误者和落后者）；而那种史学在或多或少程

---

① 杜尔哥（1727—1781），法国哲学家。——译者注
② 加利亚尼（1728—1787），意大利经济学家。——译者注

度上为它纠正自身片面的倾向，那些倾向源于已描述过的情感的和政治的冲动，源于对最近过去或"太平盛世"或中世纪的温情。现在全部历史都被理解为一种必要的发展，因此它内含地或多少言明地获得拯救。人们用神圣的情感了解历史，在中世纪历史中仅表现上帝反对魔鬼力量的神迹部分才拥有这种情感。因此，发展的概念延伸到传统古代，其后由于知识和注意力的增长，又扩展到东方文明。因而罗马人、爱奥尼亚人、多利安人、埃及人和印度人都恢复了他们的生命，有人替他们辩护，他们一次次地受人爱慕，几乎似骑士世界和基督教世界一样受人爱慕。但这一概念逻辑上的扩展在哲学家和历史学家那里未遇到任何阻碍，甚至当人们厌恶同新时代对立的时代——如 18 世纪时仍然如此。雅各宾主义和法国大革命的反对者在其著作中对它们的献祭就是这种态度的表现，譬如黑格尔在那些事件中发现笛卡尔开创的近代抽象主体性的胜利和死亡，一方决不亚于另一方，即发现了"胜利的死亡"。不仅对手和好了，而且刽子手和牺牲者也言归于好，18 世纪的知识分子认为苏格拉底是自由思想的殉道者和不宽容的牺牲者，时至今日那些幸存的重复者仍这样看，但当时却认为以历史的名义他应当被处死，因为历史不容许没有悲剧的精神革命。《共产党宣言》的作者也是如此，他在以愿望和行动加速资产阶级灭亡时，热烈地、极大地赞扬了资产阶级完成的事业，这表明他是浪漫主义思想的合法继承人。因为对坚持 18 世纪意识形态的任何人来说，资本主义和资产阶级只能以谬误出现，即无知、愚蠢和自私的产物，不值得丝毫赞美，甚至连颂扬的悼词都不成。大部分此类历史学家的激情极易点燃，他们绝不亚于启蒙运动的历史学家。尽管对历史智慧竭尽讽刺、讥笑、痛骂之能事，但并未压制或否定这种智慧，至少在杰出的天才那里是这样。从那些叙述中产生的总体印象是积极努力还人人以平等，这是浪漫主义思想家和历史学家的头脑和灵魂接受此种教育使然，因此一般说来，只有最无教养或最狂热的修士和天主教徒还诅咒伏尔泰和 18 世纪是魔鬼的产物，只有最庸俗的民主主义者和反教权主义者才粗俗地看待反动、复辟和中世纪，他们在时代错误和其他方面类似于前者：启蒙运动和与其相连的雅各宾主义，正如已指出那样，是一种宗教，当它死亡之后，留下了残余和迷信。

把历史理解为发展，就是把它理解为理想价值的历史，而理想价值是唯一发展的东西，因此在前一时期已增长的那种价值的历史，在浪漫主义时期成倍增长并越来越精确化。但它们的新特点不单纯在于外在的扩大，而在于内在的成熟和修正前人通常所写的历史，那些历史是无内在联系的消息汇集，是判断，但是根据外部强加的模式所做的判断，此种模式自诩由纯粹理性构成，而实际上由抽象和想象构成，是武断和随意的。此时，诗歌史和文学史不再迎合罗马人文主义理想，或路易十四时代的古典主义理想，或18世纪推理和散文的理想，而是逐步在自身中发现自己的衡量标准，这是从赫尔德、施莱格尔兄弟，随后又从维莱曼和圣伯夫，从格维努斯的最初尝试开始，最终达到德·桑克蒂斯的《意大利文学史》所代表的高度。此时，艺术史感觉自身受到莱辛和温克尔曼的过于狭隘的理想的束缚，逐渐转向色彩、转向风景，转向希腊化前和希腊化后的艺术，转向罗马式和哥特式、文艺复兴和巴罗克，这一进程从迈耶和希尔特到鲁莫尔、库格勒、施纳塞，直到布克哈特和罗斯金，它试图处处捣毁各学派的藩篱，汲取艺术家的真正个性。哲学史因黑格尔发生严重危机，他把康德追随者的抽象主体性导向客体性，他承认哲学的真正存在由从整体上考察的思想史构成，从不忽视其任何一种形式；在黑格尔之后，德国的策勒、菲舍尔和埃德曼，法国的库辛及其学派，意大利的斯帕文塔①，运用或多或少的天赋，继续这种客体研究。在宗教史方面也发生类似情况，在唯理性学派的最后代表——斯皮特勒和普朗克之后，马海内克、内安德、哈塞试图采用判断的内在标准，施特劳斯、鲍尔和图宾根学派发现一种显赫的科学形式。法律史方面则从艾希霍恩到萨维尼、甘斯和拉萨尔。在所谓的政治史中，国家的概念越来越将首要地位让给民族的概念，"民族"代替了"人道""自由""平等"和前一时期其他一切光芒四射而现在黯淡无光的观念，这种民族主义同普济主义和世界主义相比，曾被错误地视为一种退步，因为（尽管已强调指出其情感的夸张）它真正开创了只活在其历史创造中的普遍的具体概念，在历史创造中民族恰恰既是发展的产物又是发展的要素。由于意识到民族的价值，欧洲主义的价值又复活了，欧洲主义在启蒙运动时代特别受到践踏，由于那时自然主义精神占优势，还由于那时人们反对古代和基

---

①　斯帕文塔（1817—1883），意大利哲学家，黑格尔主义者。——译者注

督教的历史模式。虽然欧洲人构思的历史只能是"欧洲中心的",虽然它只能同希腊罗马的、基督教的和西方的文明的进程发生关系,但显然在此种情况下,沿着其他路线发展的文明对我们才变得实在并可理解,假若我们始终不想把历史变成不同类型文明的展览,以奖励最优秀的文明!由于相同原因,历史与史前史、人类史与自然史的差别也变得清晰了,它们曾被自然主义和唯物主义不合理地联系起来,甚至在赫尔德的著作中也能发现这种情况,他在新动因中保存了不少他出生的和接受教育的时代的动因。但主要的是,在浪漫主义史学中,对一切精神价值的个别史进行有机联系研究凸显,并且往往幸运地实施这种研究,人们将每个民族、每一时代的宗教、哲学、诗歌、艺术、法律及道德的事实联系起来,让它们按统一运动发展。不了解观念和习俗就不能理解文学,或不了解哲学就不能理解政治,或(正如稍后才感觉到)不了解经济就不能理解法律、习俗和观念,变成了普通的格言。有必要回忆一下:几乎所有种种价值史——诗歌史、神话史、法律史、语言史、法制史、解释的或哲学的理性史等,连同对它们内在统一的意识,都被维科预料到并大致介绍过,虽然他在确定每种价值史特定的历史时代或社会学时代时出现混乱。甚至近代传记(它联系个人履行的使命和在赫尔德身上实现的"观念"的面貌去阐明个人行为和遭遇)也在维科自传中,即在天命命令他并指导他"凭借看似种种灾难实为不同机遇"完成的事业的历史中,竖起自己首批丰碑中的一座,甚至可能就是第一座丰碑。

这种传记的改变,不意味着不承认个性,相反却提升了个性,因为个性在同普遍的关系中找到其真正意义,正像普遍在个性中找到自己的具体性。确实可以说,在浪漫主义史学中,个性化力量,对外貌、精神状态、观念的不同形式的感觉,对时间和地点的差异感第一次显现,即是说,它们不再零乱地和偶然地,不再以新与旧、文明与野蛮、祖国与外国之间的对立这种概括和消极的方式显现。这绝不是说,这类历史学家中有人迷失(尽管很少发生)在观念的辩证抽象中,或其他历史学家经常将观念浸没在习俗和逸事的外在生动中,因为人们发现在每一时代和每一思想进步中都有夸张、片面性和不平衡。指责浪漫主义历史学家喜欢对地点和时代润色无足轻重,这种指责可能捕风捉影,因为至关重要的恰恰是对这种润色的尝试,无论是否幸运,实际总能成功(如不幸运，画面应重新着色，但总要着色）。此外，还因为大家业已承认：在浪漫主义中，除了真正史学之外，想象与倾向也在起作用，它们赋予时代、地点以想象和夸张的色彩，那是由不同情感和兴趣启示的。历史即思想，那时的历史有时被渴望成为过去的想象复活，为了享乐，人们要求历史把他们带到古老的城堡或中世纪城市的广场，以便看到身着时装的人物和他们的姿态，听到他们用当时的语言和语调交谈，把自己实际变成他们的同代人，再用同代人的真实精神去把握他们。这种复活，不仅思想不能做到，就是艺术也不能做到，因为艺术超越生活，另外那样也毫无用处，人们也不希望这样，因为人类真正在想象中重现过去。当然这种复活是某些浪漫主义者的幻觉（这方面，今天还有他们的后继者）。由于是幻觉，它成为毫无结果的努力，或为发出的抒情性叹息；但这种幻觉只是浪漫主义史学的众多面貌之一，而不是其本质特征。

假若博学者和历史学家、材料研究者和思想家首次建立联系并实现融合，则应归功于浪漫主义。正如业已指出，在前一世纪未发生过这种情况，说实话，在古希腊和意大利人文主义的伟大博学时代也未发生过，因为那时的古代学者和政治思想家各行其道，彼此冷漠，有时从古代学者的卡片上闪现出政治理想（正像弗埃特从彼翁多那里清晰地看到那样），也只是一个政府能维持稳定，从而保证学者平静地从事研究。但在这方面浪漫主义的口号也被维科以哲学与语文学的结合、真实与确实的相互转化、观念与事实的相互转化的公式预见到了。这个公式（这里顺便指出）证明，从历史角度看，曼佐尼所说维科应同穆拉托利相结合，即哲学应同博学相结合的名言不准确，因为维科已将二者结合，而这种结合决定了其著作的主要价值。然而，虽说曼佐尼的格言不准确，它却证明了浪漫主义史学重视在历史中博学同思想的紧密联系，历史就是由博学保存或恢复的文献的复活和再思考，甚至博学促使为历史探寻并准备文献。浪漫主义不仅限于抽象地提出这种要求，而且真正创造了语文学家—思想家（有时还是诗人）的类型，从尼布尔到蒙森，从梯叶里到弗斯特尔·德·库兰茨，从特罗亚到巴尔博或托斯蒂。那时，17 世纪和 18 世纪的丰富汇集和索引首次得到利用；那时，发起新的汇集，根据逐渐形成的越来越严格的标准，根据人们拥有的更多知识和手段，补充或修正原来的汇集。于是，出现了《日耳曼历史年代记》的著作和德国语文学派（它曾是末流的学派，后变成第一学派），对于欧洲其他国家的学者来说，前者是类似工作的典范，后者是相关学科的导师。新史学的语文学要求，在我们意大利，靠民族情感的帮助，使那些历史学会和编年史、法律、公文的收集以及刊物或《历史档案》生机勃勃，时至今日史学工作仍在这些机制中运行。在其他作品中，《拉丁铭刻集》可以成为由纯粹历史需要有效培育、最有耐心的语文学的典型例证，这本书是由一位具有蒙森的激情力量和综合头脑的历史学家构思和编写的。在 18 世纪（除去极少的局部性例外），历史学家对羊皮书和对开本书不屑一顾，或很不耐烦地打开它们，浅尝辄止；但在 19 世纪没有一个严肃的人再敢断言，不去细致入微地、一丝不苟地、小心翼翼地研究历史所依据的文献就能够撰写历史。

结果，最近数世纪的实用主义历史，不是由于直接、公开的批判和论战，而是仅同这些史学新信念简单接触，就土崩瓦解了。一直是荣誉名称的"实用主义的"这个词，开始称呼一种不适当的历史思想形式，并带有贬斥的味道，启蒙运动思想家名誉扫地，不仅伏尔泰和法国历史学家，而且休谟们、罗伯逊们和其他英国历史学家也都丧失声誉，他们都显得苍白、缺乏历史感，仅仅关注事物的政治方面，肤浅地、徒劳无益地试图用个人的意图、微小原因或个别原因解释伟大的事件。把历史视为美德和慎行准则的说教者的理论也消逝了，这种理论在古希腊罗马时代颇为长寿并岿然不动，从文艺复兴以后又重新兴起（当我说所有这些东西消逝时，总是省略了例外——存在某些化石，当时存在这些化石，就是今天仍然存在，还显得像是活物）。对待历史的基督教精神立场又复活了，这种精神把历史看作单一过程并没有反复，即上帝的活动，直接通过上帝在场进行教育，不再是同此活动无关的抽象说教的例证材料。从此以后，"实用主义的"这个词，就像"历史是生活的导师"或"为生活得美满幸福"等公式一样，一经说出，便贻笑大方。这都是些信条，是只回忆不沉思并满足于传统的、庸俗的概念的人坚信的公式。然而，历史有什么用呢？（人们回答说）用于历史本身，这可确实不是小事。

由于所有这些进步，它们或同源或同归，新世纪荣获"历史世纪"的名称；新世纪神化同时人化了历史，这是过去从未有过的，使历史成为实在与思想的中心。这一光荣称号，即使在整个 19 世纪不能被证实，但在 19 世纪的浪漫主义或唯心主义时期能被证实。但证实不应阻止我们同样清晰地发现这种历史性的局限，否则我们就不能理解它后来进一步的发展。那时，历史被神化了，同时被人化了，但神性和人性真正融合了吗？二者不存在任何分歧？古代世俗思想和超世俗的基督教思想之间的歧见真正消除了？不再以新的形式再现？尽管这种新形式少了神话性，多了批判性。在这种抽象的歧见中，两种因素之中哪一种居主导地位，是人的因素还是神的因素？

这样的问题已提及答案，其后由人所共知的记忆启示，即浪漫主义时期不仅是伟大进化历史的辉煌时代，而且是历史哲学、超验性历史的不幸时代。事实上，尽管内在性思想在文艺复兴和启蒙运动时代日益深刻和丰富，超验思想日益衰落，但前者并未因此在自身中消除后者，而只是使后者净化和理性化了，正像希腊哲学和基督教神学在各自时代以自己的方式设法做到那样。在浪漫主义时代，净化和理性化继续进行，浪漫主义的功绩和缺陷正在于此，因为那一陈旧观念已不应当纠正，而应当彻底推翻并重构。那时，超验历史观已不再称作默契和启示，而称作历史哲学，这个名称来自启蒙运动思想家（主要来自伏尔泰），尽管现已丧失起初的含义，即用无偏见的或哲学的精神考察，并加上道德和政治思考的历史。现在的含义截然不同，是指对支配或从属历史的图景进行哲学研究，总之是一种神学研究，不管它是世俗的还是思辨的，都是神学的。由于这样的研究总是导致理性化的神话，若将"神话"这一名词扩展到历史哲学，或将名词"历史哲学"扩展到神话，都不会遇到任何障碍，正如我所为，将一切超验历史观都称作"历史哲学"，因为它们割裂了事实与观念、事件与解释、行为与目的、世界与上帝的关系。由于历史哲学在内在结构上是超验的，它在浪漫主义时期的所有不同形式都是超验的，就不足为奇了。甚至在渴望内在性的哲学家如黑格尔那里也是这样，黑格尔是柏拉图主义的伟大破坏者，但他在几方面都未摆脱柏拉图主义，对手是如此坚忍不拔，以致每个思想家都带着它[1]，不是抗击它，而是应从自己的心中剔除它。但是，我们不必深入考察浪漫主义者和唯心主义者构建其"历史哲学"的论点，只要看看后果，就足以证

---

[1] 指柏拉图主义。——译者注

明其构建的超验方向；这种超验构建将在方法上危及、在实行时损害浪漫主义历史，尽管起初被朝气蓬勃地构想为哲学和语文学的统一。另外，后果之一恰恰就是那些使用并促进博学的人重提对博学的蔑视，有时口头上推崇它而事实上贬斥它。这种矛盾立场受到某种恶意打扰，以致推崇时不真诚、贬斥时又胆怯，此立场有时外露，但更多时候藏而不露。然而，在这种扭曲和伪装中，人们抓住泄露真相的词句，比如超验性历史的词句（费希特、谢林、克劳泽、至少部分的黑格尔），这种历史应当是真正的历史，是从纯概念推演出的，或靠纯概念的帮助在纷纭复杂的事实中阅读出的，或变成帕特莫斯的先知①式的莫名的心醉神迷，这是受人类状况和人类行为纠缠的奴役史。而作为哲学性历史，则把纯叙述性历史几乎当作废物拒斥，纯叙述性历史一次次地充当小说的粗糙材料或道德家、政治家宣传及告诫的文本。哲学试图变为历史，从而将历史和哲学熔为一炉；我们看到，在这种哲学内部，哲学与历史、历史思想方式与哲学思想方式的差异，两种研究者的相互反感和相互敌视又重现了。"职业"历史学家被迫自卫，反对他们的父辈（哲学家），最终对他们的弱点没有一丝怜悯之情，甚至否认他们是哲学家，把他们视为圈外人和江湖骗子。

不和与恶意更加不可避免，当"历史哲学家"，即被超验折磨的历史学家并不总对哲学性历史和叙述性历史之间的差异感到满意（严格地说，他们不可能满意）时，他们自然要调和这两种历史，并让事实符合他们想象出或推演出的模式。正如人们所说，他们为了有利于体系就对事实实施暴力，从而人们看到历史的最重要部分以普罗克鲁斯特斯②的方式被切割了，让其他保留部分符合一种意义，这种意义不是真正的而是强加的。甚至仅作为叙述的实际助手的年代学划分也遭受酷刑（正如在中世纪时兴那样），以使它们提高到理想划分的高度。在这种武断的专横中，不仅真理的光辉黯淡了，不仅导入了诗人的幻想和同情（请记住最典型

① 指《约翰福音》的作者约翰，他曾被罗马统治者流放到帕特莫斯。帕特莫斯是爱琴海上一个面积仅为 28 平方千米的小岛。——译者注

② 希腊神话中的拦路大盗，绰号"铁床匪"。当他捉到大个子时，就放到短床上，然后把脚砍去。——译者注

的当属对希腊，对希腊这一或那一家族的理想化），而且发生对真理和正义最直接的攻击，因为历史学家作为党派成员、教会人士或隶属于这一或那一民族、国家、种族时，他的倾向和爱憎就渗透到历史中。于是，日耳曼精神——人类的荣誉与完美被虚构出来了，这种日耳曼精神似乎成为雅利安精神的最纯粹表现，有朝一日它将恢复上帝选民的观念并再次到东方漫游，一次又一次地，半专制君主制被赞颂为国家的绝对形式，思辨的路德主义被颂扬为宗教的绝对形式，还形成其他类似吹嘘，靠这些吹嘘日耳曼傲慢压在欧洲各民族头上，甚至压迫全世界，从而以某种方式为德国给予世界的新哲学谋取了利益。但是，不要认为日耳曼傲慢未受到自己武器的攻击，假若英国人很少思辨，法国人过于坚信上帝通过法兰克人所创的业绩（变成理性和文明的业绩），就是从最近的经验看也是如此，但其他处境欠佳并蒙受低劣贬斥时感到刺耳的民族做出反应：焦贝蒂①写了一部《意大利的优势》；切兹科夫斯基写了一部《我们的天主》，它预告了斯拉夫民族尤其是波兰民族未来的优势。

"历史哲学"的另一后果是种种"普遍史"的重新繁荣，它们虚假的含义为人类总史，甚至为宇宙总史，中世纪以世界起源、论两个城市、论四大帝国的编年史叙述这种历史，文艺复兴和启蒙运动把这种历史变为纯粹庸俗的汇编，而把自己的兴趣转移到别处。由于历史哲学，"世界图景"又回归了，它们同后加的"自然哲学"完全相同，都是超验的普遍史。民族的接续代替了帝国的接续，给每个民族派定一项特别任务，就像以前给各个帝国派定一样，一旦完成任务，它就消亡或退到一旁，它已传递了生命之灯，而生命之灯通过一个民族之手不应超过一次。这里，日耳曼民族扮演了罗马帝国的角色，它不会灭亡，永远存在，直至经过数个世纪并抵达天国。

展开历史哲学的不同形式有益于澄清这种学说的内在矛盾，有益于说明采取纠正措施以消除某些矛盾，但纠正时又产生其他矛盾。这样进行考察，应给维科以特殊地位，是他提供了相当复杂的"历史哲学"，一方面它并不否定基督教的和中世纪的观念（比如它不否定奥古斯丁关于两个城市或上帝选民与异教徒的区分，但只研究后者的实际历史），尽管

---

① 焦贝蒂（1801—1852），意大利政治家和哲学家。——译者注

不声不响地越过，另一方面它重提关于循环的古代东方动因（运行和重复），但把运行理解为发展和生长，把重复理解为辩证的回归，另外这种回归似乎未导致进步，虽然并不排斥进步，虽然并不排斥自由的活动或偶然性的例外。中世纪和古代在这种观念中被激活了，准备了浪漫主义的和近代的思想①。但在浪漫主义时代，循环的观念（它仍包含有待满足的巨大精神要求）首先让位于线形运行的观念，这种观念是从基督教摘取的，是有终点的进步，以达到限定状态或进入不确定的进步和无限欢乐、毫无痛苦的天堂作为终点。这样的观念有时同神学和启蒙运动相混合，比如赫尔德就是这样；有时试图按照人生的时期和精神的形式撰写历史，比如费希特及其学派就是如此；有时观念在时间上实现其理想逻辑，比如在黑格尔那里；有时重现上帝的影子，比如在洛朗②和其他人的自然神论中；有时上帝在温和的天主教和新教眼里还是旧宗教的上帝，但近代化了，上帝变得崇高、有判断力和慷慨大方了。由于在所有这些模式中，运行都必须有一个终点，这终点曾被宣布过、描述过，因此是业已经过和永不复返的，但并不缺少试图延长、推迟、改变这一终点的人们，焦阿吉尼神父复活了，现在被称作"斯拉夫启示者"或其他名称，他们将新时代补充到已描述过的时代。但这并未改变一般观念中的任何东西。历史哲学在一般观念中什么都没变，譬如，后期谢林或悲观主义者的历史哲学通常被称作非理性的，因为由这些人描述的衰落是一种反方向的进步，是一种在灾难和痛苦中的进步；它的终点是极致的灾难和痛苦；或者开始救赎，即用悲观主义的隐喻表现一种向善的进步。若循环毫无二致地重复，则循环观念压制历史意识，因为历史意识是永恒的个性和差异的意识；这种有终点的进步观念以另一种方式压制历史意识，因为它声称历史上的所有创造都是不完美的，只有最后的创造除外，因为在这一次创造中历史停滞了，所以只有这一次创造才具有绝对价值。总之，为了一种抽象去除实在的价值，为了不存在的东西去除了存在的东西的价值。其后，二者，即是说一切历史哲学，无论它们怎样确定，

---

①　在我所著《哲学论文集》第二卷——《维科的哲学》中，对维科的学说做了广泛的阐述和评论。

②　洛朗（1810—1887），比利时法律学家和历史学家。——译者注

都使发展概念和浪漫主义靠此概念实现的史学发展上当受骗。当这种损
害尚未发生（比如几位杰出的历史学家颇为精彩地叙述历史，尽管他们
声称尊崇抽象的历史哲学，他们或近或远地向它致敬，但注意不把它带
入自己的叙述中），这标志着矛盾尚未被发觉，或至少未像我们今天透彻
地觉察那样；这也标志着浪漫主义拥有长期并深入研究的问题，也拥有
另一些很少研究或迟疑不决、勉强满意的问题。历史也像劳作的个人，
"一次只干一件事"，对于今天不能全力以赴投入的问题，则不放在心上
或临时稍加处理，留待以后腾出手来时再专心致志地去研究。

七

实证主义历史学

　　历史哲学在三点上触犯了历史意识，而历史意识有充分理由珍惜这三点，这三点是：历史事件的完整性、叙述与文献的统一性和发展的内在性。人们反对"历史哲学"和一般浪漫主义史学正是出于这三点，这种反对很坚决，往往很激烈，这种反对以共同的动因作基础，这可以从反对派代表人物经常和谐一致且亲如兄弟见出，尽管他们在细节上有歧见。为了更清晰起见，从三重性上考察并指出历史学家、语文学家和哲学家的反对将受益匪浅。

　　我们所说的历史学家，是指准备致力于特殊事实的而不是理论研究的人们，他们对历史性文献而不是思辨性文献有深湛学识并能纯熟运用，他们独创的格言是：历史应当是历史而不是哲学。不是他们要冒险否定哲学，相反他们申明尊崇哲学，甚至宗教和神学，并且同意下海做一次快捷、谨慎的巡游。但一般来说，他们只愿在历史真理的平静海湾内掌舵，避免驶入波浪滔天的哲学海洋，哲学应在他们作品的边界线上止步。他们也不反对"普遍史"伟大构建的权利，至少在其开始阶段。然而，实际推介和偏爱民族历史或专题性历史，它们可从细节上被充分地研究，并以国家史和民族史的汇集代替普遍史。由于浪漫主义已把它的各种实际倾向（其后历史哲学把它们教条化）引进普遍史和民族史，所以历史学家开始在他们的纲领中，有时还在他们的作品中避免民族的和党派的倾向；虽然他们要求自己的爱国者和政治家的思想被倾听的权利，但正如他们所说，对事实的叙述并不因此改变，事实的叙述应独立于他们的意见展开，或者应伴随自身的进展，自发地证实那些意见。由于在浪漫主义中激情和哲学判断相混淆并相互感染，因此这种避免也就扩展到对叙述事实质量的判断，人们认为历史学家的领域是实在而不是事实的价值，若要对事实做更深入的评价，情愿求助于理论家和哲学家所做的思考。历史不应是德国的或法国的，不应是天主教的或新教的，但也不应奢望在更宽泛的观念中解决这些或其他自相矛盾的东西，正如历史哲学家企望的那样。相反应在怀疑论和不可知论的论文中将一切中立化，或者以会议主席做总结的阐述形式来弱化它们，他既认真倾听对立双方的意见，又对各方彬彬有礼，这里有外交手段，许多外交家或学习外交的人在这类历史中携手合作就不足为奇了。难怪该学派最伟大的历史学家利奥波德·兰克特别钟爱原始外交材料，在他身上可见我们已指出的所有特征。另外，他总攻击哲学，尤其是黑格尔哲学，这加速了哲学在历史学家中名誉扫地。但他做得很得体，注意避免任何过于生硬和刺激的字眼，他声称坚信在历史中存在上帝之手，我们的手不可能抓住它，但它掠过我们的面庞并能够把它的行动告知我们。他用专题论文展开其长期的和硕果累累的工作，而避免普遍的建构；但他在生命的最后几年打算撰写"世界史"时，小心翼翼地把它同宇宙分开，声称它若抛弃民族史（"彼此影响，先后出现，从而构成活的整体性"）的坚固阵地而探寻民族史之外的普遍性，"它必将迷失在幻想和诡辩法中"。在他的首部著作中，他用犀利的讽刺口吻申明，他毫无能力关注历史肩负的重任，去判断过去和为未来教育现在，但只感到能够不断地证明"事情自己如何进展"，他在其全部著作中，竭力遵循这一方法，从而获得他人难以企及的声誉，他甚至为宗教改革时期的教皇撰写历史，这本书在所有天主教国家都受到欢迎，而他却是个路德派，并且终身都是路德派。登峰造极的是，作为德国人，他写出不让法国人生气的法国史。他是杰出的天才，在暗礁之间游刃有余，从未暴露自己的宗教信仰和哲学信念，从不迫使自己直截了当地解决问题，在任何情况下都不贴近使用的概念，如"历史观念"、国家与教会的永恒斗争、国家的观念。兰克成为本国和国外的多数历史学家的典范和导师，即使没有他的直接作用，由他代表的历史类型也会到处萌发，这里早点，那里迟点，根据不同国家巨大政治激情和哲学热平息早晚而定。譬如，在法国比在意大利早；在意大利，史学在 1848 年以后，直至 1860 年仍感到唯心主义哲学和民族运动的力量。但我最初开玩笑似的称作"外交的"，实则为其洗礼严肃命名的历史类型，在勤于思考的人们那里仍很走运，他们热爱文化，而不想因党派激情大发雷霆，不想让哲学思辨导致头痛欲裂，虽然，可以想象，并不是总能用利奥波德·兰克的智慧、平衡和精明从事研究。

外交式历史学家缺少直接拒绝思想进入历史的勇气（因为他们缺少这种勇气所必需的天真）；相反，语文学家有这种勇气，他们天真烂漫。他们的勇气极易增强，当他们对自己的评价越来越高（起初很谦逊），当他们挺起胸脯，因为对编年史和文献的研究已达到精确的程度，还由于批判方法或历史方法的创立（说实话，它不是从无中创造的），这种方法应用于精心细致地理出原始材料的来龙去脉和对文本的内在批判。在德国——方法达到完善的国家，语文学家的傲慢极易占优势，在这里学究式的傲慢比别处更为兴盛，在这里由于对科学严肃性赞扬的习惯作用，"科学性"被严重地偶像化了，这个词被野心勃勃地运用于所有涉及真正科学的框架和工具的东西，譬如，运用于对叙述和文献的收集及批判。意大利和法国的老派学者在方法上取得的进步不亚于 19 世纪的德国，但他们并未因此梦想产生"科学"，更未梦想同哲学和神学竞赛，用自己的文献方法就能驱逐并代替它们。而在德国，每个渺小的文本抄写者、各种文本的收集者、探索文本之间关系者和真文本的推测者，都冒充科学家和批评家，不仅敢同谢林、黑格尔、赫尔德、施莱格尔平起平坐，而且还高傲地蔑视他们，称他们是"反方法论者"。这种伪科学的傲慢态度从德国传到欧洲其他国家，现在传到了美国：虽然它在其他国家经常遇到大不敬的人士，甚至遭到嘲笑。那时，我命名为"语文性历史"或"博学性历史"的历史学方法首次真正出现：即是说过去称作古史、年代记、文库、文集、这些多少有点判断力的编辑成果伪装成历史，似乎只有它们才配称作科学的历史。这些历史学家的信仰被放置于叙述中，其中每个词都以文本作依据，而在语文性叙述者区分、重复但未被思考的各种文本中什么也没有，他们希望能一点点提高，从个别时代、地区和事件的编辑逐渐到综合性编辑，即对各个层次非综合性编辑的概括，直至把全部历史知识安排在大百科全书中，而那些古典的、浪漫主义的、印欧的和闪族的语文学百科全书为大百科全书提供了样书，这些语文学百科全书由一位主任专家领导，由一组专家共同编撰，有时是综合性的，有时是专题性的。语文学家为消除工作的枯燥，有时决心用情感的激动或理想的目光去润色，他们从中学的回忆中获取这样的激动和目光，求助于流行哲学的话语，求助于人们对政治、艺术、道德的一致情感倾向。然而，他们非常稳健地做这一切，以避免丧失科学严肃性的声誉，以避免丧失科学的语文性历史应享有的尊敬，这种历史鄙视哲学家、门外汉和江湖骗子热衷的无用的润色。只是为了避免更大的损害，他们终于宽容了上文描写的那类历史学家，他们还往往倾向于原谅后者由于发现或使用"新文献"而同"观念"发生关系的罪恶。这些"新文献"很容易从后者的著作中被挖掘出，其后再去除"主体的"杂质和前人尝试的加工，从而使它们得以净化。他们熟悉的哲学是"历史哲学"，但就是这一点，也是通过其可怕的名声而不是通过直接学习得知的。他们牢记并随时重提著名哲学家关于历史事件的人名和日期所犯五个或十个错误的逸事，却很容易忘记博学者所犯的无数错误（似乎比前一类错误更醒目）。他们近乎想象：哲学被发明正是为了变更人名和混淆日期，而人名和日期正是交由他们亲切关照的；哲学是魔鬼用来毁灭"文献性"历史的深渊。

哲学家或历史学家—哲学家构成第三类反对历史哲学的人，但他们抛弃了这个称谓，选择了另一个少受怀疑的名称，或用另一个形容词将原名称淡化，或接受原先名称但马上加以澄清：是什么实证主义的、自然主义的、社会主义的、经验主义的、批判主义的哲学家，或者他们喜欢的其他称呼。他们的意图是同历史哲学对着干。由于历史哲学凭借目的概念活动，他们就发誓说要凭借原因概念活动，他们发誓先要探寻每一事实的原因，再逐渐概括出整个历史进程的诸多原因或一个原因：他人探寻历史的动力学，而他们要创立一部历史力学，一部历史物理学。一种特殊科学奋起反对历史哲学，那种自然主义的和实证主义的运动在这种科学中把自己提升：即社会学。社会学将人类事实加以分类，并确定了它们相互依存的法则，靠这些法则还为历史学家的叙述提供了解释原则。另外，历史学家勤奋地收集事实并献给社会学，为了榨出它们的汁液，即将它们分类并从它们中抽象出规律。因此，历史和社会学的关系就如同动物学和生理学、矿物学和物理学或其他类似关系。它们同物理科学及自然科学的差异仅在于它们更为复杂。正如对一切物理科学和自然科学一样，引入数学计算似乎成了历史进步的条件；一种新"科学"——统计学从谦卑的行政实践中产生，它是官僚体制的天才创造，它意想不到地支持了上述认识。由于全部科学都以一座浓缩工厂的观念为模式，因此人们就为历史呼吁并勾勒出"综合"，即历史图景，这样的画面应概括各个历史的主要规律和事实，正像一个图表或一幅地图，只需看一眼，就能发现其中包含的原因与事实。有必要回忆这一学派的创始者和倡导者——孔德、巴克尔、泰纳，以及还在追随他们的当代历史学家兰普雷茨或布赖西希吗？还有必要回忆该学派最彻底和最荒谬的纲领，比如巴克尔的文明史导论或博尔多的《历史和历史学家》吗？我们对这些和其他实证主义学说记忆犹新，因为从年代上离我们最近，或它们引起的喧闹的回声仍未平息。到处都能发现它们影响的痕迹。到处、尤其在其根深蒂固的偏见（值得耐心地摧毁和消除）中可见，这种偏见认为历史、真正的历史用自然主义的方法建构，采用原因归纳法；其后在吸收了近代思想的众多自然主义概念——诸如种族、遗传、退化、模仿、影响、气候、历史要素中，也可见它们。这里，正如对历史哲学一样，我们只限定事实中的本质东西，不必涉足事实的不同特殊形式，即历史被宣告和列举的种种方式，以及这一或那一原因为决定性原因的种种提议，决定性原因有时是种族，有时是气候，有时是经济，有时是技术，如此等等。这里，研究特殊形式有益于特别想展开辩证法和该学派内部解体的人们，他们想指明该学派要以其形形色色方式超越内在倾向，但通过那一途径未获成功。

我们已经指出，这三类"历史哲学"的反对者和他们想代替它的三种方法——外交式历史、语文性历史和实证主义历史，表现出其内部的不一致。现在可证实这一点的是，外交式历史学家蔑视纯粹的博学，不信任实证主义的建构；而博学者惧怕搞错人名和日期，看见外交式历史学家及像上流社会人士目中无人的做派就摇头；最后，实证主义者认为博学者没有深入事物的深层，没有探究事物的自然原因和一般原因，斥责博学者未能提高到把握规律的高度，未能根据社会学的、生理学的、病理学的规律来确定事实的真理。但更能证实的是，我们已注意到使他们生气勃勃的共同观念和他们实质上的好感，因为当博学者不得不用某种特殊哲学伪装时，他们乐于炫耀某些思想破烂或实证主义术语，也分享了实证主义者和外交式历史学家对思辨问题的保留和不可知论的立场。同样，不能不承认博学者向实证主义者要求证据确凿、文献真实的正当性。外交式历史学家同意他们的如下公式：历史不应是哲学，研究要撇开目的论，应遵循因果性的路线。总之，这三类反对者对历史哲学的超验性的态度一致，他们否定了历史和哲学的同一性，但否定程度不同，各自意图不同，准备也不同。

这些学派在否定方面是一致的，但正是在这种同一否定中，所有三个学派变成我们批判的题目。因为，即使是兰克的天才与精明也不能给温和主义注入活力，不能让外交式历史的折中主义坚不可摧。所有对立各方妥协的意图破灭了，因为他们的能力及内在可能性都难以承受任务的重负。不可知论历史观失败了，这种历史不是哲学性的但也不是否定哲学的，不是神学性的但也不是反神学的，而是局限于各民族和各民族间的相互影响。因为兰克本人也不得不承认有超越民族的力量和观念，从而它们需要在一种哲学或一种神学中被思辨地辩护。这样他就为实证主义者提供了攻击的靶子，他们指控那些观念是"神秘的"，从而使它们名声扫地。由于相同原因，其他人逐渐把它们一点点地从理想或精神运动变为自然的和生理的产物，正如兰克的热情追随者——洛伦兹尝试的那样，他因其生殖的和遗传的学说，陷入他的导师竭力避免的生理主义和自然主义。当从精神性向自然的过渡完成之后，历史和史前、文明史和自然史之间的隔墙就不再牢固了。另外，当观念被解释为超验的或符合神意的构想，而神意根据规律统治世界并根据漫游计划引导世界时，就回归到"历史哲学"。那种自诩的公正性和客观性也是骗人的，是基于欲言又止、含沙射影、审慎沉默的文字计谋的。从严格批判的角度看，反对兰克及其教皇史的那位耶稣会士将永远有理——教皇统治或许完全如他断言是变为人的上帝之子的制度，或许是谎言。这里没有尊敬和谨慎的地盘，必须二者择一。事实上，通过那条路，不能摆脱党派倾向，至多组建第三党，由旁观者、宽容者和不热心者组成。在兰克的《世界史》的有关章节中，可以发现其主导概念缺乏一致性的弱点，在提及塔西佗，涉及自己学科的变迁时，他声称"无论对古人还是近代人来说，都不能说历史平静、匀速地向前发展，因为对象本身是在时间的进程中形成的，而观念总取决于作者生活和写作的环境"；这样，他就向盲目的偶然论屈服了：现在的历史图景表明这样做多么不正确，因为无须过多技巧，它就描绘出从希腊到近代的历史思想的有机的和进步的发展。另外，整部《世界史》证明，由于那些观念缺乏一致性，即他故意把那些观念关系搞得模糊不清，就很难使广阔的历史叙述生动，以致全书松散、沉闷、甚至出现外在的思考，譬如在第一卷开头，把扫罗、撒母耳同与教皇斗争的皇帝相提并论，把莱奥波阿谟和杰罗波阿莫的政策同近代中央集权国家和离心地区之间的对立政策混为一谈。一般来说，在兰克的不少著作中，我们发现他都陷入了（这是不可避免的）实证主义方法。涉及兰克的话，同样适用他的追随者和培植调解性历史的人们，甚至他们的调门更高。至于语文性历史，通过我们对其纲领的回忆，其无用性显而易见，因为它直接导致双重荒谬。若真正采用审视证据的最严格方法，就没有一个证据不被怀疑并失去效力，而语文性历史导致否定它想建构的历史的真实性。若随意地并通过外在符号把价值归于某些证据，那就没有什么怪诞言行不能被接受，因为没有什么怪诞言行不能被正直、纯洁和聪明的人们所拥护，用语文学方法甚至无法拒绝基于相同证据的奇迹，因此一场战争或一个和平协定都能被接受，正如现在引证的洛伦兹所表明的那样，他用严格的语文学批判方法考察了圣贝尔纳多的奇迹。为了避免承认难以理解的东西，为了避免承认因证据无效导致的历史无效，就只能求助于思想，让思想从内部重构历史，思想是自身的证据，它否定不可思议的东西，因为那是它不思考的东西。但这种求助就是宣布语文性历史的失败。事实上，由于语文性历史求助于真正历史的一切帮助，它才能或多或少作为历史成立，并自相矛盾；或者说，它自相矛盾，从而使它不能成立；或者抓住实用性、超验性和实证主义的动因，它只在表面上、一瞬间成立。反过来，实证主义在不同种类中经历了相同的变迁，因为它用原因来解释事实的这一历史原则是以事实为前提的，而这样的事实是经过思考的，因此在某种程度上，是完美的和已解释过的。从这里产生了恶性循环，这在历史学和社会学的关系中非常明显，它们相互作为对方的基础，同时又互为对方提供基础。如同说石柱支撑柱头，同时在柱头上再竖立石柱。若破坏这种循环，将历史作为基础，社会学作为顶饰，则社会学就不再是历史的解释，历史就要到其他地方寻找解释。根据不同的喜好，那个地方将是一个未知的原则，或像上帝一样行动的任何观念，在这两种情况下，都是超验性原则，从而把实证主义的头放在历史哲学上，譬如由孔德、巴克尔和所有类似人物的《启示录》及《福音书》证实的那样：他们是虔诚的神学家，尽管有些混乱，全都重陷被浪漫主义史学批驳的那些虚假的概念之中。

事实上，面对这种肤浅的、愚昧的或粗制的、想象的历史，浪漫主义知道它把人类事物发展的研究提升到什么高度，它能模仿波拿巴在雾月十八日的口气，向对手及其继承人大声疾呼（实际通过其继承者的口喊出）："我留给你们如此灿烂的历史，你们用历史做什么呢？这些就是你们应允解决我未能解决的问题的新方法？从中我只看到了挫折和贫苦！"但是，我们在历史学世纪的发展中从未遇到绝对的退步，我们不要让批判实证主义和自然主义学派的猛烈浪潮卷着走，尽管该学派是我们现在和最近的对手，以致看不到该学派的独特性，由于该独特性，它确实构成了进步。我们也拒绝在浪漫主义和实证主义之间进行比较，估量彼此的优点，最后断言浪漫主义比实证主义优越。因为众所周知，这种由教授和主考官判定的级别在历史上是不容许的，在历史中后出现的思想潜在地比它源于的思想优越，虽然表面看来恰好相反。首先，严格地讲，认为浪漫主义的成果在实证主义中丧失是错误的，因为更认真地从其他方面考察那个时期的历史，就会发现那些成果都保留下来了。浪漫主义结束了历史二元论，在历史二元论看来，在实在中存在积极事实和消极事实，选择的事实和摒弃的事实；而实证主义则重复说一切事实都是事实，它们都有进入历史的同等权利。浪漫主义用发展的概念代替已往历史学引入事件进程的深渊和突变；而实证主义重复那一概念，称之为进化。浪漫主义把发展时期化了，或是阶段的循环，就像维科所确定的那样；或是非循环的、线型的阶段，并根据系列精神形式或心理形式模拟不同的阶段，像德国浪漫主义者所确定的那样。实证主义革新了这类概念（虽然因其学者通常缺乏教养，它往往认为自己发现前人从未发现的东西），这可用一系列实例证明：从孔德的精神发展的三个时期，到分别属于当代人兰普雷茨和布赖西希"创新"的社会发展八个阶段或四个政治时期。浪漫主义判定，用视同原子的个人的随意、算计、筹划解释事件是轻率的，应以普遍的东西——观念、各种思想、精神、民族、自由作为历史的主题。实证主义也反对个人主义的原子论，谈论群众、种族、社会、技术、经济、科学、社会趋势；总之，它谈论所有东西，但不再谈论张三、李四的专断。浪漫主义不仅强化了各种观念价值的历史，而且把它们理解为是有机联系着的；实证主义坚持社会因素的相互依存和实在的统一性，尝试用文明史和文化史填补各种专门史的空白，所谓社会史本身包容了政治、文学、哲学、宗教和所有其他类型的事实。浪漫主义打倒了他治的、教育性的、道德化的、服务型的历史；而实证主义自诩其历史即科学，同所有科学一样，本身即目的，虽然像所有科学一样，也是实践的基础，因此也是可应用的。浪漫主义提高了博学的价值，激活了博学同历史的交流；实证主义时期的博学和语文学自认为就是历史，除了浪漫主义赋予它们并由它们保留、夸大的意识外，它们的那种傲慢来自何方？它们的方法的实质，若不是（正如弗埃特清晰地注意到）源于对原始的、纯洁的、天真的东西的浪漫主义的研究，又是源于何处呢？这种研究体现在此方法的创始人沃尔夫身上，记住如下情况有益：他是前浪漫主义者、莪相①和民间诗歌的爱好者。最后，实证主义竭力探寻历史的诸原因、历史事实的连续性、诸因素的统一性及其对最高原因的依赖性，若不是浪漫主义者对发展的方式、目的和价值的思辨，那些努力又是什么呢？无论谁认真思考已表明的这些或其他类似之处，就必然得出结论：实证主义同浪漫主义的关系如同启蒙运动同文艺复兴的关系，即与其说实证主义是浪漫主义的反题，不如说是其前提的逻辑继续和夸大。最终，它转变为神学，也同浪漫主义的转变相符。此外，这是显而易见的事情，因为超验性终究是超验性，无论设想它是上帝或理性，还是自然或物质。

但是，把超验性设想为自然和物质，在这种对浪漫主义问题与概念的自然主义与唯物主义的改写中，观念变为原因，发展变为进化，精神变为群众，等等。起初似乎令人厌恶和引人发笑，起初人们归因于实证主义史学的低级；其实相反，无论谁只要认真观察，就会发现这正是实证主义相对于浪漫主义进步的所在。那种改写有力地否定了历史由超尘世力量、外在目的性、超验的规律所推动的看法，无论从其动因还是从

---

① 描写劳恩及其随从武士的系列故事的爱尔兰说唱诗人。——译者注

其总趋势上看，这都是正确的；它正确地肯定历史规律应到实在中探寻，实在只有一个，称作"自然"。实证主义有充分理由不想知道"形而上学"，它旨在蔑视渗透到康德及其后继者思想中的教条主义的和超验的形而上学。它确定的靶子准确，虽然其后错将形而上学同一般哲学混淆，或把教条主义的形而上学同教条主义的批判、本体形而上学同精神形而上学混淆，而它并未完全从它所攻击的对象中解放出来。这种状况并未改变它对"形而上学"的反感，由于我们仅仅涉及最感兴趣的东西，也未改变它对"历史哲学"的厌恶，从而产生持续的好处。由于实证主义，历史著作才避免比事实简单化，从而比事实更丰富，尤其是浪漫主义所忽视的那类事实，比如通常所说的自然支配，通常所说的退化和病态过程，通常所说的心理幻觉的精神并发症，通常所说的物质利益、生产和财富的分配即经济活动，通常所说的力量或暴力的事实即政治的和革命的权力。实证主义旨在否定超验性并观察吸引它的事物，实证主义感觉到这一点，在这方面确实如此。我们之中无论谁，只要注意那类事物，并且重复那种否定，就会获得实证主义的成果，因此在这方面就是个实证主义者。它的矛盾的功绩在于它使浪漫主义史学潜在矛盾加剧。功绩应归于实证主义最古怪的学说，比如泰纳的学说，它认为认识是真正的幻觉，人类智慧纯属偶然（一种碰巧），它假设说非理性是正常状态；归功于隆布罗索[1]的学说，它认为天才即疯狂；归功于同质被假设后，探寻异质和历史差异性的决心；归功于应按原因解释一切的历史方法准则，但它在美德和天才面前止步，因为美德和天才在历史之外，它们[2]就拒绝那种历史方法准则；归功于可怕的不可知物，在准备登天的宏大科学的喧闹之后，它仍被置于历史与实在的前面。但是，因浪漫主义未使精神与自然真正融合，而是让它们相互对立，若起初精神吞咽自然又未能消化（正如业已指出的，因为它消化不了）是正确的，现在自然对精神也做相同的事、取得相同的效果也是正确的：这是正确的和合乎逻辑的，以致不少古旧唯心主义者转向最粗俗的唯物主义和实证主义；那种不会在纷乱中认识自己的供认，那种用"不可知论"的名词修饰自己的迷惘，

---

①　隆布罗索（1835—1909），意大利精神病学家。——译者注
②　指美德和天才。——译者注

全都具有教育性和启发性。正如对历史实证性的直率肯定构成思想上的进步，推至极致的唯物主义的反题在准备新问题和解决精神与自然关系的新方法方面也构成进步。丑闻应当出现，这意味着即使丑闻——荒谬绝伦的和对人类良知疯狂诅咒的丑闻也是一种进步。

八
新历史学——结论

在实证主义统治时期，浪漫主义思潮不仅显赫地存在（正如已指出的那样），渗透到其自然主义反题中，而且继续存在于其较好形式中。虽然我们未谈及那些学究式的模仿者和保守派——在思想史上他们意义很小，即类似被迫革新的极少数人——我们记得兰克在折中主义中保存了浪漫主义，他在哲学上依赖洪堡（另一位"外交家"）的理论。从洪堡到洛采①，从哈特曼到冯特②，再到其他各国的类似人物，唯心主义和浪漫主义的动因继续照耀着哲学家的智慧与灵魂。在真正的历史学中也发生类似情况，并且不能不发生，因为，若从字面上理解实证主义和不可知论的公式，任何思想光辉都会熄灭在机械论天空或虚无中，任何历史表述都不能形成。由于政治史、社会史、哲学史、文学史、艺术史继续取得成果，即使不似在浪漫主义时期那样重要（环境对自然科学和数学比历史学更为有利），但仍是值得尊敬的。这种情况在一部巨著（即我在这方面多次引述的弗埃特的著作）中已指明；那部巨著能对兰克的伟大作品表示尊敬，由于我阐述得较快，因而特别说明其消极面，譬如使我提及《教皇史》的矛盾，尽管如此，它仍不失为一部杰作。人们发现，较好的浪漫主义精神总是那么有效，就像泰纳的典型例证，从其著作的主题和主导概念来看，他是个坦率的自然主义者，但在各个部分，譬如论及法国诗人或意大利、荷兰画家的特点时，他就成了不可遏制的浪漫主

---

① 洛采（1817—1881），德国生理学家和哲学家。——译者注
② 冯特（1832—1920），德国心理学家。——译者注

义者，以致其《当代法兰西的起源》一书必然以反雅各宾派的夸张浪漫主义结束：同左拉及其他真实主义①者一样，口头上是浪漫主义抒情的敌人，但他们的小说全是抒情的，该学派鼻祖②以抽象抒情风格的《四福音书》结束自己的著作。我们在泰纳那里发现的东西，在巴克尔和其他自然主义者、实证主义者那里也显而易见，他们违背自己的意愿被迫历史化了，那些实证主义者变成了历史唯物主义的信徒，他们在家里发现了辩证法，但不知它是何物、从哪儿来。并非所有的史学理论家都像博尔多和其他人那样，是坚定、狂热的自然主义者——甚至这种人很少，并且名声不好；而大多数人信奉折中主义，这是必然与自由、群众与个人、原因与目的、自然与精神的结合——甚至历史哲学也被接受，只要作为一种需要或适时开始的问题（即使无限期地推延）。折中主义的种类非常丰富，从庸俗通融的低档货到呕心沥血的精品应有尽有，从精品中似乎随时产生不再是折中主义的新词语。

这种折中主义的最后形式，以及多少完整地恢复浪漫主义唯心主义和历史学浪漫主义方法的公开尝试，自从近代意识脱离实证主义并宣布实证主义的失败后，就颇为频繁地出现。但这一切的重要性在于预兆而不在于思想的实际前进。反对实证主义的近代哲学，其中令人注目的直觉主义和价值哲学，都应视为预兆而不是思想的进步（我说的是一般，不是说个别概念和理论，它们往往构成实际的增长）。然而，直觉主义哲学正确地批判了作为经济建构的科学，称它对真正认识毫无作为，就自我封闭在直接意识中，即某种神秘主义中，在这里历史辩证法被吞没了、窒息了；价值哲学把作为精神卫士的价值概念置于科学概念的对面，就像"哲学上谨防恶犬"一样（我们极富想象力的塔里这样说），这就给二元论打开了大门，而二元论阻碍了历史同作为历史的思想的统一。若我们环视四周，未能发现那种新哲学——它能解决幻想型浪漫主义和物质化实证主义的对立，同时为新历史学提供基础和辩护。

显然，我们甚至不能作为一种要求讨论这种哲学，因为要求一种确定哲学，本身就是对那种哲学的思考，因此它不是一种要求，而是一种

---

① 指以 19 世纪意大利作家维尔加为代表的文艺流派。——译者注
② 指法国作家左拉。——译者注

现实。从而，我们进退两难或者三缄其口，在这种情况下，甚至不能讲实证主义是一个业已结束并被超越的时期，也不能谈作为活着的和存在着的东西的新哲学，恰恰因为它是活着的和存在着的。由于我们已对它进行了批判，放弃谈它已不可能，我们只得承认那种哲学不是一种祈求，而是一种存在。为了看见它在哪儿，我们不仅不应当环视四周，而且应当深入自身。我们应当转向激活历史学的历史草图的概念和我们已表述的一切理论说明：在我们已描述的哲学中，实在被断言为精神，但这种精神并非置于世界之上或围绕世界奔跑，而是同世界协调一致；自然被表述为这种精神的环节与产物，因此二元论（至少困扰过从泰勒斯到斯宾塞的思想的那种二元论）被超越，伴随它的，无论是唯物主义超验性还是神学超验性，全都被超越了。精神是世界，是发展的精神，因此它既是一又是多，是永恒的解决，又是永恒的问题，而其自我意识就是其历史的哲学，或是其哲学的历史，二者本质上同一。意识同自我意识同一，即是说，正如生活同思想，既有区别又同一。这种哲学在我们之中，是我们自己的，它使我们有资格在他人的思想中认出它，即在我们之外认出我们自己，因为他人的也是我们的。它使我们有能力在当代哲学的其他形式中，或多或少清晰地并完美地发现它。我们常能进行这种识别，这带来精神上的巨大安慰。恰恰在这几天，当我正撰写这些文字时，我手边有一本一位历史学家、纯粹历史学家的历史著作（我在不少事例中挑选了这个），在此书精彩的开头我读到如下语句，它们就像我的自言自语："我的著作基于确信：德国历史学研究在不放弃其方法论的宝贵传统前提下，应提高到更自由行动并同政治生活与文化的伟大力量接触的高度；在不损害其本质和目的的前提下，应当投身于哲学和政治学，只有这样才能发展其内在本质，才能既是世界的又是民族的。"[1] 这是我们时代的哲学，它是哲学和历史学新时期的创始者。

但不可能写出这种哲学和历史学的历史，它是主体，不是客体，这不再因为一般人公认的原因，我们已识别出那原因是虚假的：即事实脱离事实的意识；而是由于另一理由：我们正在构建的历史是"时代"的

---

[1]　弗里德里希·迈内克：《世界市民与民族国家——德意志民族国家起源研究》，第 2 版，序言第 7 页，慕尼黑。柏林。奥尔登堡，1911 年。

或"伟大时期"的历史，新时期之所以新，恰恰由于还不是一个时期即某种终结的东西。我们不仅不能在年月上和地理上展示它——因为我们不知道它填满时间的程度（它将在几十年内迅速展开，或许将遇到阻碍与挫折，但再次崛起并延续几百年？），我们也不知道它包括的国家范围（将长期限于意大利和德国或德、意两国的某些团体，还是很快扩展到每个国家，扩散到共同文化和公共教育呢？），更为重要的是，我们在逻辑上不能限定它。因为，为了这样限定它，它必须展开其反题，即无疑从其解决中产生新问题，而这一切尚未发生：我们置身于波涛之中，还未停靠港口落下风帆、准备新的航行。"意识在它的展开中抵达这里"，黑格尔在其《历史哲学》的讲义的结尾这样说，但他没有权利这样说，因为他是在日耳曼世界和绝对唯心主义体系中展开的，从对自由的尚未意识到充分意识，但他不接受继续。而我们却可以理直气壮地这样说，因为我们已经战胜了黑格尔主义的抽象性。

旁注（札记和评论）

关于一个反历史概念

我坚持反对在历史学中应用"因果律"的论战旨在肯定历史学的哲学特性；凭借证明，在历史学中，正如在哲学中，找不到那一定律的位置，相反在自然科学的建构中它却发挥自己的作用。若将因果律导入历史行动的活的进程中，历史就会突然停止；若将它导入历史学，历史学就变得难以理解；若导入哲学，精神生活就变得不可思议。利希滕贝格①正确地发现，哲学家为争取人类自由反对科学强加的决定论做了艰苦卓绝的努力，他提示："让我们转换题目，相反我们说，我们的因果概念应当很虚假，因为假若那些概念是真实的，我们的意志就不能是自由的。"

但我不希望大家认为那场论战是由我发动的小战役；谁要是阅读了近代历史学家的若干著作（我要特别提到德国历史学家，他们备受思考和疑惑的折磨），就会经常发现为摆脱那一概念的羁绊所做或多或少自觉的努力。这样的实例举不胜举，但下面是我首先想到的例子。

兰普雷茨②致力于政治经济学研究，他或多或少承认期待在政治经济学中发现其他全部历史——伦理史、政治史、文化史的"原因"，他最终头脑中移入什么东西？不是经济史和精神史的因果关系，而是它们的心身平行论，即经济史和精神史的心身平行论（他还用凝视和心理为其洗礼），还把两条线连接起来，以求获取二者的隐蔽的根源，但仍不能超越它。结论是：历史不能叙述。他并非如此准确表达，而是说（意思一样）不能思考历史。"对人类生成的充分描述，同对个人生成的充分描述一

---

① 利希滕贝格（1742—1799），德国科学家和作家。——译者注
② 兰普雷茨（1856—1915），德国历史学家。——译者注

样，只有从直觉和艺术的观点看才是可能的。"直觉它而不是思考它，即是写诗而不是写历史。这就如同（在《德国历史》第 5 卷现代初期他继续写道）"在经验上确实如此"，"当货币经济现象在社会上变得日益明显时，精神进程也开始了，从 16 世纪到 18 世纪这一进程导致了个人主义：在艺术、文学和科学领域，无论在审美活动还是智力活动范围，兴趣都在转移：人们可以发现为使自然主义统治外部世界所做的努力：绘画达到凡·爱克兄弟的不可逾越的现实主义高度，直至 15 世纪末还有他们的追随者；在讽刺诗和戏剧的雏形中文学接近个人特性；科学研究实在的、历史的和地理的问题，并缓慢地挣脱托马斯·阿奎那和波纳文杜拉①的经院哲学的桎梏"。我们不用理会那些奇怪的定性和更加奇怪的"接近"，在这里我们面对着不可思议的东西：货币经济和凡·爱克兄弟的绘画应同步发展，但不知为什么：此并非彼的原因，由于一个不可认识的 X 的作用，二者彼此各不相同。其后，兰普雷茨产生另一想法应将"经济""心理化"（这是他的原话），经济首先被他看作一种"自然物"；但当他把经济心理化后，一切都导入唯一精神进程，而两条线继续走自己的路，显然再不用提"原因"了。主要是唯一的或平行的精神进程，每一进程都有内在原因，因此它没有原因，因为原因总要归于他物。

阅读贝洛关于宗教改革的"原因"的重要论文②可有助于否定历史中的原因概念，他逐一反驳迄今提及的种种原因，它们被放到政治和经济等事件中，而这些事件同宗教"原因"迥然不同。布尔达赫③同样重要的论文艺复兴的报告④也有助于类似否定，甚至连狄尔泰⑤的谨慎接近都遭到猛烈抨击："应赋予文艺复兴这个词的是精神运动：涉及直觉、情感、想象的需要和倾向；包含人的内在生活及其理想目的；在审美和伦理领域产生。在文艺复兴初期，由但丁、利恩佐、彼特拉克提出政治观念和国家形态，由马基雅维利设计统治艺术的新理论，在君主的宫廷它作为奢侈品和装饰，也用于政治目的；它尤其成了罗马教廷主义的新精神武

---

① 波纳文杜拉（1217—1274），意大利哲学家、神学家和圣徒。——译者注
② 《宗教改革的起因》（慕尼黑—柏林，1917 年）。
③ 布尔达赫（1859—1936），德国语文学家和历史学家。——译者注
④ 《德国文艺复兴》（第 2 版，柏林，1918 年）。
⑤ 狄尔泰（1833—1911），德国哲学家和历史学家。——译者注

器。但文艺复兴主要在行动世界之外运行，其性质同经济力量、同欧洲外在生活的变化没有任何共同点。总之，它不是由这些变化引起，而这些变化在文艺复兴的进程中为其服务。文艺复兴永远是一种理论意志，主要具有文学和艺术的性质。"

缺少的是对原因观念的明确否定。我们说否定概念而不是词语，正如我多次说过，哲学并不发动对词语的战争。在日常会话中，若将"原因"从我们口里夺走，将引起很大麻烦。此外，正如对其他所有词语一样，哲学并不禁止使用它们，而是修正其含义。

原因与借口

伊萨柯·狄斯拉艾利的《文献的奇特性》①中的一篇论文就用这一题目。在此文中他请求"要像帮派那样将'借口'置于政治事务，然后直奔'原因'；这是人们理解党魁们想掩盖的内幕的方法"。他以詹森派②受迫害为例，指出其原因为耶稣会士的忌妒，而过于宽容仅是借口；在聂斯托利③事件中，维护教义正统是借口，而亚历山大教会的忌妒才是原因，或更因暴躁、爱捣乱的西里尔④之故，他对聂斯托利怀有个人仇恨。这种看法和例证总应承认，这仅限于对纯粹政治的考察，或仅限于对无论政党还是个人处于冒险中的实际利益的考察。但显然，若追踪宗教的、思辨的、伦理的观念史，那被称作"借口"的东西就变成了"原因"，即在新的考察中真正重要的事实。由于观点不同才可能赋予或剥夺一个事实的原因性质，这证实如下历史概念的不确切：真正的工作在于理解性质，即理解作为考察对象的事实的性质，即其发展和活动方式；将这些事实同不同性质和种类的事实区分开，有时将后者看作供给前者的材料，有时又把后者看作前者应当排除的障碍。

正像人们不想禁止使用"原因"这一词汇，也不想禁止使用"机遇""偶然原因""动因""借口"等词汇；但我们请它们只用于隐喻，而不让它们描述历史思想的真正进程。

---

① 纽约版，1863年，第4卷。

② 天主教中追随詹森学说的教派，崇尚虔诚和严守教规，认为教会最高权力不属于教皇。——译者注

③ 聂斯托利（约381—451），君士坦丁堡大主教。——译者注

④ 西里尔（约375—444），基督教神学家、亚历山大教区主教，在反对聂斯托利的斗争中，既为宗教领袖，又为政治首脑。——译者注

关于哲学—历史的一个需要

当我重新回顾由兰克主持、有巴伐利亚国王马克西米连①出席的一系列关于近代历史时期的著名研讨会时，我再次发现了哲学—历史的一个需要；尤其在第一次讨论会上，他反对"历史时代"的概念，似乎这样的时代，一个为另一个服务，另一个又为下一个服务，依此类推，以至无限：成为"中介化"的时代（他机智地说）。不！"每个时代都直接来自上帝，它的长处不在于它产生的效果，而在于其存在本身，在于其独特的个性。从这儿发展到对历史的沉思，即对历史中个人生活的、全部个人魅力的冥想；因为每个时代都应视为对自身有效，因此特别值得沉思……教育人类的观念"——这是后来渗入德国哲学和历史哲学的莱辛的思想——"当然包括某些真实的东西；但在上帝面前，人类的各个世代似乎权利平等，因此历史学家也应这样看待它们"。从神的观念的角度看（他补充说），"我不能按其他方式思考事物，只能想到人类对发展的无限种类的沉思，然后形形色色的发展，根据我们不了解的规律、比我们惯于相信的更神秘更重大的规律逐渐显现"。

在这些观念中，有兰克对近代唯心主义哲学或"泛神论"（如他所称呼的那样）的通常厌恶；有他颇感兴趣的哲学文化，这种文化使他声明柏拉图和亚里士多德足以满足其需要，在历史学事实上，修昔底德不可能被后来思想超越，他是不可超越的。正确的反驳立即出现：怎样才能充分思考一个历史时代，若不把它同未来、同由它准备的新时代相联系，

---

① 马克西米连，指马克西米连二世（1811—1864），巴伐利亚国王（1848—1864年在位），广交学者和艺术家，其中最著名的是历史学家兰克。——译者注

让它自我封闭，难道不是去除它的生殖能力，从而使它终生残疾吗？

然而，兰克对时代概念的批判有合理的根据，这种概念把各个时代看作向一个目标气喘吁吁的接力跑，但这一目标是不能实现的；因为，若能实现，则历史就停滞了；这隐含着正确的思想，即在每一时代，或更确切地说，在每个行动和每个事实中，在每一存在和存在的每一瞬间，应当自我满足，并应对取得的成就与获得的拥有感到欣喜若狂。这就是历史的积极性，一种不排除消极性的积极性，甚至通过拥有产生消极性，就像在真理山脚下，总会冒出怀疑的泉水。但是，兰克为了这样表述他的真理，他不得不穿越他从中退出并竭力躲避的近代哲学。

兰克的普遍历史观

　　人们还发现兰克的另一个观念经常被德国历史学重复并接受（今天其大部分仍靠这一杰出历史学家的观念活着），即若无相互作用的各民族史，就不可能有国际史，各民族间存在精神交流的进程，甚至要将所谓"普遍史"的要点浓缩到这类民族以及历史间的联系。

　　这一观念具有其重要性，因为它反对割裂的、并列的、新闻体的历史；但不能原封不动地接受这一观念，需要深化并重构它。这样做之后，人们将发现普遍史的统一不是基于上述断言的各民族间的交流。这种断言立即产生反题（在维科，那里早已产生）：那些民族的生活因自己的内在需要展开并遵循自己的规律；还发现各民族间的交流是肤浅的和表面的。相反，它的基础存在于历史学家提出问题的性质，历史学家把它们之中一连串事实联系起来，形成一种关系，或不如说一种机体，从而超越各个国家或民族的界限。总之，国际性不是外在的东西，而是内在的东西，它寄希望于历史学家，即提问并在其提问中找到答案的历史学家。

　　然而，若如此，就不能从国际角度并统一地论述那种事实或民族的历史吗？当有必要时，人人都能要求这种论述。中国文明甚至美洲文明似乎同欧洲文明分离并独立，但当头脑进行研究，譬如宗教的或经济的或道德立场的某种形式，那些历史就相互拥抱并统一起来了，不必等待发现并征服美洲、马可·波罗旅行、耶稣会士传教、英法反对中国的战争。

　　因此，应当永远关注历史学家的问题，正如关注历史综合的真实和唯一的准则，即决定不同历史学面貌的真实和唯一的因素，坚决摒弃不断更新的外在地和物质地统一的企图。

历史学中的时间概念

　　若否定历史中的"原因"概念，起初听起来荒谬；若否定历史中的"时间"概念则显得荒谬绝伦，因为人们认为历史不可缺少它。然而，历史学不可或缺的不是"时间"概念，而是"发展"或"进程"概念，这样的进程是无限的，每一进程都由思想建构，仅当思想受对这一或那一行动的兴趣驱动，即从人们逐渐置身其中的形势出发才能建构：一切历史的"当代性"的论题，"普遍史"或"百科全书式历史"的不可能性的论题都源于此。从抽象观点看，普遍史包含并穷尽历史的全部内容。如此理解的普遍史的观念或不如说普遍史的想象破灭了，同时作为历史图景的时间概念也破灭了。根据生活发展赋予我们的无限观点来建构无限进程，实际上意味着历史在时间上既无起点又无终点。普遍史本身似乎在时间上有起点和终点，正如威尔斯①的历史（为了举出一个目前家喻户晓的实例），分析时，将发现这些历史是用特殊观点撰写的；威尔斯的历史就是从太阳与地球、热量与动物生命及诸如此类的关系的观点撰写的。

　　在历史是进程的这一历史定义中，还可发现赞同众所周知格言的理由：不能撰写"进展中事实"的历史即进程尚未结束的历史，因为这样的历史既不能判断也不能思考。有人提出异议：我们在行动中、在行动的每一瞬间思考并判断；这是毫无疑义的。但我们思考和判断的，是包括在更大进程中、在它们已结束的小周期内的小进程，而不是那种大进

---

① 威尔斯（1860—1946），英国作家，著有《隐身人》《时间机器》等科幻小说，还著有《世界史纲》。——译者注

程；仅当用想象使事实提前，使尚未结束的进程结束，才仿佛在思考和判断大进程，就像预言家和先知所做的那样。甚至，能够一个接一个地思考未在大进程中消解的小进程，这一事实为另一尽人皆知的格言提供了辩护词：不能撰写在进展中的事实的历史，只能撰写这样的"编年史"。编年史是将形形色色的进程进行外在的和年代学的排序，每一进程单独是可理解的，但在它们的联系中尚不可理解：已被思考的历史的后继者，同时也是其他历史的先行者，只有当它的时刻来临时，它才能被思考。

用这一格言同时提出并解决另一异议：由于所有进程构成唯一进程、宇宙史构成统一性，若不假设世界有末日，则不能获得过人智慧，也不能建构已结束的历史；这就像一个超尘世的头脑在思考盛大节日之后的进程。明确的答案在于再次确认：任何历史的重构从来不是完美的和最终的，一切历史都在继续被重新思考和补充完善。假若世界真有末日，则没有思考历史的必要条件，就会缺少任何历史，随之就会缺少一切思想。

历史和历史学的同一与差异

  人们经常看到现今意大利哲学文献重复历史同历史学同一、历史同历史的历史同一，我以为有必要对这一观念提高警惕。当这一观念同一切历史学"当代性"的观念，即同历史学产生于兴趣或实际生活的需要的论题，因此同历史的历史源于历史，或至少源于有待实现的伟业的观点表面相似时，更应提高警惕。显然，在我们的论题中，历史和历史学既同一又相区别，正如诗歌，激情与诗意、情感与直觉在诗性表现或抒情直觉的概念中既同一又相区别，诗性表现或抒情直觉包含情感，但不是纯粹的情感，是表现的和变为直觉真理的情感，它同自然主义性质的表现毫不相干，即同在声音和动作中表达或反映的情感毫无关系。相反，在另一论题中，只有同一没有区分，简言之，这可称作"混乱"；结果，历史思想即批判思想，通过生活和实际的需要而迷失方向，一切倾向的历史表达被提升为史学观，而一切史学观被降低为实际需要的表达；从而，历史思想的衰竭比实际道德生活更明显，通向怀疑论、轻率和激情诡辩论的道路铺平了。这些就是目前在意大利称作"实在唯心主义"的经院式哲学的效果。当这种哲学还能克制时，未从潘多拉盒子里放出已提及的所有这些宝贝，当它显得无害时，在一般论断中危险地滑翔，断言历史同历史学同一，但未确定同一的性质和方式，把无效力的理论公式运用于一切批判，就必然引起误会。前面列举的历史同历史的历史同一的理论实例，至多用以表明驱使和促进该理论犯错误的动因是什么。由于表明历史学家的著作本身就是被创造历史的环节，正如科莱塔和巴尔博的历史构成意大利民族复兴运动实际运动不可或缺的部分：前者的历史是反对波旁王朝和争取自由的南部意大利的历史，后者的历史是转向反对奥地利统治和要求"自由"的全意大利的历史,并把"自由"作为新文明生活的基础;前者的历史是那不勒斯自由战士的战斗兵器,后者的历史是皮埃蒙特政治家的斗争武器。现在,这种看法对历史学家来说已成老生常谈,因此他们总从纪念性和文献性的二重性审视一切史学作品,把它们看作既是科学作品又是实际作品,科学作品同历史知识的进步同步。而实际作品程度或多或少地同文明生活的进步同步。在史学史中探讨前种性质,在政治史中探讨后种性质,不能将它们混为一谈,在对它们的研究中,不要丧失任何逻辑标准,不要去除任何方向和意义。于是,科莱塔和巴尔博除上文指出的以外,还需指出前者是 18 世纪进步的理性主义者,而后者是理性主义化的天主教徒,他们根据既充分又不充分的概念建构了自己的历史。性质的二重性,恰恰确定同一中的差异,无人想否定作为人类精神同一的这种同一,即人类精神不同立场的同一,它们彼此辩证地联系在一起,不是因为它们相互同一,而是因为它们特别不同。现在,在同一著作中,即在实际把握的唯一对象中,发现两种性质,只意味着概念不是从物质上把握的对象,它们需要内在化,并且需要界定为精神活动的进程,从而使它们富有活力。

历史"尊严"

过去,历史"尊严",涉及题材,由上层人物和国家行动坚定不移地遵循;涉及风格,当坚持叙述的严肃庄重时,就要避免亲切、和善的语气。它曾像一部史诗独特开头的继续,虽说减弱了史诗的冲力,但并未完全丧失,历史正是从这种冲力中产生。文学或修辞学含义上的尊严,受到 18 世纪史学文化和论战的极大冲击,无论涉及题材的选择还是风格;但在随后的世纪,由于浪漫主义及其史学的作用,其史学以小说、骑士诗和中世纪史诗为模式,它又重新具有活力,以至现在,在缅怀希腊罗马的庄严和浪漫主义的卓越时,也不能说那种理想完全破灭,不少教授和编辑凝视并竭力追随它,尤其当他们准备向国人叙述本民族的历史时。

然而,我们不用理会每个人将同自己精神兴趣相连的东西作为历史题材,用符合其心灵状态的故作哀婉的语调来叙述历史。在艺术事实中,只有朴实纯真这种尊严,只有朴实纯真的才是生动的和美的。现在,若我们必须将一种"尊严"灌输给历史,也不再是指派题材和指派风格的那种尊严,而是历史本身的尊严,它不是作为文学或诗歌,而是作为历史即历史思想;这是一种经常妥协的尊严,因为历史学著作,如同一切人类作品,都要通过斗争实现,但在斗争中并非总能获得胜利或完全胜利。

若历史叙述是批判、智慧、理解,就不能容纳任何在智力上不能渗透并理解的东西,不能接受任何作为编年史或具体罗列的系列事实而保留的东西,因为它们既艰难又沉重。由此可见,编年史(即使是灿烂辉煌的编年史)总要向历史屈服,其某些部分总未起到有待解决的批判问题的作用，而是懒惰地作为自己编年史的填料，因为它缺乏自身的尊严：不多不少也是哲学的尊严，不是将各个概念辩证法化，致使此概念从彼概念中产生，从而展开各个概念，而是收集它们并用"还"和"另外"将它们一个个地聚集起来。

有人反驳说，这是过分的奢望，因为大部分过去事实都以思想未渗透或未完全渗透的数据和消息的形式呈现，这是因数据和中间消息的缺陷、我们的心理离悠远事件产生的心理太远所致，即是说，若不作为编年史和半编年史，就不能叙述。但这种反驳不是反驳，因为这里讨论可被思考和已被思考的历史，而未讨论不能被思考和未被思考的历史，假若如此，历史就不复存在。

因此，若历史叙述是智慧并仅是事实的智慧，若在真正的历史中，叙述和判断熔为一炉，则对不是判断和智慧的历史提出要从事称作"思考历史"或"考察历史"的特殊工作的陈旧要求就消逝了。历史叙述和思考重合：若叙述不同时是洞察力和对直觉的性质判定，从而也是对直觉的思考，它就不是历史的。

同前一个要求相类似的另一个要求也消逝了：对历史进行哲学思考，也就是一种历史的哲学，这些词语具有 18 世纪的含义，即其含义恰为编年体的和外在的叙述应当在进一步工作、哲学思考中充实。历史叙述和历史哲学重合，因为每种叙述，只要是历史的，就会把事实导向范畴，同时在事实中再次思考和革新范畴。同"历史"相区分的"历史哲学"，注定成为不是历史的历史或不是哲学的哲学。

于是，显然不能说在历史中不再有叙述，而只有思考，相反，称作对历史进行思考的东西，实际上就是改观的、智力化的叙述，这种叙述不再像编年史那样缺乏联系，或不再像诗歌那样只有情感和情欲的联系。十分奇怪，许多人坚持把朗诵一件件事实称作"叙述"，各件事实相互脱节、难以理解；其后，当那些事实有的在其系列中重现，有的揭示出其意义即完成其任务，他们不再承认叙述，说主要是"思考"和"哲学"。

我已多次指出：这样理解的历史，即作为叙述—判断、问题解决的历史，不能也不应满足那些要求百科全书、教科书、纲要、宇宙图景、宇宙历史或至少民族史的人们。后面这些作品应属于编辑者的工作。但我还想补充一点：那些提出并解决问题的历史小册子，争先恐后地要改造读者的思想和心灵、改变社会倾向；而教科书和纲要若不去搅扰学生的造反笔记，就只能修饰讲义；百科全书和宇宙史特别向仁爱的资产者提供一种幻觉，似乎全部历史都装在书架上的小匣子里：千万当心阅读那些难以消化和无法消化的鸿篇巨制。还请注意康图①《宇宙史》的例证，此书前后十版的任何一版，都处于"保存完好的状态"（书店老板的图书总目如是说），如同刚刚离开装订工之手。那部《宇宙史》更像家中一件可以移动的物品，其后从一家移到另一家，不多不少正是餐厅内一幅"静物"画，没人想去阅读并学习它。

---

① 康图（1804—1895），意大利小说家、历史学家和文学批评家。——译者注

历史著作及其前提

关于文明史的标准鲜为人知，但接受文学和艺术史的标准则并不十分困难。凡读过后种著作的人，都清楚地知道，他读的只是对艺术作品的解释争论和判断：谁若不具有这些艺术作品的直接经验，就不能理解这些争论。对批评文本添加雕塑和绘画作品的图片，引述插入的诗篇，会促进开始和获取这种直接经验，但只有通过阅读完整诗作和欣赏原作才能获取直接经验。然而，对于文明史，人们奢望著作中拥有所有用以认识过去事实即完成作品的东西，好像从本质上看，那些作品不是历史学家关于某些事实的问题的争论，因而似乎不以对那些事实，即对困扰历史学家的那些题材的直接经验作为前提。这种题材在何处呢？小部分在当前著作中，以涉及的文件与证据的形式，插入在其批评说明中；大部分在以前历史学家的著作中，存在于编年史和文件的汇编、文学与艺术著作、口头传说中，还存在于需要通过访问和旅行才能获取讨论中的各民族的地域、习俗、心理的知识中。谁若清晰地认识这些东西，就能准确理解历史学家的推理和论断。然而，若让外行理解如下道理非常困难：在严肃的文学艺术史著作中，不应寻找目录学手册、教学纲要、文选；也不能寻找说明与描述以代替（绝不可能）对艺术作品的认识。同样，需要告诫读者：不要在文明史中探寻此类或类似东西，仅能探寻历史研究的沿革与演变。

哲学与历史

　　基于事物内在性质并且历史地达到成熟的需要，通常在不同地域的不同人们那里显现，尽管他们彼此并不知晓，而且通常力图以或多或少完美的形式令他们满意。因此，当看到施梅德勒的一本书①中，有着我近25 年在意大利不断捍卫和精心构建的历史学的相同要求与相同公式，就用不着大惊小怪了；他完全受德国科学的哺育并继承了德国前辈。施梅德勒通过自己的路也得出结论：只有哲学历史学或如他所说宗教—哲学历史学才是历史学的正确定义；另外，只在这种历史学中，宗教观才凭借思想被"世俗化"了。严格地说，"哲学历史学"是赘言词组，因为历史学不能不（或多或少完整地或零碎地如此）是事实的思考和智慧，即一种具体、行动的哲学，哲学历史学。但是，有必要进一步强化这一历史学命令的意识，因为许多人仍想逃避这一命令，他们反驳说还不想插手哲学，还说没有哲学知识的准备也能撰写历史，以及诸如此类的说法。我们必须回答：根本不能撰写，千真万确的是，那些认为能够撰写的人们可能这样进行哲学思维：若良知（即他们无意识地了解和掌握的哲学）助他们一臂之力，很好；当他们需要另一种意识到的哲学，糟糕；他们分别建构真实的历史和时而随意时而想象而难懂的历史。最近，我发现我们优秀的历史作家之一沃尔佩，② 致力于超越所谓"社会的"或"司法—经济的"历史学（以前他和其他人曾培植过）的片面性，它应当用

---

　　① 施梅德勒：《关于历史学家的心理学和当代历史学状况》（收在《普鲁士年鉴》，1925 年 11—12 月）。

　　② 沃尔佩（1878—1971），意大利历史学家，著有《中世纪》和《现代意大利》。——译者注

"政治的"或"国家的"历史学完善或融合。特赖奇克①、济贝尔等历史学家做过这类尝试，但都没有成功，因为不可能成功。因为政治和国家概念本身应提高到政治和国家的哲学概念，即提高到成为其整体性和统一性的哲学高度，只有这样，历史学才能在广阔天地中活动并呼吸适于它的空气。历史学应当是哲学的，它不会通过任何道路逃脱这一命令；施梅德勒很有道理。

施梅德勒注视着德国，立即发现他期待的那种历史学的近期和当前的代表（狄尔泰、特勒尔奇②等人）既稀少又欠完美，尽管他到处看到它的迹象和预兆。即使采取反唯心主义哲学立场甚至反对一般哲学的兰克，骨子里也有这种倾向，他在1830年的一封信（施梅德勒引述）中写道："听说他缺乏哲学和宗教兴趣很可笑，因为正是这种兴趣、只有这种兴趣，把他推向历史。"正如我在其他地方指出，我认为把历史视为哲学的看法从本质上看是"史学理论"的理论成果。因为，实际上在所有时代它都肯定同不同时代的哲学发生联系；在将来它也将有大致相同的关系，即根据是否有利于提高到不同时代的哲学和最好哲学的天才，来叙述历史。应该承认这样的天才总是少数，因为在所有职业中，卓越人才和传世杰作寥若晨星；这不意味着它们不是那些职业的本质表现，正如不能降低诗歌的品格，以便让不会赋诗的庸才混入诗歌界，同样不能降低历史学的品质，从而把历史学家的称号赋予不会思想者和萎靡不振者。

施梅德勒主张合法的历史学观念，他同我一样，导致区分历史学不合法形式，我把那些形式称作"伪历史的"；他提出两种形式，我也做过区分与确定，即艺术性历史学和实用主义或倾向性历史学；虽然他忘记了一种形式，而我确定过，即语文性历史学，它存在于有科学尊严的纯粹编年体。但是，在他对实用主义（他称之为"行动主义"）历史学的批判中，有一点不够肯定、没有展开，他批判并摒弃特勒尔奇、哈尔纳克③等人把历史建构同现在联系起来的观点，认为这是一种危及历史的客观性和沉思性的实践主义。说实话，这些作者并未达到现在哲学观念，由

---

① 特赖奇克（1834—1896），德国历史学家，主张德国统一。——译者注
② 特勒尔奇（1865—1923），德国文化史家。——译者注
③ 哈尔纳克（1851—1930），德国历史学家。——译者注

于他们把现在变为过去的尺度，或者更糟，他们奢望研究过去为现在行为提供准则，才值得施梅德勒批判。但在他们的论断中，有一个至关重要的要求，我恰恰要将这一要求理论化，并界定为一切历史都是当代史。这里我不想展开说明这一理论，因为我在其他场合已深入解释，而且我的读者都很清楚，但我只说现在的实际问题是产生历史研究和历史建构的不可或缺的条件，正如情感与激情是产生诗歌的不可或缺的条件。当然，它们①不是诗歌，正如实际兴趣不是历史学，若情感直接倾注于诗歌，实际兴趣直接倾注于历史学；那就不是诗歌，而是一种非诗的实际倾诉；那也不是哲学史学，而是倾向性史学。兴趣在史学中的作用，如同情感在诗歌中的作用，只是提供材料，前种情况向诗歌问题提供材料，后种情况向史学问题提供材料；而诗歌创造和史学创造或建构是理论精神的原创和纯粹活动，这种精神要在形式中消耗或删除（席勒如是说）材料：是消耗材料，但为了消耗，应当把它置于面前；而且在消耗中，其作品展开了——若诗歌不想沦为空洞的修辞形式主义或业余水平的审美，历史学也不想沦为空洞的语文学形式主义或业余水平的好奇的话。

施梅德勒可能会更加坚信这一真理，若他批判（我们不想在这里重复）的哲学只受现在实际兴趣驱动产生，而不同那些实际兴趣重合并混为一谈的话；不仅如此，这种哲学要不断地超越它们②，虽然总是通过它们超越，必须超越它们，若不这样做，就会陷入变为空洞的学院主义的痛苦中。

---

① 指情感与激情。——译者注
② 指实际兴趣。——译者注

捍卫反哲学的历史

　　巴克尔重提由我阐述的历史观①：历史从不是死亡的过去史，而是活着的过去史，因而是现在史，历史同哲学同一；他最后指出有必要确立异于常规的培养和教育历史学家的方向。波兰德奋起批驳这些观念②，并致力于恢复哲学家追求普遍、历史学家追求特殊的陈旧观念；不言而喻，前者的作品大约是想象的建构，而后者的作品坚实可靠并富有科学性；毫无疑义，有必要摒弃和惩罚哲学家的盛气凌人。但波兰德的推理不能成立，若他认为我恰恰曾致力于此，即惩罚哲学家的趾高气扬，曾要强迫他们（就像加诺·德拉·贝拉总是手握宝剑、紧闭蛮横的厚唇同男爵们对峙）加入行会、"梳理亚麻"，即强迫他们解释事实或为其解释服务：恰似所谓历史学家所为，但他们都有一个或多或少成熟的哲学帮助工作。我承认，与其说让哲学家、纯正哲学家（此外，从维科以来的两个世纪，或从一个多世纪来、从浪漫主义者、从黑格尔直到现代文化哲学或"价值理论"，都走上这条路），不如说让不是哲学家而是教授的哲学教授（正如英国大学的"诗歌教授"肯定不是诗人）相信这一点非常困难。同样，与其说让纯正历史学家（生活激情不断向他们提出问题，驱使他们从事历史研究并深化自己的问题，事实上他们也是优秀的哲学家），不如说让历史教授和档案工作者确信这一点十分困难。《历史杂志》的一篇评论文章③也称赞波兰德的异议，认为他"很有力地、而且可说是令人喜悦

---

① 参阅巴克尔《历史哲学》（刊于伦敦《历史》杂志，新丛刊第 7 卷第 26 期，1922 年 7 月，第 81—91 页）。
② 参阅波兰德《为历史研究辩护》（同上，第 27 期，1922 年 10 月，第 161—177 页）。
③ 参阅第 128 卷，第 1 集，第 151—152 页。

地摒弃"，因此回到"对事实的研究，而不顾它的权力"：这恰恰是杞人忧天和庸人自扰。确实，由数位哲学—历史学家和历史学—哲学家的头脑完成的、历史与哲学的融合或至少内在的合作，要成为一般文化运动还需要长期进程；即使这种情况就要发生（在意大利进程已开始，真不能说已中断），总被认为有点贵族气，在运动之外，"纯哲学家"和"纯历史学家"仍将继续生活，谁也不会想到缺少水和火。但是，历史学家知道在短暂时间内发生前所未有的全面的深刻变革吗？或许如此实现的变革是实在和有益的？

捍卫反历史的哲学

可以这样界定卡拉贝莱塞的一篇论文（《历史》，收在纪念瓦利斯科①的《哲学论文集》中，佛罗伦萨，1925，第21—61页），因为显然其目的是重新确定哲学与历史的区别，不是我们也接受的那种，即抽象环节（对范畴的思考）同具体环节（历史判断或叙述）的区别，而是卡拉贝莱塞让哲学能保持的那种，即哲学具有"无结论"和"无用"的自主权并善于贵族式的夸耀。这种哲学观，我觉得从逻辑上说明相当困难，从心理上解释可能相对容易，把它同卡拉贝莱塞应当面对的某些有价值的实例相联系，比如他遇到过一位神父—哲学家，终生探索"永恒问题"，但未解决任何问题，或如俗语所说，从洞中连一个蜘蛛也未掏出。②

毫无疑问，为确保对职业化哲学感兴趣，就不会对如下现象感到惊讶：作者从未感到困惑、对真正的历史学问题无动于衷，甚至显现他对涉及历史学的概念不甚了了。卡拉贝莱塞教授写道，在历史学的新理论中，"不仅文件—事实（现在）同经历事实同一，而且叙述事实（历史学）同文件—事实也同一"；这恰同我说的相反，我现在仍然坚持，区别在于历史和史学史。他似乎还想指责我的学说的暂时性和缺乏辩证法，他在其中一再清晰发现，哲学同历史一样，都不合时宜，并设想"永恒的现在"。他同样轻蔑地提到，诸如"无用的问题"、关于历史的科学性与直觉性的争论。他不知道，出现将历史沦为科学的企图，是实证主义或自然主义的逻辑必然；他也不知道，要求直觉性和审美性，是对实证

① 瓦利斯科（1850—1933），意大利哲学家，著有《科学与意见》和《从人到上帝》。——译者注

② 意为"一事无成"。——译者注

主义的首次抵抗和造反，是开始恢复个性与精神性的概念。因此，决不是无用的问题。我们发现，在那种轻蔑中，缺乏历史感、历史眼光和历史解释，这在哲学工作者的学术论文中已司空见惯。他们不合时宜的谈话声调、不着边际的批判及答非所问，大都归因于这种身份。

"好奇"和"兴趣"

人们习惯于将有"兴趣"或"重要性"的消息同那些纯粹"奇异"的消息加以区分，将由"兴趣"或"强烈兴趣"驱使的历史研究同由"好奇心"驱使的研究加以区分。但千真万确的是，后种研究受"兴趣"驱使决不比前种程度差，而奇异的消息引人注意的程度也不比具有重要性的消息差，差别不在重要性的多少和大小。那么，差别在哪儿？差别在于：历史兴趣是全人类的兴趣，正如变为才智的激情一样。而好奇的兴趣是想象的兴趣，仅受想象的快乐驱使①。实际上，人们在探寻这种或那种好奇研究的兴趣时，将会发现不同的快乐存在于对一个地方、一个人、一个行动、一种习俗、一种古怪言行或其他东西的想象中。相反在历史学家那里将依次发现对于一种道德条件、政治斗争、哲学或艺术问题及诸如此类的关注。而博学者或语文学家作为满足上述需要的准备阶段，反映出历史学家的严肃性，他们俯视并蔑视"奇闻的收集者"的态度油然而生。但是不能消灭后者，正如不能消除人们的想象的快乐；个人或多或少都在探寻并享用着一些奇闻。只有在社会经济的研究中，缩小"好奇"范围、扩大"历史兴趣"范围的倾向，贬低"奇闻"收集者、抬高历史学家和博学者的倾向，抱怨过分"好奇"轻率、缺少严肃的历史研究的倾向，甚至谴责沉湎于好奇心或弘扬好奇心的趣味的人们的倾向，才是正确的。假若那种趣味占上风，则是一种坏迹象；但说实话，这对整个社会来说（对它说来，生活的必然性总来记起并灌输历史

---

① 关于"想象的快乐"，请参阅《伦理学入门》ⅩⅤ（收入《伦理学与政治》，巴里，1956 年）。

研究的严肃性），并不像对个人那样可怕，他们在好奇中迷失，尽管通常他们也干不出更好事来。另外，好奇心和想象的快乐在其他学科研究中具有自己的位置也不是一件坏事，放松勒紧的绳索也是保健的要求。其实，主要是既不受思想也不受想象引诱的、僵化的博学者和乏味的语文学家鄙视"好奇"；而不是历史学家，对他们来说，有时沉醉于幻想之中是愉快的。

"历史事实的独特性"

蒂森的一部书①使李凯尔特的那部名著被重提，还以某种方式联系起施本格勒的声名狼藉的大作，我不知为什么德国教授仍然严肃地对待它（他们的习惯和思想倾向是否有不少东西公开来自施本格勒的劣等货）。蒂森认为需要摒弃把学科通常划分为精神科学与自然科学的做法，他单纯从形式逻辑的观点出发，提出区分两类科学：经验科学，根据平等和不平等关系建构认识的个别对象；历史科学，根据在时空中的比邻关系建构认识的个别对象。要求是正确的，仅当它反对把精神和自然描绘成两种本体和两种事物的学科区分方法；但我不相信作者这样理解要求，就像李凯尔特，说到底，他也是个二元论者（他甚至接受作为映像的认识论）。此外，若在真正含义上接受要求，则不能回避另一问题：什么东西可以历史地理解？这是个近似答案的问题：假若不是精神，则不能历史地被理解，因为只有精神才是历史；假若建构自然史，在此种情况下，它被理解为事实的或精神行动的历史（正如在旧自然哲学中，以神话形式；在从达尔文到德弗里斯、柏格森的进化论论著中，以批判形式）。由于只有历史是实在的，从而产生另一结论：经验科学就是历史本身，但它为一定目的被抽象地分析，在抽象和静态中，它装成永恒的东西或自然。蒂森不想跟随我们走这条路，在这条路上，本来他会发现，他为反对历史事实的"独特性"而要求的"唯一性"，被李凯尔特理论化了，并同那种独特性相吻合，因为在不同情况下实现的东西，自身也不同，均具有独特性。真不幸！这样，施本格勒惊人的发现就不能成立，其惊人

---

① 参阅蒂森：《历史的唯一性——历史逻辑研究》（波恩、科亨，1924年）。

仅限于显得像新思想，然而却是在数百年内被无数次地思考或想象的东西。在这条路上走得久了，还会发现令现今历史逻辑学家恼怒的问题毫无价值，即用何种标准将历史事实同非历史事实区分开。若所有事实都是事实，实在历史不会缺少任何事实，显然所有事实过去、现在、将来都被历史地思考；当让它们在探究精神面前重现有益时，所有事实都有能力被这样再思考。

我不认为，由于上述批判性考察，蒂森著作的价值就降低了。他提出自己的前提，通篇是细致入微和入木三分的分析，为德国式的一丝不苟提供新作，应当成为拉丁国家的榜样，或至少用来矫正陈俗陋习。但请允许我再补充另外两个一般性考查：在蒂森的这部书中，正像我读过的德国哲学著作中，我发觉历史科学的视野狭窄了。人们引证李凯尔特、狄尔泰、席美尔、迈耶，这很好，他们过去或现在都是杰出人物，他们的观念值得学习和讨论，但经常把目光转向伟大人物、经典人物，譬如谢林或黑格尔就无益处吗？有多少问题，现在显得严酷艰难，若受更高的哲学思维方式启示，就会茅塞顿开并迎刃而解！为何不阅读或重温施莱格尔及其他浪漫主义者关于历史的思想！今天我们还有多少东西要学习啊！

我这样讲，因面临学院主义的压力，它抬高少数"作者""科学的终极发言"和独特的哲学立场。当代的教授，其中几位，并限于理论的某些片段，在未来的思想史中可能被提起。相同的原因产生第二个缺陷，（我不知道如何命名）是对手册、课本的担忧，即担心难觅准备教科书及普及手册的更好方法。若没有这种担忧，怎么会产生奇怪的忧心忡忡——不能把所有事实写入历史著作，试图区分作为个人的我感兴趣的东西和作为人类的我应感兴趣的东西，根据价值表等确定历史事实、超历史事实、非历史事实？谁要不是教本、手册的作者，就会摆脱这种苦闷，因为他会看到并了解：人们逐渐叙述他们感兴趣的历史，商人独自撰写自己的兴衰史（就像恺撒·彼罗泰奥那样）；同样，历史学家往往冷漠地和平淡无奇地撰写罗马兴衰史。

历史中的历史:伦理—政治史

我在其他地方已经指出①，不能设想凌驾于其他历史之上的历史、凌驾于个别史和局部史的一般史或整体史。但人们通常认为，存在确定或探寻一种真正历史的倾向。人们承认诗歌史和艺术史是历史，但又不是历史；同样，对哲学史或科学史也可以这样说。另外，公认享有尊严的历史也逐渐从高位上跌落。真正的历史（被说成）是国家史；有人反驳说它不是，而是文明史。马克思主义者主张：真正的历史是经济生产史；有人反驳说它不是，而是宗教史或道德史。在这类冲突中，总有人们业已提及的一个前提，即在各种历史中，有一种历史优先享有尊严；这是不能掉以轻心的前提，无疑不能说它是偏见，反而要深化它，以便在这种逻辑形式内不能成立的情况下，看它还包含什么合理要求，如何能合法地满足这种形式。

在我看来，这种要求在于准确地区分、界定和建构我们接触的历史，不是作为这一或那一政治利益集团的成员和这种或那种经济活动的代表，不是作为对诗歌和艺术的爱好者，不是作为对思辨问题的研究者，而是作为有道德行为的人：人们想称它为道德生活或宗教生活的历史，而我为避免因同道德化历史及所谓宗教的历史混淆所引起的误解，为了指出其大部表现为政治生活，我曾建议将其称作伦理—政治史：在这种历史中，文明史和国家史融合并统一了②。当重视道德生活的重要性；当记起即使在普通格言中，人的自身价值不在于其艺术或科学的才华，不在于其经济才干，而在于道德品性；就很容易解释这种历史，虽然在逻辑上

---

① 请参阅本书上编第 8 章。
② 请参阅我的《政治入门》第 3 章（现收入《伦理与政治》，第 278—290 页）。

是诸种历史中的一种历史，同其他历史既有区别又密不可分，是历史辩证法诸种环节中的一种环节，为什么被凌驾于其他历史之上，用普通话语说，除"诸种历史"外，人们承认并要求"历史"。这样，历史学的许多事情也就解释清了，因为要求道德—宗教史或伦理—政治史的优秀论著，若不能完全解释也要有助于解释大部分赞同文明史或国家史（伦理国家）、观念史（道德倾向）的种种建议，甚至包括赞同一种历史，它不是这种或那种个别历史或它们的大杂烩，而是理解为"自由的历史"的"历史哲学"。

伦理—政治史既同政治一体又不同政治一体，正如经济史、诗歌—艺术史既同经济、诗歌—艺术同一又不同经济、诗歌—艺术同一，因为它同所有历史一样，以其他所有历史作为材料，而仅以自身作为形式。因而，伦理—政治史的英雄和人物，不是其他历史的英雄和人物；或者说后者的英雄和人物进入前者，也不像在后者中那样，因此它们在被要求的新关系中具有新面貌和新水平。在这种历史中，拿撒勒的耶稣和大数城的保罗比奥古斯都和提比略更加显赫，路德比莎士比亚更突出，马志尼①比罗斯米尼②更出众。这种历史的战争与和平同狭义的政治史叙述的战争与和平既一致又不一致，无论如何，它有自己的战争与和平，异于西班牙王位继承③、拿破仑霸权的战争和乌德勒支④、蒂尔西特⑤、维也纳⑥的和约，它们也是强国的战争与和平，但不是单纯力量的强国。纯政治史会首先指向外交家，军事史会指向军事家；而伦理—政治史则指向有意识的人们，他们专注于自己的道德完善，这种完善同人类的完善密不可分，真正可以说它是人类在自己的活动和进步中一次次地获得自我意识的大考查。

---

① 马志尼（1805—1872），意大利政治家，曾创建"青年意大利党"，领导民族复兴运动。——译者注

② 罗斯米尼（1797—1855），意大利天主教唯灵论哲学家。——译者注

③ 西班牙国王查理二世死后无嗣，为争夺王位继承权，法国同以英国为首的反法联盟于1701—1714 年进行的战争。——译者注

④ 1713 年 4 月反法联盟各国开始同法国在乌德勒支和平谈判。——译者注

⑤ 1807 年 6 月 25 日，沙皇亚历山大二世同拿破仑在俄国的蒂尔西特会谈，沙皇应允同英国断交，承认波兰大公国。——译者注

⑥ 1814 年 9 月，拿破仑第二次退位 5 个月，奥、普、俄、英四强在维也纳召开会议，重构欧洲秩序和划分势力范围。——译者注

民族主义历史

　　历史批判往往显得对爱国主义或民族主义并不十分友好，因此通常受到冷遇和粗暴对待。为了不去远方，在意大利，今天若有人想试试，提醒说：罗马史并不是意大利史；今日意大利人并不是罗马人后裔；罗马帝国不能作为力量与伟大的理想，因为它代表社会和国家机构缓慢和不可遏止的衰落；以及诸如此类历史批判的明显真理：他立即会被绝非欢乐旋律的合唱曲所吞没。由于这一原因，我们许多历史教授不仅闭口不谈那些简单真理，而且在其深思熟虑的学问中，勇敢地、坦然地（正如他们所能）谈论与真相相反的看法。

　　当想到被历史批判证明是虚假的看法，有时却成为典范和模式，构成国家和家庭传统、传说和"神话"，这些传说和"神话"总伴随并推动政治行动，还同政治行动融为一体。由此推断，若废除那些想象，随之造成绝望和空虚，自然引起对行动的激情与热忱的锐减，因此人们趋于判断强烈反对历史批判的政治和国家意识并非非法。另外，当想到批判不能放弃批判，历史批判不能偏离自己的本性行动，我们将面对着另一结论：历史同实际政治，批判同爱国主义，处于内在冲突中，并造成自相矛盾。为了避免自相矛盾，唯一解决办法是，由于热爱祖国和遵守国家纪律，要迫使批判三缄其口，让已炮制和待炮制的假历史畅通无阻。

　　这种压迫性和荒谬的解决办法，不能说是普通的解决办法，其逻辑前提是，神话为行动所必需。但真理为行动所必需，而神话本身仅是真理的不完善、混乱、暂时的形式，仅当内含的真理要素起作用，它才有效并有益。因此，无须惧怕批判：若批判不代替则不破坏；若批判用历史的严肃真理代替神话和传说的半真理，也从未削弱行动，相反强化行动并保障它免除危险；若罗马史不是意大利史，但总存在意大利史；若今日意大利人不是罗马人的后裔，或他们具有现代欧洲其他民族的相同称号，他们仍然有自己值得尊敬的父辈和祖先；若罗马帝国不是健康政治生活的理想，那英雄时代的罗马共和国或另一时代就是这种理想；即使在极端情况下，历史批判使一个民族引以为豪的传统失去根据，若证明该民族是全新的民族，就不会使其丧失人类一般历史传统，这种一般历史传统足以使其根据古人的格言，从自身开始实现崇高，而其他民族业已实现。

反驳意见也无法接受：有些人不善于把自己提高到真理的水平，那就需要给他们提供神话，神话以自己的方式总有益处；因为显然批判属于善于提高到真理水平的人们，即善于自我修养、上进和成长的人们；若他人经努力仍无进步，让他们捧着神话再好不过，他们还把掺入修辞水的劣酒当成名酒痛饮。至多，有待建议勿使少年或老小孩发生丑闻，在缺乏条件的地方，建议放弃讲授批判，这些条件是：有赖以依靠的政党；无须建议，人人具有良知，人人希望甚至奋发努力以减少生活在愚昧中的人数，但不相信靠智慧或力量能一蹴而就；若不想浪费时间，就不要向不能理解的人宣讲。

似乎爱国主义的和民族主义的历史是为少年和老小孩写的，这样的历史难以令渴求纯粹真理的心灵满意。彼得·培尔说："历史的完善在于使所有学派都不愉快"，因而每一部爱国主义历史都令本民族满意，或令其平民满意，相反令其他民族难以忍受。因此，各民族的爱国主义历史相互否定，而从未协调、合作以澄清人类史。例如，由于我应写一部民族主义的意大利史，若我读一位德国名人如特赖奇克的民族主义的德国史，面对他的卖力献媚，那些讨好普鲁士、霍亨索伦①、老布吕歇尔②、的甜言蜜语，我会感到烦躁不安，他的语音语调令我想到一位主持弥撒

---

① 欧洲历史上的著名王朝，其家族为勃兰登堡—普鲁士（1415—1918）及德意志帝国的主要统治家族。——译者注

② 布吕歇尔（1742—1819），普鲁士陆军元帅，在滑铁卢大捷中曾起重要作用。——译者注

的神父，而绝非一位历史学家。这种反面经验提示我们应下决心让他人免除那种烦恼，同时也让自己不再扮演狂热者的角色，或塑造既狡猾又天真、仿佛从不骗人的狡猾者的形象。

各民族特性的描述

　　什么是一个民族的特性？它的历史：它的全部历史并仅为它的历史。在这种情况下，是完全一致，或不如说是同一。同样，一位诗人的特性是其全部诗歌事业并仅是诗歌事业。当人们在这一或那一时代或各时代的全部进程中描述一个民族的特性时，勾勒出该民族进行的活动、完成的事业或它的历史的一般轮廓（带有一般东西的缺陷）。

　　然而人们往往陷入把一个民族的特性同其历史割裂的错误之中，先介绍特性，旨在后探寻它如何一再影响历史上曾有过的事件。但是，若特性被设想得完整无缺，则任何历史叙述都不能进行。由于事件只是交织在一起的行为，民族特性是这些行为的进程；因此，当人们以特性作为前提，则是在推测历史而不是在思考和叙述历史，除非想要复制它。历史感敏锐的作家都避免描述各民族的特性，或把这类描述转化为历史叙述时，未发现这类描述的问题。

　　这样确定的特性，由于使历史学不能成立，同时也就否定了精神的创造性。对一个民族特性的描述，总令该民族难以接受并遭到摒弃（尽管充满溢美之词），它有充分理由感到那类描述对自己不适合，同时高于或低于自己的实际精神生活，就像一间牢房无论大小，但终究是牢房。相反，该民族却心甘情愿地接受对其这一或那一活动或其全部活动的判断；但这不是对其特性的判断，即使后种判断是真实的，也会把该民族变为动作机械、毫无意识的人群。作者通常不描述自己所属和参与流转生活的民族的特性，或无论如何竭力不使其生活流转；他只描述外域民族的特性，对那些民族持某种程度的冷漠态度，因此很容易确定其特性并使它静止不动。

千真万确的是：若将这样的抽象和想象当成实在，则人们将置身于经常不断的错觉和醒悟中：因为特性被凝固的民族，并不因此就使自身凝固，而是继续流转；若有人按已形成的虚假观念对待它，并按这样的观念进行预见，他定会在事实面前碰壁，于是还会受到其他性质的损害。后来，他供认从未期待这种事情可能发生：然而他恰恰需要知道未曾期待的事情如何发生，需要知道历史（根据加富尔伯爵喜欢的格言）"即兴表现"。

上述错误在于将各民族的生活机械化和物质化，并作为一种特殊情况，陷入自然主义的、实证主义的和社会学的错误，即赋予抽象模式实在性，把属于精神的东西转换成物质的和机械的东西。正如各民族的性格学，即确定各民族自己的规律；社会的、政治的或其他形式的历史的性格学、类型、规律，在政治、社会或其他的历史之外不存在实在性；当忘却它们纯粹的工具作用，并把它们混同于实在事物，就会接受"事实的教训"，还将发生错觉和醒悟，这一点上文已讨论过。人们期待着根据已有的社会学模式应当发生的事情，然而实际发生的是新型的、截然不同的事实。人们还说（这样说似乎为了简练），法兰西民族有着某些确定的美德和缺点；但在这些话语里，人们总是想到这一或那一方面、各个阶段和时期的法国历史，或在数百年进程中思考的法国历史，并且永远准备赋予抽象完全的真理性，通过把它导入全部历史中，还需警惕把在过去确定的特性移至将来的企图，即设想将来不是人类天才创造和力量的产物，而是对过去荒谬的重复。

结果总是相同的，重新陷入因不断出现的渴望而产生的伤感：在历史中拥有生活的导师，以指导如何行动。生活的导师——历史，在上文描述的社会学含义上，即作为法律、规则和教规的创造者，自一段时间以来已不能成立；在现代思想中，它也丧失过去在论文和演说中的地位。生活的导师，就是生活本身，因为，若不如此，生活就终止为生活。另外，人们的这种渴望有其心理动因，在于人受迷失感和衰弱感的支配，在于要求他人的救助，而他人不可能给他以救助，因为每人都应自我救助。自我救助的行为，通过认识"现在出现"的过去（只有以这种方式历史才指导生活，即作为同生活相连的生活），通过在受心灵深处启示的新事业中超越过去的意志，通过确信勾勒我们努力蓝图的天意得以实现。

军事力量与历史

罗尔巴赫的著作①的特点与优点，即作为德国杰出历史学（尤其是兰克的历史学）的生机勃勃的纲要，已由费拉彼诺在现在出版的意大利文版序言中指出并描述，以致我无疑只需引述他的话，而无须说我的话，否则也是重复。费拉彼诺以再好不过的方式强调：著作的主导观念——"历史的法则是组织成军队的力量"，即它作为理解全部政治力量的关键，作为全部经济、行政、智力等力量的象征，应当在战争和战役中，即在它们的整体中、它们最高的实际考验中理解。当然，在可以采用的各种提喻法和象征中，恰恰这种军队的提喻法和象征，是德意志的或普鲁士的；我们意大利人要用其他方式表达相同的思想。但当赞同一种思想的真理时，就不适宜争论比喻和象征了。以致，若德国作者有时对他的象征使用得过分令人厌烦（也不能说滥用）；费拉彼诺独自告诫说："在这一词语中没有危险吗？在不理解它的人那里存在危险。当然，在澄清它的每次努力中，都不缺少无教养和草率的头脑，使它歧义纷呈和结论荒谬，甚至把它变成鼓吹暴力。对这些莽汉来说，既不存在证明也不存在解救。但我首先要对他们说，就是对他们，军事公式也能成为历史真理的导师。它向残暴者提出三个严正警告：历史中的力量是文明力量，是多重力量，是暂时力量。"（第21页）太好了！那些在政治理论和政治史中一直强调这种力量概念的价值的人，同我一样，当看到解释那么悠远和广阔的历史的原则，被歪曲成为这一或那一党派、这一或那一措施辩护的权宜之计，就不能不感到厌烦并奋起反击；它们的唯一法官是具

---

① 参阅罗尔巴赫《人类的历史》，都灵，博卡出版社，1925年。

体道德意识或如我所说的伦理—政治意识：这是不允许逃避的法官，若在历史中的别处寻找，就贬低和败坏了理论本身，即整体缺乏道德谨慎的责任感和科学尊严的责任感。

费拉彼诺的序言的最后几页，我不敢苟同：力量概念主导的历史，同内在的、精神的和道德的历史相比较时，被视为外在的、世俗的和自然主义的历史。在他这种立场中，我看到某些现代形式的唯心主义的预测后果，由于肯定一种极端唯心主义或唯灵论，它们未能超越自然概念和精神与自然的二元论，反而让后者从它们内部产生。正确的道路，是从精神上理解被称作力量和自然的东西，只是经济—政治活动，这种活动可引起一种特殊历史，比如罗尔巴赫的历史，它并未破坏其他历史，反而以其他历史作为前提并不断呼唤它们，尤其是伦理史或宗教史，在精神的活的统一中，一切历史都在充实它。但费拉彼诺似乎瞄准它处，我从他对曼佐尼论法国大革命的论文的赞誉性注释①中发现这一点；我们需要等待他发展自己的思想并首先证明，曼佐尼那一篇反历史的论文具有现在赋予它的历史价值，要知道曼佐尼有一个介于詹森派和启蒙派之间的反历史头脑。说真话，我觉得要承认那种历史学先驱曼佐尼超越并革新了现代历史学，确实有点艰难。

---

① 参阅罗尔巴赫《人类的历史》，都灵，博卡出版社，1925 年，第 289 页。

社会学与历史

     巴尔内斯的著作及随后讨论的主题①，在意大利可以说已充分展开，在这里聪明人都知道，"历史"和"社会学"的关系就是历史和图解性或自然主义性学科的关系；历史的解释原则的科学不再是社会学，而是哲学，全部哲学竞相构成历史命题。他们还知道，历史和社会学的区分并不意味着宣判社会学无用，而是仅把属于它的有用作用归于它；人们若不得不多次对它采取敌视态度，那是因为社会学：（1）往往转化为某种哲学或介于实证主义和幻想之间的形而上学；（2）限于自身局限，它大多为门外汉的作品，他们缺乏科学教养和传统，是纯粹的术语创造者②，他们甚至不知道，"社会学"有个数百年来称作"政治学"的野蛮名称，至多是对"政治学"范围的扩大，正如宗教学、人类地理分布学及诸如此类的学科，借助描述性经济学逐渐形成。对历史学家来说，研究社会学不可或缺或有用吗？若研究政治学不可或缺和有用的话，则看不到研究社会学不如此的理由，不用管那一野蛮名称，只要它由事件和判断建构。

     因此，问题被超越。但需惧怕那些特别容易被超越的问题，或者说那些问题不是由亲历者（从精神上萌生过幻觉、受过外观的诱惑、崇拜培根的偶像，受到羁绊但艰难挣脱，再受羁绊再次挣脱的人们）实际超越，而是由那些把消极结果当作美好、完整的东西接受的人们所超越，后者并未重构其一般进程，至少不是迅速并概括地重构。还有一种情况，

---

     ① 参阅巴尔内斯《社会学对于"新"式综合历史学的意义》（刊于《历史的视角》，费城，第 8 卷第 8 期，1922 年 11 月）。

     ② 一个德国人多维给社会学创造了这样的同义词："词语假面出租所！"

在一个美好时刻，后者认为自己已登上真理的顶峰，后来突然发现又跌入深渊，重犯最低级的错误。甚至，这不是可能的危险，而是实际的情况，我经常观察到这种现象，并且不局限于社会学与历史的关系。

由于这一原因，我想至少要阅读关于此题目的这篇近期论文，它同在德国发生的多次争论（在伯恩海姆的教科书中可发现有关消息）截然不同，它极为清晰，却不能说它是对有关文献广泛、深刻认识的结晶。确实，我不能同意巴尔内斯的看法：历史与社会学之间只有程度上的差别；我觉得弗林格更有道理（却遭到巴尔内斯的反对），他认为它们之间的差别是逻辑方法的差别。但我非常赞同前者的微小要求，即他作为谦逊的社会学学者的发言人的要求，简单地说："历史学家要使自己获得足够的社会学知识，以便使自己成为尽可能好的历史学家。"需要多么粗鲁，才能拒绝从概括中和社会的、政治的、心理的类型的比较中获取信息，当需要时，从中可以接受教育，或者无论如何可得到精神上的鼓舞。

历史的历史

里特尔将多次刊登在《历史杂志》上的关于从希腊到 18 世纪的史学史的文章适当修改并汇集成册①，又补充一篇关于 19 世纪历史学的论文，仍是对原创著作的评论。这是一本值得研究的著作，因为包括不少精辟的观察，还启示了进一步的研究和问题。其缺点或不如说其局限：涉及德国历史学的理论和历史的其他著作时，（我已多次指出）要求它们的作者用"纯历史学家"的头脑和文化，而不是用"哲学历史学家"的头脑和文化去研究，或许我有如此担忧。另外，当他们欣赏大家都受兰克的影响时，就把他视为历史学家的典范，这一点不言自明：无疑，兰克是个杰出的天才，但正因为缺乏哲学修养，才自食其果，从未清晰地确定（正如里特尔在书中不断重复那样）他所说的历史中的"能动观念"是什么？他认为历史中总占统治地位的两种力量——国家和教会是什么，它们之间的关系是什么？诸如此类，不一而足。

关于里特尔的著作，除已指出的以外，我乐于再抄录一段序言。序言的日期是 1918 年 11 月，当时德国彻底失败，因此他这样写道："说实话，可以怀疑现在出版这样一本书是否合适，我国人民被巨大努力和贫困搞得筋疲力尽，战争失败的可怕后果使精神萎靡不振，但为重建其存在的经济和政治基础又全力以赴投入繁重的工作。在这种压抑的形势下，纯理论研究还能要求引人注目吗？我相信能够并应该引人注目。在我国人民处于这一决定命运的时刻，其全部力量，不仅是经济力量，而且是

---

① 参阅里特尔：《从主导性著作看历史科学的发展》（慕尼黑、柏林、奥尔登堡，1919年）。

为实现人类理想目的的力量，都应当奋发向上，若我们想上升到更高存在的话。在科学领域展开的精神劳作中，历史研究总被赋予指导作用。它应引导我国人民更深入地认识自身，它应向我国人民指出哪些过去坚持的目的现在仍有价值并需坚持，哪些使用过的手段被证明在今天仍有效并需坚持。"由于不仅所谓战争失利的民族，就是所谓战争胜利的民族，都进入"决定命运的时刻"，所以里特尔的这段话同样适用于我们意大利。

历史方法论

当人们赞扬鲍乌尔的著作①的孜孜探索和内容丰富时，却很少有引起争论的地方，因为这是由在维也纳大学授课的讲义构成，只想为教学目的编撰。因此，它既不适宜作为历史认识论著作，也不适宜作为历史文献学工作来考察，虽然它包含着二者：文献学肯定不完整，理论既折中又欠严密，没有任何新意。但是，它对历史研究的起步者并非无用，它提供了许多有待沉思的材料和确定方向的有用信息，德国文献关于这种入门或历史方法的著作十分丰富，而意大利文献则缺少这方面的著作。确定无疑的是，在意大利对历史的思辨已达到精湛的程度，其标志是鲍乌尔在头几章中讨论的大部分问题，对不止一个意大利读者来说，都显得既幼稚又过时。而主要在德国进行的历史方法论的艰难工作，在此著作中也反映出，为那种精湛提供了基础和具体性；若没有这一前提，则会产生不理解其真正价值的危险，这一价值很容易被人接受，同样也很容易被抛弃和忘却。在此种含义上，我向意大利读者推荐类似鲍乌尔这本书的著作，或同样预祝意大利历史教师给他们的学生提供关于历史方法的作品，即使鲍乌尔的方式在哲学上并不高明，但对初级教育有益。在意大利，最近 20 年有很大发展，因此许多一般哲学概念成为日常用语，尤其是那些最易理解的一般概念；一段时间以来，我担心（观察告诉我这不是毫无根据的）那些在嘴边常说的概念，逐渐丧失它们从中产生的历史进程的记忆，伴随丧失原初的分量，也丧失了原初的力量。

---

① 参阅鲍乌尔《历史研究导论》（图宾根、莫尔，1921 年）。

"时期化"

　　豪希用不多但紧凑的篇幅深入研究了历史分期化的历史和理论，尤其关于教会史，他是这一学科的重要学者。至于同我有关的，我高兴地发现这部博学与锐利的著作强化并扩展了我力主的专题历史观的倾向（此外，豪希还提及我的著作）。专题历史观意味着研究的问题从目前生活的需要中产生，因此面向特殊的东西并有确定、完整的对象。由此可见，它意味着厌恶任何百科全书式和普遍性的历史观。但是，若将专题历史观理解为支离破碎的和局部的、从而缺乏普遍性光芒，则是极大误解。因为当特殊的东西被真正理解时，同时也就被普遍化了：在特殊史中包含着普遍史、真正的活的普遍史，而不是冠以此名的编撰的历史，普遍不是个别地僵死、偶然地积聚。若纯粹历史学的专题性被解释成物质性，则是更为糟糕的误解：仿佛在几年或20年完成的这一或那一事件的历史是专题性的。而一种历史，我们设想包括多民族和数世纪，甚至可用文件证明的一切民族和所有时代的历史，不是专题性的。正如业已指出的那样，专题性关系到有待解决的问题的确定性和特性，专题性同编撰性历史相对立，后种历史不包含任何问题，至多是一种图解。即使在一首诗或一幅画的历史中，专题性也由人们试图解决的问题（审美—批评问题）给定，而不是由对象的唯一性确定，在物质上把握的对象，总是多样性，能产生出编撰性和多种理论混合的历史。

中世纪历史学

　　谁要是由于热爱真理而探索真理，当他陈述自己成熟的概念时，总想让它们"被提议讨论"，即期待他人验证、确证它们；即使从反面被提及，对它们产生怀疑，同样对他的工作有益：促使他探究的怀疑，不能不以新的方式继续促使他艰难地完成探究。这就是他对其概念的赞扬、迎合和粗俗模仿不感兴趣的原因所在。我这样说想着意指出，迄今我尚未感受到那种快乐：看到数年前我尝试撰写的各主要时代的历史学的历史被认真考察。而现在我终于十分高兴地看到维斯卡尔蒂先生的短小论文①，它开始讨论我对中世纪历史学的几点看法。尽管维斯卡尔蒂的意见很难令我信服，但我仍然很高兴，因为，无论如何这些新的反驳意见会促使我反思自己的思想。

　　维斯卡尔蒂指出，我致力于确定中世纪历史学的"一般特征"，他声称"试图把实在限制在无情的模式中相当危险"，他还记起中世纪不仅有苦行者，还有"游方僧"之流。我供认这是我期待的最后的新闻检查，因为我的历史学的历史符合一切时代的精神不断统一的观念，而把在不同时代确定的特征视为倾向性的或占优势的特征。在论中世纪历史学那章的开头，我告诫不应"用简单化的方式理解各个时代，似乎它们严格遵循在其一般性质中表现的确定性"。但令人奇怪的是，维斯卡尔蒂本人也探寻在中世纪占优势的思想并认为能确定出，虽然（他说）"无限的"事实反其道而行之。其后，这有点过分：若"无限的"事实反对那占优

---

　　① 参阅维斯卡尔蒂《克罗齐对中世纪历史性的判断》，刊于《威尼托皇家学院学报》第82卷第2部分，第1822—1923页。

势的思想，这种优势就太奇怪了。

但我不想纠缠于词语，我充分理解维斯卡尔蒂在这里不想说些过激言辞。否则，他会拾起我用以说明中世纪缺乏批判精神的"冷漠"一词，并误解为我似乎想否定中世纪历史学家和编年史家的强烈激情的原因何在。在中世纪历史学那章我多次描述过这种激情。其后，维斯卡尔蒂本人也承认我所说的"冷漠"仅指对人类历史事实的无批判立场，仿佛面对着自然的事实，甚至面对着某种这类事实。我曾认为那种立场是因研究那些事实时缺乏兴趣所致。归根结底，兴趣的缺乏由中世纪笼罩的超验精神导致。因此，在某种程度上，对令我们心惊胆战的花坛的细致入微的认识毫无兴趣，对中世纪来说，这一花坛不是真正的永恒的存在，它认为这种存在是在另一个世界。

但维斯卡尔蒂却认为，缺乏批判精神的原因在于中世纪的客观主义的、因而是接受性的哲学认识论。由于对它来说思想中没有不把事物看重的，思想坚持的每个结论（当从形式观点看是不可批判的）都应作为最终的结论被接受，这必将导致提出权威原则，从而阻碍批判。这种解释十分巧妙，但我怀疑其真实性，因为从客观主义的认识论中根本不会推演出个人权威的原则，却会推演出事物、事实的权威，因此这种认识论恰恰是自然主义的。相反，权威原则基于维斯卡尔蒂立即用稍许正确（逻辑上稍许正确）的"还有"阐明的某种心理状态，即对典范古代的崇敬之心（可以说"对一般书面语言"的崇敬之心，因为对典范古代的特别崇敬和这种崇敬造成的部分无批判精神，是文艺复兴的或前期的和更为天真的文艺复兴历史学的显著特征）。然而，这种崇敬的逻辑起源是什么？如何才能维持对权威的尊敬呢？维斯卡尔蒂从未做过这种研究，这里我也不做，更确切地说，我不会重复其结果。我简单地说就足够：权威产生于信仰或推测，谁向我们多次提供真理，必然还会或永远向我们提供真理，我们目前不能确证或无意确证的东西必求助于这一推测或信仰。日常经验的积累告知，我们真正放在心上的东西，我们就想亲眼看到并亲手摸到，而把其他东西交给"内行"或"自诩的内行"。

随着维斯卡尔蒂提出的理论的崩溃，他提出的其他次要批驳意见也不能成立。而由我做出的解释目前仍被证实，岿然不动。此外，我十分清醒，这不是完美无缺的和最终的解释。

浪漫主义与历史学

　　博利斯①严格遵循"浪漫主义"概念的含义，把它局限于将两位施莱格尔、诺瓦利斯、蒂克、卡罗利娜·施莱格尔和多罗泰亚·谢林以及部分的施莱艾尔马赫和谢林等人称作浪漫主义第一组或第一学派的含义，在弗里德里希·施莱格尔那里可以发现这些人的主导精神或焦点。他的著作精心并准确地重构了这些人的精神立场、情感和观念，其每一页都包含很有理论和历史意义的信息和看法。他不是作为新浪漫派撰写关于浪漫主义的著作，就像现在经常发生的那样，或是作为反浪漫派用徒劳无益的指责、嘲讽加蔑视的态度论及这一题目（更像在非德语国家发生的那样）。博利斯正确地写道："我们今天在艺术、科学和政治中的精神生活，没有浪漫主义简直不可思议。"但他还准备和若干浪漫派分子共同承认，该派四分五裂、播下种子、没有收获，全消逝在过剩生产观念之中；他重复狄尔泰对弗里德里希·施莱格尔精神形式的判断，说它是"没有骨架的巨大身躯"。撒下的种子不可胜数（这从博利斯的阐述中可见出），以致产生在他这篇描绘浪漫主义的文化图景的论文外，再撰写其他历史性和理论性的论文的愿望：它们将重新收集那些零碎的观念，去其糟粕，使其真理的动因更加清晰，并把这些真理同以前和以后的动因重新联系起来。首先，对历史观或更确切地说对历史学理论应当这样做，在这种理论中，浪漫派及其领袖弗里德里希·施莱格尔以同样鄙视的态度拒绝那些称作"绝对哲学家"和"绝对历史学家"的人们，即正如我们今天所说的纯粹的和抽象的哲学家和历史学家，正是他们肯定哲学和

---

① 博利斯：《浪漫主义与历史，关于浪漫派生活的研究》（柏林，1925 年）。

历史的内在同一。若他们还未能在逻辑上精确地确定它，未能在历史学和哲学中有效地实现它，仍不能说他们懒于沉思已发现的一般真理，也不能说他们丝毫未感到要把它转化为行动。他们认为，历史领域是人类精神的自身领域，人类精神在自身中发现历史。

同样我喜欢博利斯记起早期浪漫派多为科学家、"科学界人士"以及他们对语文学的尊敬，从而把语文学家提高到诗人和哲学家的兄弟的高度。当人们读到弗里德里希·施莱格尔的某些话时，觉得是在促使新历史学的诞生："局部的历史完全不可能。迄今撰写的优秀历史主要是不完整的地理编年史，在这类历史中零散地交织着历史观察。一切历史都应当是普遍史，只有同全部历史联系起来，才能撰写各个学科的历史著作。"他们感到在历史考察中存在高超的甚至最高的东西："什么能像通过不同民族不同时代的精神对话，使人类精神从片面的意见和趣味中肯定并愉快地解放出来。这会不断提高纯粹人类的思维方式、纯粹人类的感觉方式，因为从对立意见的冲突中产生永恒的真理。"这些观念既有先驱又有后继，把它们视为浪漫主义，有益于强化和深化它们，不是没有注意到让它们在那样的混乱中漫游，或遇到那样的障碍而未能超越。浪漫派崇高的历史意识的结果还是其"欧洲主义"，它高于"人民的或民族的精神"的要求，虽然他们也接受这种精神，但却视为基督教的与欧洲的精神的统一中必要的和有益的环节或二律背反。同样，个性及个人独特性的价值的浪漫主义观念，虽然它出现激情的、情感的或色欲的偏移，仍然代表道德哲学的永久成果，而且它早已从弗里德里希·施莱格尔的朋友——施莱艾尔马赫那里接受深奥的思辨的建构。当他们的思想用近乎喜剧性的怪异想象来表达，正像诺瓦利斯的格言所说"士兵们身着五颜六色的军装，因为他们是国家的装饰品、世俗的热衷者"；或像诺瓦利斯另一句更为荒谬的格言所说，国王越像国王，就越为"冷漠者"和"玩世不恭者"。对此用不着哄堂大笑，至多面带微笑并注意以那种奇特方式表达的严肃思想。我们还可冲着施莱格尔微笑，他引吭高歌民主颂歌，但随后又想在民主中确立由人民投票选举的"合法贵族制"，这种贵族制还以如下标准——个人意愿最大地接近集体绝对意愿——运行，他甚至想确立君主制。但需注意，施莱格尔这样写、这样思考，而无半点遮掩，他以自己的方式承认三个环节——民主制、贵族制、君主制在任何社会体制内的不可分离性。

还如博利斯清晰地发现，那种浪漫主义是一种优雅文化的产物，因此它反映并促进文化，还尊崇历史。这标志着它同当今浪漫主义截然不同，从当今浪漫主义的最为喧闹的表现中，产生出"未来主义"；它是缺乏文化的事实，是缺乏才华的、缺乏真正天才所致力的学科知识的人们的运动，但这些人却吹嘘自己掌握创造天才作品的简易秘诀。因此，它不产生高空闪电甚至破碎的作品，从不播下会开花结果的观念种子——正如大家所能看到的那样，只能生产一些愚蠢、怪异的小玩意。

前期浪漫主义同从颓废派到未来派的现代诗歌及艺术流派的某种关系，主要在于这些流派孕育的诗歌及艺术同前期浪漫主义孕育的诗歌及艺术相比质量相近。在论及那些浪漫派的艺术时，博利斯击中要害。他们渴望一种伟大的艺术，一种宗教艺术，但是不拥有创造这种艺术的动力要素。"浪漫主义的感动不是初级的，不是原始的，因此是强烈的，而其流露的情调特别微妙。浪漫派自己谈及'感觉'并构建了感觉的体系。但是，当他们必须创造'要素'时，这些要素却需要得以立足的基础。让人回忆和产生好感成了他们的第二本性。酒神般情感的浪潮不是源于世界深处，它自觉地激动不已，但它在艺术和宗教的园地繁荣之前，在意识的海滩上就已干枯，从而消逝。但具有原始酒神精神的人靠音乐表现活着，在其表现中从不缺乏音乐的原始要素——节奏，他活在心灵中，他的激动在音乐印象中回荡。从蒂克、诺瓦利斯、施莱格尔直到布伦塔诺的所有浪漫派都清晰地显现出这种缺点。这里还可发现它是开放的，因为错误地把荷尔德林列入浪漫派。"（第16页）你不觉得这种描述——浪漫派艺术的缺点在于缺乏深刻的节奏，为我国的颓废派和未来派或未来主义先驱如帕斯科利[①]的艺术勾画了肖像吗？若不是缺乏纯粹原始启示、深刻音乐性、节奏，在帕斯科利那里我还能发现缺少什么呢？除此之外，许多当代歌剧作曲家还缺少什么？他们的音乐从未在听众的心灵里回响，没有一位听众乐于再哼唱一遍，并把唱段铭记在心。

但是，浪漫主义中最具价值的不是浪漫派艺术（因为艺术的定义总是古典的，而人们称作浪漫派的艺术同样如此，因此也总是艺术），而是

[①] 帕斯科利（1855—1912），意大利诗人。——译者注

在不可胜数的问题中存在的新的、不断进步的思想，它将在未来的思想中结出硕果。我以为，它还提供了有待收集的珍贵片段、值得发展的萌芽，它们在将来会茁壮成长。

人名对照表

Agnello 阿涅洛

Agostino 奥古斯丁

Alcmeone 阿尔克迈翁

Anassagora 阿那克萨哥拉

Aristotele 亚里士多德

Asellione 阿塞利奥内

Avito 阿维托

Bacone 培根

Bagnoli 巴尼奥利

Balbo C. 巴尔博

Bandello M. 班戴洛

Bandettini 班德蒂尼

Barante P. 巴朗

Barker E. 巴克尔

Barnes H. E. 巴尔内斯

Baronio C. 巴罗尼奥

Bartoli A. 巴尔托利

Bauer W. 鲍乌尔

Baur C. 鲍尔

Bayle P. 培尔

Beato Renano 贝亚托 · 雷纳诺

Beda 贝达

Bellini B. 贝利尼

Below T. J. 贝洛

Bergson H. 柏格森

Berkeley G. 贝克莱

Bernardo. 贝尔纳多

Bernheim E. 伯恩海姆

Bettinelli S. 贝蒂奈里

Biondo F. 彼翁多

Blucher G. I. 布吕歇尔

Bodln J. 博丹

Bolingbroke 博林布罗克

Bonaventura 波纳文杜拉

Borries K. 博利斯

Boscoli P. P. 博斯克利

Bossuet 波舒哀

Botta C. 博塔

Bourdeau 博尔多

Bracciolini P. 布拉乔利尼

Breysig C. 布赖西希

Brucker J. 布鲁克尔

Bruni L. 布鲁尼

Bruno G. 布鲁诺

Bruto 布鲁图

Buckle H. 巴克尔

Buhle J. G. 布勒

Buonafede A. 博纳菲德

Burckhardt J. 布克哈特

Burdach C. 布尔达赫

Burke E. 伯克

Calchi T. 卡尔基

Campanella T. 康帕内拉

Cantu C. 康图

Carabellese P. 卡拉贝莱塞

Cartesio 笛卡尔

Casanova G. 卡萨诺瓦

Catone Uticense. 小加图

Cavalcanti G. 卡瓦康蒂

Cavour C. 加富尔

Cellario C. 切拉里奥

Charlemagne（imperatore）查理大帝

Chateaubriand 夏多布里昂

Chatelet（du）marchesa 夏特莱侯爵夫人

Cicerone 西塞罗

Ciezkowski A. 切兹科夫斯基

Ciullo 丘洛

Colletta P. 科莱塔

Comte A. 孔德

Condorcet 孔多塞

Cousin V. 库辛

Cusano N. 库萨诺

Dahlmann F. G. 达曼

Daniele 但以理

Dante 但丁

Darwin C. 达尔文

Davidsohn R. 达维松

Delfico M. 德尔菲科

Democrito 德谟克利特

Dllthey W. 狄尔泰

Diodoro siculo 狄奥多罗斯（西西里的）

Dionigi di Alicarnasso 第欧根尼（阿利卡纳索的）

Disraeli I. 狄斯拉艾利

Dove A. 多维

Droysen J. G. 德罗伊森

Dubos J. B. 杜波斯

Ecolampadio 埃科兰帕迪奥

Eichhorn J. G. 艾希霍恩

Eraclito 赫拉克利特

Erchemperto 艾盖姆佩尔托

Erdmann J. E. 埃德曼

Erodoto 希罗多德

Esiodo 赫西俄德

Eusebio 优西比乌斯

Federico II 腓特烈二世

Ferrabino A. 费拉彼诺

Ferrari G. 费拉里

Fichte J. G. 费希特

Ficker 菲克

Fischer K. 菲舍尔

Fling 弗林格

Flint R. 弗林特

Floro 弗洛罗

Fontenelle 丰特奈尔

Foscolo 福斯科洛

Fancesco 方济格

Fredegario 弗雷德加里奥

Fueter E. 弗埃特

Fustel de Coulanges 弗斯特尔·德·库兰茨

Galiani F. 加利亚尼

Gans E. 甘斯

Gervinus G. G. 格维努斯

Giannone P. 加诺内

Giano della Bella 加诺·德拉·贝拉

Gibbon E. 吉本

Giesebrecht W. 吉泽布雷施特

Gioberti V. 焦贝蒂

Girolamo 哲罗姆

Goncourt E. e G. 贡古尔

Gottl 戈特尔

Gregorio di Tours 格列高利（图尔的）

Grote G. 格罗特

Guicciardini F. 圭恰迪尼

Guizot F. 基佐

Haeckel E. 海克尔

Hamann J. G. 哈曼

Harnack A. 哈尔纳克

Hartmann E. 哈特曼

Hase K. A. 哈塞

Heeren H. 赫伦

Hegel G. G. F. 黑格尔

Helmholtz H. 赫尔姆霍兹

Helvetius 爱尔维修

Herbart J. F. 赫尔巴特

Herder J. G. 赫尔德

Heussi K. 豪希

Hirt A. 希尔特

Holbach P. H 霍尔巴赫

Humboldt W. 洪堡

Hume D. 休谟

Jacopone 雅柯波内
Jamsilla 亚穆西拉

Kant E. 康德
Kugler F. 库格勒
Krause K. 克劳泽

Labriola A. 拉布里奥拉
Lamprecht K. 兰普雷茨
Lanzi L. 兰茨
Lassalle F. 拉萨尔
Laurent F. 洛朗
Lebnlz G. G. 莱布尼茨
Leo H. 列奥
Leopardi G. 莱奥帕尔迪
Lessing G. E. 莱辛
Lichtenbeg G. 利希滕贝格
Liutprando 琉特帕兰多
Llvio 李维
Locke J. 洛克
Lombroso O. 隆布罗索
Lorenz O. 洛伦兹
Lotze H. 洛采
Luciano. 琉善
Lutero 路德

Machiavelli 马基雅维利
Malaterra 马拉泰拉
Malebranche 马勒伯朗士

Manzoni A. 曼佐尼

Marheinecke Ph. 马海内克

Marineo L. 马利奈奥

Mario Vittorino 马里奥·维托里诺

Marsilio da Padova 马尔西里奥

Martino 马尔蒂诺

Marx C. 马克思

Marziale 马齐亚莱

Massimiliano 马克西米连

Maurini 毛利尼

Mazzini G. 马志尼

Meinecke F. 迈内克

Meo A. 梅奥

Meyer E. 迈耶

Michelet J. 米什莱

Mommsen T. 蒙森

Montesquieu. 孟德斯鸠

Moser J. 莫泽尔

Mosheim J. L. 莫斯海姆

Muller G. 缪勒

Muratori L. A. 穆拉托利

Napoleone I 拿破仑一世

Napoli Signorelli P. 纳波利·希尼奥雷里

Navagero A. 纳瓦杰罗

Neander A. 内安德

Niebuhr G. 尼布尔

Novalis 诺瓦利斯

Omero 荷马

Ossian 莪相

Ottone da Frisinga 奥托

Pais E. 派斯

Paolo 保罗

Paolo Diacono 保罗·狄亚科诺

Paolo Emilio 保罗·埃米利奥

Paolo Orosio 保罗·奥罗西奥

Pascal 帕斯卡

Pascoli G 帕斯科利

Patrizzi F 帕特里齐

Pericle 伯里克利

Perizonio J. 佩里佐尼奥

Petrarca 彼特拉克

Philippson M. 菲利普森

Pietro da Eboli 彼特罗·达·埃博利

Planck K. C. 普朗克

Platone 柏拉图

Plutarco 普鲁塔克

Polibio 波利比奥斯

Pollard A. F 波兰德

Pontano G. 彭塔诺

Popeliniere 波佩里涅尔

Quintiliano 昆体良

Quinto Curzio 昆托·库尔齐奥

Ranke L. 兰克

Raumer F. 劳迈尔

Renan E. 勒南

Riccardo 里卡尔多

Rickert H. 李凯尔特

Ricobaldo 利科巴尔多

Ritter M. 里特尔

Robbia L. 罗比亚

Robertson W. 罗伯逊

Rohrbach P. 罗尔巴赫

Rollin C. 罗林

Romualdo Guarna 罗穆阿尔多·瓜尔纳

Rosmini A. 罗斯米尼

Rotteck K. 罗特克

Rousseau 卢梭

Rumohr O. F. 鲁莫尔

Ruskin J. 罗斯金

Saba Malaspina 萨巴·马拉斯彼纳

Sabellico M. A. 萨贝利科

Sainte—Beuve O. A. 圣伯夫

Sainte—Palaye J. B. 圣帕拉伊

Sallustio 萨卢斯齐奥

Salvemini G. 萨尔韦米尼

Sanchez F. 桑切斯

Sanctis（de）F. 德·桑克蒂斯

Sanctis（de）G. 盖·德·桑克蒂斯

Sarpi P. 萨尔彼

Savigny P. C. 萨维尼

Schelling F. 谢林

Schelling Dorotea 谢林多罗泰亚

Schiller F. 席勒

Schlegel A. W. 施莱格尔

Schlegel C. 施莱格尔

Schleiermacher F. 施莱艾尔马赫

Schlosser F. O. 施洛塞尔

Schmeidler B. 施梅德勒

Schnaase C. 施纳塞

Schopenhauer A. 叔本华

Scott W. 司各特

Seneca 塞涅卡

Senofonte 色诺芬

Serse 薛西斯一世

Sesto E. 塞斯托

Shakespeare 莎士比亚

Sigonio C. 西格尼奥

Simmel G. 席美尔

Sismondi（de）S. 西斯蒙迪

Socrate 苏格拉底

Sofocle 索福克勒斯

Spaventa B. 斯帕文塔

Spencer H. 斯宾塞

Spengler O. 施本格勒

Spinoza B. 斯宾诺莎

Spittler L. T. 斯皮特勒

Strauss D. F. 斯特劳斯

Sybel（vou）H. 济贝尔

Tacito 塔西佗

Taine H. 泰纳

Talete 泰勒斯

Tari A. 塔里

Telesino 特勒西诺

Thierry A. 梯叶里

Thyssen J. 蒂森

Tieck L. 蒂克

Tiedemann 蒂德曼

Tiraboschi G. 蒂拉波斯基

Tocqueville（de）A. 托克维尔

Tolstoi L. 托尔斯泰

Tommaso d'Aquino 托马斯·阿奎那

Tosti L. 托斯蒂

Treitschke H. 特赖奇克

Troeltsch E. 特勒尔奇

Troya C. 特罗亚

Tucidide 修昔底德

Turgot 杜尔哥

Ugone F 乌格内

Ulrici H. 乌里奇

Valla L. 瓦拉

Varisco B. 瓦利斯科

Vasari G. 瓦萨里

Vega（de）L. 维加

Vico G. B. 维科

Villani G. 韦拉尼

Villari P. 维拉里

Villemain A. F. 维莱曼

Virgilio Polidoro 维吉尔·波利多罗

Viscardi A. 维斯卡尔蒂

Volney C. F. 沃尔内

Volpe G. 沃尔佩

Voltaire 伏尔泰

Vossio G. J. 福西厄斯

Vries（de）H. 德弗里斯

Wachler L. 瓦赫勒

Wells H. G. 威尔斯

Widukindo 韦杜金多

Winckelmann J. 文克尔曼

Wolf　F. A. 沃尔夫

Wundt W. 冯特

Zeller E. 策勒

Zenone 芝诺

Zola E. 左拉

Zuinglio 茨温利

克罗齐生平著作年表

1866 年

2 月 25 日，贝内德托·克罗齐（Benedetto Croce）出于阿奎拉的佩斯卡塞罗利的名门望族。祖父贝内德托·克罗齐是那不勒斯大学法律系毕业生，后任波旁王朝大法官。父亲帕斯卡莱·克罗齐是个富有的资产者。母亲路易莎·希帕莉是个很有文化教养的妇女。克罗齐受家庭尤其是母亲的影响很大。后来他回忆道："我的家庭为我树立了和睦、井井有条和勤劳不懈的榜样：父亲整日关在书房里，处理着公文；母亲起得最早，天刚破晓就东奔西忙，帮女仆料理家务。"

1875—1883 年

入那不勒斯"上帝之爱"公学学习。在整个童年时代，表现出重视和酷爱历史和文学的倾向。在公学的最后三年，其宗教信仰发生动摇；像患了脏病，在家注意掩饰，对朋友耻于启口。上高中时，就到那不勒斯大学听堂叔贝尔特兰多·斯帕文塔讲授的黑格尔逻辑学。1882 年 9—11月，撰写文学批评文章，发表在《意见》杂志文学副刊上。此时，反复阅读意大利文学批评家德·桑克蒂斯和诗人卡尔杜齐的作品。

1883 年 7 月 28 日，正值他同家人在伊斯基亚岛上度假，突发的地震夺去双亲和姐姐的生命。他被埋于瓦砾之中，受了重伤。这场灾难之后，移居罗马堂叔西尔维奥·斯帕文塔（著名自由派政治家）家，堂叔成了克罗齐及弟弟的监护人。

1883 年

罗马居住前期，是其一生最痛苦、灰暗的时期。失去亲人、前途未卜、郁郁寡欢，使他对生活失去信心，常常夜晚蒙头大睡，清晨不起，甚至萌生过自杀的念头。其后克服了精神危机，到罗马大学法律系学习。

1884 年

1—2 月，结识罗马大学教授安东尼奥·拉布里奥拉。他对拉布里奥拉讲授的赫尔巴特伦理学十分感兴趣："那些课程以理性形式恢复了我对生活的信心，对生活目的和责任的信仰。"他在罗马大学并不专注听课，也不参加考试，而是经常去图书馆博览群书，研究自己喜欢的题目。

1886 年

移居那不勒斯。开始出入文艺沙龙。

1887—1892 年

赴德、奥、法、荷、西、葡六国考察。开始从事历史研究。1892 年完成《1799 年那不勒斯革命》《那不勒斯的历史与传说》《巴罗克时代的意大利》《从文艺复兴至十八世纪末那不勒斯戏剧》等著作。

1892 年

4 月，在《那不勒斯邮报》编辑部结识诗人卡尔杜齐。首次也是唯一一次会见作家邓南遮。

1893 年

论文《艺术普遍概念下的历史》发表。

1895 年

论文《文学批评及其在意大利的条件》《关于文学批评》发表。拉布里奥拉将《论〈共产党宣言〉》手稿寄给他，他资助出版该书。中止历史研究，致力于经济学研究。为索列尔主编的《社会变化》杂志撰写系列论文，阐述对马克思主义的理解。

1896 年

5 月 3 日，在彭塔亚纳学院宣读论文《论历史唯物主义的科学形式》。社会党机关报《前进报》创刊，在赞助者名单上列有克罗齐。在反实证主义的斗争中，结识比萨师范学院学生金蒂莱，并开始合作关系。

1897 年

发表论文《对一些马克思主义概念的解释与批判》。参加关于"马克思主义危机"的辩论，批判"马克思的历史概念与经济概念"。

1898 年

8 月，致函帕累托谴责米兰法庭对社会党领袖屠拉蒂及其他社会党人的起诉。其后，在复活节期间，给屠拉蒂寄贺卡，被当局扣押，为此在那不勒斯《晨报》上刊登抗议书。

1899 年

在佩鲁贾结识德国语文学家卡尔·沃斯勒。

1900 年

在彭塔亚纳学院学报上发表论文《作为表现科学和普通语言学的美学的基本论点》。

1901 年

结识普利亚的年轻出版家拉泰尔扎。担任那不勒斯市政府公共教育专员。

1902 年

4 月，《作为表现科学和普通语言学的美学》（《精神哲学》第一卷出版）。

11 月，宣布创办文史哲杂志《批判》。

1903 年

1 月 20 日，《批判》杂志创刊。确定办刊宗旨，首先介绍意大利近代文化成果，由金蒂莱研究 1850 年以后的意大利哲学史，由克罗齐研究同期的文学史。在《批判》杂志编辑部的勤奋工作，使他心境平和、精神愉快。同时还积极从事政治活动，担任人民陪审员。他在致友人的信中说："当你面对着贫困与人的腐败，当你因自己的言辞而将人判以重刑，你就能理解托尔斯泰。而当你看到一个个证人登场亮相，倾听一个个律师慷慨激昂的辩护词时，就会像维科一样，不再相信历史的真实性。"

1905 年

4 月，在彭塔亚纳学院学报上发表《作为纯概念科学的逻辑学概要》。

1906 年

随着《批判》杂志的发行，克罗齐重视对欧洲哲学思潮的介绍和本国文化遗产的挖掘。先后编辑出版四套丛书：《现代文化书库》《现代哲学经典》《意大利作家丛书》和《外国作家丛书》。克罗齐的《黑格尔哲学中的活东西和死东西》出版。

1907 年

翻译并出版黑格尔的《哲学全书》。在彭塔亚纳学院学报发表《将法哲学复归经济哲学》。文德尔班邀请克罗齐参加世界哲学大会。

1908 年

参加在海德堡召开的世界哲学大会，宣读报告《艺术直觉的抒情性》。《作为表现科学和普通语言学的美学》修订版出版，删除自然主义和康德主义的残余影响。《实践哲学——经济学与伦理学》（《精神哲学》第二卷）出版。

1909 年

《作为纯概念科学的逻辑学》（《精神哲学》第三卷）出版，这是论文《作为纯概念科学的逻辑学概要》的扩展与深化。发表小册子《金蒂莱事件与意大利大学的耻辱》，抗议那不勒斯大学拒绝让金蒂莱任哲学史教授。

1910 年

1 月 26 日，任意大利王国参议员。

1911 年

专著《维科的哲学》和《美学论文集》出版。

1912 年

在彭塔亚纳学院学报上发表关于历史理论的首批论文。

1913 年

《美学纲要》出版。多年的生活伴侣安杰莉卡去世，克罗齐十分悲痛，他在致友人的信中说："请允许我思念她，她是那么善良；思念她，在这痛苦的时刻：我肝肠寸断、寝食不安。我们不能仅靠对人与物的爱活着，我们应相爱并结合，但要准备好不因分离而跌倒。为了不跌倒，只有弘扬自身的人生责任感。否则还会有什么呢？可耻的自杀和卑劣的癫狂。"在《呼声》杂志上发表《哲学家朋友间的争论》，将同金蒂莱的分歧公开化。

1914 年

3 月 7 日，同罗希结婚。她是一位都灵大学生，1913 年为准备毕业论文来那不勒斯请克罗齐指导。他们育有一男四女（男孩因患肺炎在襁褓中夭折）。

1914—1915 年

在关于第一次世界大战意大利是否参战的争论中，站在"中立主义者"一边，反对"干涉主义者"。

1915 年

《历史学的理论和历史》(《精神哲学》第四卷)用德文出版。长篇论文《自我评论》发表。《批判》杂志开始连载《伦理学拾零》。

1915—1918 年

在第一次世界大战期间撰写的文章,以《战争书稿》集册。

1916 年

《历史学的理论和历史》意文版印行。

1919 年

《爱国者家庭及其他》出版。

1920 年

《阿里奥斯托·莎士比亚·高乃依》出版。6 月,在第五届焦利蒂内阁中任教育大臣。他对这一任职"并未感到不悦":"我仿佛在服迟到的兵役,部分弥补战争期间我过于舒适的条件,即使并未享受";"公共事务令人生畏,因为它不仅属于祖国,而且属于整个世界"。作为内阁大臣,对教改方案持怀疑态度。

1921 年

5 月大选后,焦利蒂内阁倒台。克罗齐返回那不勒斯,重搞学术。

1922 年

《但丁的诗》和《伦理学拾零》出版。开始,对法西斯主义持观望态度,甚至抱有幻想:"当时仿佛有一股新的年轻的力量投入意大利政治生活,给被长期战争搞得贫乏衰竭的政治阶级注入新的血液。当时鲜为人知的墨索里尼,被描述成一个暴烈的平民,但又是一位大公无私的爱国志士。"法西斯掌权后,拒绝担任任何公职。

1923 年

最初几月，在那不勒斯《晨报》上声明："我的思想与伦理存在都源于民族复兴运动的自由传统。"

1924 年

社会党议员马泰奥蒂被暗杀，阿文蒂诺抵抗议会成立后，力劝反对派领袖阿门多拉重返议会。当墨索里尼声言"要恢复宪法准则"后，克罗齐在参议院对政府投信任票。主要是他误以为墨索里尼对暗杀马泰奥蒂不负责任，轻信法西斯党魁要恢复宪法权威的谎言。另外怕分裂激怒法西斯，造成对自由的危险。克罗齐加入自由党，参加党代表大会，会上呼吁立法自由。《政治概要》出版。

1925 年

1 月 3 日，法西斯政变后，墨索里尼实行恐怖政策。5 月 1 日，应阿门多拉之邀，撰写《反法西斯知识分子宣言》，并征集数百知识界著名人士签名，在《世界报》和其他大报上发表。6 月 28 日，在自由党代表大会上发言："我们不应对斗争结果和可能尽快胜利抱有幻想，而应守住阵地并战斗不懈。"11 月 20 日，在参议院投票通过反共济会法时弃权。《那不勒斯王国史》出版。

1926 年

克罗齐所任一切官方学术机构头衔被取消。秘密警察监视克罗齐，官方媒体声讨克罗齐，11 月 1 日晚，法西斯匪徒闯入克罗齐住所捣乱。这一暴行遭到国际舆论一致谴责。

1927 年

《旧意大利的人与物》出版。

1928 年

《1871—1915 年意大利史》印行三版，大获成功，招致官方舆论的恶毒攻击。《美学精要》和《政治生活的道德性》出版。

1929 年

《意大利巴罗克时代的历史》和《理想的国家与教会及它们在历史上的持续斗争》出版。5 月 24 日，在参议院辩论时反对法西斯政权同梵蒂冈缔结拉特兰条约。墨索里尼辱骂克罗齐是"历史上的逃兵"。

1930 年

在法西斯统治年代到国外旅行，先后去柏林、巴黎、伦敦、比利时和瑞士等地，会见反法西斯文化名人。这年在牛津会见苏联美学家卢那察尔斯基。

1931 年

在德国旅行期间，同托马斯·曼和爱因斯坦建立友谊。游览意大利中北部文化名城。《伦理与政治》和《十七世纪意大利文学新论丛》出版。

1932 年

题献给托马斯·曼的《十九世纪欧洲史》出版。

1933 年

论文《民间诗与艺术诗》和专著《十四—十六世纪意大利诗歌研究》出版。

1935 年

《近期论文》和《文明史和文学史的差异》出版。

1936 年

《诗歌》《诗和文学的批评及历史的导言》《冒险、信仰、激情的生活》出版。

1938 年

《作为思想和行动的历史》出版，这是继《历史学的理论和历史》之后又一部关于历史理论的力作。

1941 年

《现代哲学的特征》《古代诗与现代诗》出版。

1942 年

《各种文学趣闻》出版。

1943 年

建议重建意大利自由党。9 月 22 日，向美军杜诺万将军建议组建意大利志愿军，协同英美联军作战。10 月 14 日，应杜诺万将军之邀，起草征集志愿军宣言。积极主张废黜国王，让王室成员流亡国外。

1944 年

1 月，参加在巴里召开的解放委员会第一次代表大会，并作《在世界自由中的意大利自由》的报告，宣扬自由高于一切，号召发扬马志尼、加富尔的自由主义传统，建立资产阶级共和国。在 4 月组成的首届民主内阁中任不管部部长。6 月 4 日，重建的自由党第一次代表大会召开，克罗齐致闭幕词。

1945 年

《各种哲学讲演录》和《文艺复兴盛期和晚期的诗人和作家》（两卷）出版。

1945—1951 年

整理出版《批判笔记》，每年出三期。

1946—1947 年

《政治思想与政治现状》和《意大利一截两段》出版。反对三党（天民党、社会党、共产党）联合政府。

1947 年

2 月 16 日，在那不勒斯创建意大利历史研究所，并作报告《历史的近代概念》。为大学师生组织多次学术报告会，其后这些报告汇编成《历史学和道德理想》。11 月 30 日，辞去自由党主席职务。

1948 年

被共和国总统任命为终身参议员。《新拾零集》（两卷）、《意大利政治生活双年》出版。

1949 年

7 月 29 日，从那不勒斯抵罗马，在参议院投票支持意大利加入北约。《哲学与历史学》《文明史和文学史的差异》第二卷和《十八世纪意大利文学》出版。

1950 年

2 月，右半边身子突然麻痹，但头脑清醒。《解读诗人和诗歌理论及历史的思考》出版。加紧整理未发表的文稿，并决定将自己的私人图书馆捐赠给意大利历史研究所。

1951 年

12 月 8 日，发贺信祝贺自由党代表大会在都灵召开。

1952 年

《文艺复兴盛期和晚期的诗人和作家》第三卷、《黑格尔研究与哲学解释》出版。另外，发表 70 张哲学卡片，这是生命的最后几个月写的。11 月 20 日清晨逝世，享年 86 岁。

再版译后记

　　早在 1986 年，我为撰写《西方著名哲学家评传》续编"克罗齐"部分，曾参阅商务版的《历史学的理论和实际》。在读到某些段落时，有点"暧昧不明"的感觉。我以为是自己知识准备不足所致（肯定有这方面的原因）。后来，陆续听到学界同人和出版界人士对此译本的一些批评意见，我才想到译本本身的缺陷，并萌生从意大利文重译的想法。应该说，傅任敢先生首译克罗齐史学名著功不可没。但他根据英译本译出，而英译本所依蓝本又是个陈旧的意文版（1919 年第 2 版），语言再经两次转换，难免有些纰缪和疏漏。比如，词序搞乱，出现"俄罗斯的一个丹东"。数处错译，如把 *Gelusalemme liberato*（《被解放的耶路撒冷》）错译成《吉罗莎伦》，把 *Vitae Patrum*（《教父传》）错译成《族长传》，把 Serse（薛西斯一世）错译成谢尔克谢斯，把 prammatica（习俗）错译成实用，把 rospi（蟾蜍）错译成黄蜂⋯⋯

　　《历史学的理论和历史》是克罗齐的《精神哲学》第四卷，1915 年用德文出版。这之后，1916 年、1919 年、1927 年、1941 年相继四次推出意文版。其中，第三版在"卷末附上涉及书中讨论的理论要点的札记和评论"，这些笔记共分 23 个专题，它们有助于准确理解克罗齐的历史观和史学观。第四版为最终修订版。在了解了《历史学的理论和历史》的版本沿革后，更坚定了我从意大利文重译的决心。

　　2001 年 12 月，在访问克罗齐家乡（那不勒斯）归国后不久，我全力以赴投入《历史学的理论和历史》翻译工作。春节后，在从事"电脑"编程工作的儿子帮助下，实现了"换笔"，这无疑大大提高了工作效率，到 2002 年 12 月，全书译完。作为阶段性成果，前三章译文以《一切历史都是当代史》为题，刊载在《世界哲学》2002 年第 6 期"纪念克罗齐逝世 50 周年"专栏上。2003 年第 3 期《新华文摘》大部转载这篇译文。

令我感到欣慰的是，《历史学的理论和历史》中译本于 2005 年 8 月由中国社会科学出版社出版后，受到读者欢迎和学术界好评，《光明日报》《中国青年报》《新京报》《中华读书报》等报刊刊发评论文章。新译本也受到意大利学界重视，2005 年 10 月 29 日，我应邀参加在意大利哲学研究所召开的该书发布会；那不勒斯市长出席此会，钱皮总统发来贺信。2009 年 12 月，该书荣获中国社会科学院哲学研究所第七届优秀科研成果奖译著类一等奖；2011 年 1 月，又荣获第七届中国社会科学院优秀科研成果奖三等奖。此次，借中国人民大学出版社再版之机，我对若干译文作了修改，还纠正了一些错别字和标点符号。但仍难免有疏漏之处，敬请读者赐教。

田时纲

2011 年 10 月 20 日于北京

修订版附记

　　2016年9月22—23日，我应克罗齐图书馆基金会和那不勒斯东方大学孔子学院邀请，出席在意大利历史研究所（1947年由克罗齐创建）召开的纪念克罗齐诞辰150周年国际研讨会——"克罗齐作品的国际传播"。会后，图书城出版社（Bibliopolis）赠我意大利国家版克罗齐著作，其中有2007年版《历史学的理论和历史》。此外，与会的古老那不勒斯大学（1224年创办）的年轻女教师罗萨莉娅·佩鲁索（Rosalia Peluso）也将她主编的、7月刚刚面世的《克罗齐词典》赠我。

　　在交出版社付梓之前，我对照从那不勒斯带来的权威新版《历史学的理论和历史》全面校改译文；并参考《克罗齐词典》，准确把握学术概念的含义。我可以负责任地说，修订版译文"更上一层楼"。然而，仍不免有错漏之处，切望读者不吝赐教。

田时纲

2018年1月28日